현대시의
기호학

현대시의 기호학

동 시 영 지음

이 책은 기호학적 방법에 의해 시 텍스트들을 분석한 글을 내용으로 하고 있다. 시 텍스트 하나하나를 집중 분석하여 특징과 의미를 찾아내려는 연구들이다. 그리고 동일 시인의 텍스트와 텍스트 사이의 대화에 의한 체계들을 추출하여 실증적 분석을 토대로 한 시인론의 새로운 지평을 마련하고 있다. 따라서 텍스트 하나하나에 대한 분석에 기울이는 노력이 적은 우리 문학 연구 경향의 비어 있는 부분을 채우는 역할도 할 수 있을 것으로 본다.

기호학은 고대 철학에서부터 근원을 찾아야 하겠지만 프랑스의 소쉬르와 미국의 퍼스에 의해 새롭게 시작된 학문이다. 뷔이상스, 모리스, 무냉, 그레마스, 롤랑바르뜨, 프티토, 코케, 에코, 크리스테바, 시비에크 등등 무수히 많은 학자들에 의해 연구되어 왔고 다양한 갈래와 방대한 학문적 범주를 지니고 있다.

구조주의 기호학에서부터 구조주의 기호학을 벗어난 자유로운 담화 문법 질서에 이르기까지 새로운 이론과 질서들이 이루어져 왔고 이 순간에도 새롭게 구축되어 가고 있다. 그에 의해 새로운 의미들이 의미로부터의 일탈을 끝없이 보여 주고 있다. 이는 그레마스의 말처럼 모든 나타남은 불완전한 것이고 미완성이기 때문이다. 따라서 이 책에 수록된 논문쓰기에도 다양한 형태의 이론들과 기호학적 전략, 장치들이 공존하고 있다.

그리고 대상으로 선택된 김소월의 「진달내꽃」부터 이성복의 「금촌 가는 길」까지의 분석 연구를 대체로 텍스트 발표의 시대순으로 수록 하였다.

육사시와 니체철학의 비교분석은 다른 연구들과 다소 다른 관점을 가지지만 구별 없이 등가적 항으로 수록하였다. 시와 철학은 전혀 다른 영역의 산물이지만 하나의 기호 텍스트 읽기의 작업에서는 대 등한 의미의 기호 체계들이라는 생각 때문이며 또한 여기서 다루고 있는 시와 철학의 정밀 비교 분석은 시의 구조와 의미 분석 방법의 변이항이기 때문이다.

시는 인류가 생산해 낸 다른 어떤 것보다도 신비의 대상이다. 살아 숨쉬는, 닫히지 않는, 열려 있는 의미 생성의 통로다. 여기에 수록된 연구들은 그 닫히지 않는 끝없는 길을 여행한 기록이다. 의미를 욕망 하는 과일처럼 과육을 키우고 실천의 지면을 소유한 것들이다.

과거의 경험으로부터 벗어난 새로운 경험들을 마련하려 한 것들이 며 그러므로 낯선 곳, 또 다른 바깥을 향한 생각의 몸짓들이 흔적의 그림자를 드리우고 있다. 탈출을 향한 시니피에들이 기호학적 장치 의 탈것들을 타고 달리고 있다.

그리고 이 연구들은 시인이 텍스트 안에 준비해 놓은 의문들에 대한 유동성의 대답이다. 텍스트들은 늘 창조적 케이오스며 코라들 로 새롭게 다가오고 새로운 의미들의 질서를 소유하게 하였다. 무한 의 복합을 지닌 시니피에 놀이는 유희와 혁명, 끝나지 않는 대답을 가지기 때문이다.

　　이 한 권의 책을 내면서 시간의 그물이 짜낸 만남의 인연 속에 학문의 길을 안내해 주신 여러 은사님께 깊은 감사의 말씀을 드린다. 아울러 가깝고 먼 곳에서 사랑과 격려로 지켜봐 주신 가족들께도 감사의 말씀을 드린다.

　　끝으로 이 책은 2000년 8월에 출간했던 『현대시의 기호학』을 다시 출판하는 것임을 밝혀 둔다. 본서는 그간 기호학 연구자부터 일반독자에 이르기까지 적잖은 관심을 받아왔으나 책 수급이 원활하지 못한 일면의 문제를 가져왔다. 이번 한국학술정보(주)에서의 재출판 이후 좀 더 원활한 수급이 가능하기를 기대한다. 그리고 출판을 허락해 주시고 좋은 책 만들기에 최선을 다 해주신 한국학술정보(주)의 채종준 대표님, 관련 임직원님들께 깊은 감사의 말씀을 드린다.

2008. 8. 저자.

김소월의
「진달내쏫」 분석

김소월의 「진달내꼿」 분석

I. 머리말

•••**김소월의** 「진달내꼿」은 열린 예술작품으로 무한을 향해 가는 다시 쓰기를 작동시킨 텍스트다. 이는 한국 문학의 어떤 텍스트보다도 가장 강력한 힘을 가진 텍스트이기도 하다. 이 같은 현상은 「진달내꼿」의 특질이 한국인과 친밀한 대화의 관계를 지녔기 때문이며 한국 문화와 전통과 친밀한 통화체계를 유지하고 있기 때문이다. 그뿐 아니라 「진달내꼿」이 독방일 수 없게 하는 미적 구조를 지녔기 때문일 것이다.

이 글에서는 이 같은 「진달내꼿」의 체계와 구조를 분석적 읽기를 통해 읽고 미적 잠재력을 밝혀 정보량을 확대 생산해 보고자 한다. 이는 새로운 독서를 가능하게 하는 해석의 스펙트럼을 추구하는 의미론적 증가[1]를 향한 작업이다.

그리고 미적 메시지에 대한 다양한 차원을 제어하는 규약체계를

---

1) 유리, M 로트만 지음, 유재천 옮김, 『문화기호학』, 문예출판사, 1998. pp.118–119.

규명하고 코드의 독창적 사용법을 찾아 내고자 한다. 이는 또한 창
작현상에 대한 측정 체계를 밝히는 일이기도 하다.2) 예술 텍스트는
표현할 세트를 가지고 있는 텍스트다. 그래서 텍스트의 실현은 항상
그것의 구조를 듣는 것에 대한 강조이다.3) 그러면 이 같은 듣기를
위해 먼저 「진달내꼿」 전문을 읽도록 한다.

　　　나보기가 역겨워
　　　가실째에는
　　　말업시 고히 보내드리우리다

　　　寧邊에 藥山
　　　진달내꼿
　　　아름짜다 가실길에 쌕리우리라

　　　가시는거름거름
　　　노힌그꼿츨
　　　삽분히즈려밟고 가시옵소서

　　　나보기가 역겨워
　　　가실째에는
　　　죽어도아니 눈물흘니우리다.

「진달내꼿」 전문4)

---

2) 움베르또 에코 지음, 김광현 옮김, 『기호와 현대예술』, 열린 책들, 1998. p.191.
3) 유리, M 로트만, 앞의 책, p.117.
4) 오세영 편저, 『꿈으로 오는 한사람』, 문학세계사, 1981. p.84.

Ⅱ. 시간·변형·해체

먼저 「진달내ᄭᅩᆺ」의 ① ②행에서 읽을 수 있는 것은 나와 대상의 관계다. 이들의 관계는 화해의 관계가 아니다. 이는 '역겨워'란 언표와 가실이란 언표를 통해서 읽을 수 있다.

임이 나를 보기 싫어하여 떠나가는 이별이 나와 임 사이에 놓여 있는 것이다. 문맥으로 보아 이 같은 이별의 상황은 물론 임에 의해 만들어진 것이다. 이별을 만들고 둘의 관계를 끊어버리는 이별의 행위 주체는 화자인 나가 아니고 떠나는 임인 것이다.

그리고 ②행의 가실째란 언표는 이별의 시제를 드러내고 있다. 이는 미래 가정법의 시제다. 따라서 『진달내ᄭᅩᆺ』에 드러나고 있는 이별은 현재 상황의 이별이 아니다. 미래에 그런 일이 일어난다면의 가정이다.

그러므로 이는 미래에 대한 예견과 준비의 언술이다. 현재에 따라오는 미래의 상황을 미리 읽고 있는 것이다. 이는 시간의 흐름에 따르는 모든 것의 예외 없는 절대적 변화 읽기를 보여 주는 것이다. 즉, 사랑의 관계라는 화해적 관계가 시간의 흐름 그 후 언젠가는 이별의 관계로 변형될 수 있다는 것을 담담하게 인정하고 또한 알고 있는 것이다. 미리 예견할 뿐 아니라 충분히 준비하고 있는 것이다.

이 같은 예견과 충분한 준비의 이별하기이기 때문에 『진달내ᄭᅩᆺ』의 화자는 이별의 충격을 맞이하여도 전혀 감정의 혼돈을 겪지 않는다. 이별을 슬퍼하거나 하는 정서기울기는 보이지 않는다. 다만 이별을

현대시의
기호학

충실히 살아 낼 뿐인 것이다. 시간의 흐름에 따른, 우주의 질서에 놓인 한 생명체로서 자신에게 분배된 이별의 길을 다만 갈 뿐인 것이다. 그러므로 『진달내꼿』의 이별 언술은 담담하며 오히려 선언적 당당함까지 읽게 한다.

또한 화자의 목소리는 이별의 슬픔에 눌린 여성의 가녀린 목소리나 체념, 또는 哀而不悲하는 목소리가 아니라 哀마저도 가지지 않는 담담한 초월의 목소리다. 유교적, 대립적 세계인식보다는 오히려 초월적 해체적 세계 인식이 드러나고 있다.

이와 같이 김소월 시 텍스트가 가지는 세미오스피어에서 미래시제는 독특한 의미체계를 거느린다. 이 같은 현상은 「먼後日」에서도 읽을 수 있다.

　먼 훗날 당신이 차즈시면 / 그째에 내말이 「니젓노라」 / 당신이 속으로 나무리면 / 「무척 그리다가 니젓노라」 / 그래도 당신이 나무리면 / 「밋기지안아서 니젓노라」 / 오늘도 어제도 아니닛고 / 먼훗날 그째에 「니젓노라」(먼後日) 전문

「먼後日」에서도 미래가정법 시제가 거느리는 의미체계를 만날 수 있다. 『진달내꼿』과 같이 현재의 화자가 미래가정의 상황을 두고 말하는 언술이다. 또한 예견의 말이다. 당신과 나는 화해의 관계가 아니다. 니젓노라 계열체의 언술에서 읽을 수 있듯이 대립적 관계에 놓여 있다. 이 같은 변형의 상황을 만든 주체는 나다. 이 같은 관계 속에서 변형을 일으킨 나의 언술은 지극히 단호하며 오히려 당당하다.

이 같은 현상은 나의 언술과 당신의 언술을 동치성의 시리즈로 정

리하고 분석해 보면 더욱 선명하게 드러난다. 먼저 당신과 관여하는 언술을 동치성의 시리즈로 만들면 먼훗날 당신이 차즈시면 / 당신이 속으로 나무리면 / 그래도 당신이 나무리면이 된다. 그리고 나의 언술을 동치성의 시리즈로 모으면 그째에 내말이 「니젓노라」/「무척 그리다가 니젓노라」/「밋기지 안아서 니젓노라」/ 오늘도 어제도 아니닛고 / 먼훗날 그째에 「니젓노라」/ 가 된다. 당신의 언술은 잊음으로 하여 관계의 변형을 가져온 나를 나무라는 언술이다. 반복적 점층적 언술을 통해 의미의 강화를 읽을 수 있다.

이 같은 나무람의 언술에 대응하는 나의 대답은 너무나 당당하다. 그 당당함의 이유는 무척 그리다가, 밋기지 안아서, 오늘도 어제도 아니닛고 먼훗날 그째에에서 찾아 볼 수 있다. 이는 시간의 흐름에 따라 자연적 현상으로 잊었음을 단계별로 보여 주고 있다. 그리고 더욱 당당할 수밖에 없는 이유는 오늘도 어제도 아니닛고 / 먼훗날 그째에에서 찾을 수 있다. 나는 잊음의 단계로 무척 그리다가와 밋기지 안아서를 거쳤을 뿐 아니라 잊음의 시점이 어제도 오늘도 아닌 먼훗날 그째이기 때문에 책임을 느끼지 않아도, 오히려 너무나 당당할 수 있는 것이다.

시간의 축 위에 어떤 현상이 걸렸을 때 그것은 예외 없이 낱낱이 해체, 변형되는 것임을 전제로 한 언술이며 변화의 대원칙 앞에 변형의 책임을 물을 수도 없거니와 물을 이유도 없기 때문이다.

이 같은 현상은 「못니저」에서도 또한 읽을 수 있다. 못니저 생각이 나겠지요. 그런대로 한세상지내시구려, / 사노라만 니칠날잇스리다 / 못니저 생각이 나겠지요. / 그런대로 세월만 가라시구려 / 못니저도 더러는 니치오리다. / ……라 말하는 「못니저」는 「먼後日」처럼 잊음의 시간의 축 위에서의 변형을 말하고 있다. 현재의 못 잊음이 못 잊어도 더러는 니치는 단계를 거쳐 긴 시간의 한 세상, 세월이 간 미래에는 니칠 날이 있어 잊음으로 변형할 것임을 담담하게 말하고 있다.

그리고 「父母」의 경우도 시간의 축 위에 걸린 미래의 변형을 읽을 수 있다.…… / 겨울의 기나긴 밤, / 어머님하고 둘이안자 / 옛니야기 드러라 / 나는 어째면 생겨나와 / 이니야기 듣는가? / 묻지도마라라, 來日날에 / 내가父母되여서 알아보랴? / 에서는 어머님과 나의 관계를 설정하고 있다.

현재 시제 속에서 어머니와 나가 부모 / 자식의 대립관계로 놓여 있다. 이 단계에서는 나에게 나는 ~듯는가?의 의문이 생겨난다. 그러나 시간이 흘러 먼 미래의 날인 來日날에는 내가 부모가 되고 자식은 부모로 변형하며 현재의 의문 사항은 자연히 사라져 버린다.

지금까지 분석해 본 「진달내꽃」, 「먼後日」, 「못니저」, 「父母」 等의 명편들은 하나같이 시간의 축 위에 현상을 올려 놓고 현재의 화자가 시간의 틈새로 미래를 내다보며 예언처럼 미래를 예견하고 있고 담담하게 그 변형의 법칙을 말하고 있다. 이 같은 변화는 너무나 당연한 진리로 말해지고 있고 어떤 감정의 뒤설렘도 없다. 그리고 무리한 참음이나 인내, 억지로의 인종도 없다. 다만 그런 것이라고 말하는 것뿐이며 그런 것일 뿐이다.

앞에서 분석해 본 것은 현재의 시제에 놓인 화자가 미래를 예견하고 미래의 변형을 말하는 것인데 시간의 축 위에 어떤 현상을 놓고 그 변형을 노래하기는 여기서 그치지 않는다. 김소월의 시 텍스트들 중 『진달내꽃』에 수록된 텍스트들만 보아도 시간의 축 위에 놓인 모든 것들의 변화 말하기는 「님의 말슴」, 「님에게」, 「꿈꾼그옛날」,

「꿈으로오는 한사람」, 「예전엔 밋처 몰낫서요」, 「자나깨나 안즈나서나」, 「해가 山마루에 저므러도」, 「후살이」, 「옛낫」, 「生과死」, 「바다가 變하야 쏭나무밧된다고」, 「黃燭불」, 「훗길」, 「무덤」, 「招魂」, 「鴛鴦枕」, 「접동새」, 「富貴功名」, 「사노라면 사람은 죽는 것을」, 「하다못해 죽어달래가올나」, 「나는 세상 모르고 사랏노라」, 「希望」 等等 끝없이 이어지고 있다.

그리고 변화의 벗어날 수 없음을 끝없이 말하며 이 필연의 변형 위에 놓인 어떤 현상들이 결국 해체적 관계에 놓임을 곳곳에서 말하고 있다. 그들 중 「生과死」에서는 사랏대나 죽엇대나 갓튼말을 가지고 / 사람은 사라서 늙어서야 죽나니 / 라는 언술을 읽을 수 있는데 이는 生死의 해체적 인식을 드러내고 있다. 이 같은 현상은 「바다가 變하야 쏭나무밧된다고」의 잇다든 온갖것은 눈에 설고 / 다시금 낫모르게 되나니 / 나 「비난수하는 맘」의 잇다가 업서지는 세상에는 / 오직 날과 날이 닭소래와 함께 다라나 바리며 / 「希望」의 이제금 알기는 알앗건만은 / 이세상 모든 것은 / 한갓 아름다운 눈얼님의 / 그림자 쏜인 줄올 / 等에서도 선명하게 드러나고 있다.

이 같은 언술에서는 있다 / 없다의 대립적 인식을 읽을 수 없다. 그리고 「접동새」의 싁새음에 몸이 죽은 우리누나는 / 죽어서접동새가 되었습니다 / 에서는 있다 / 없다의 대립적 인식의 해체뿐 아니라 사람 / 짐승에 대한 해체적 세계인식을 읽을 수 있다.

이러한 생각은 「무덤」, 「招魂」 等에서는 生死의 경계를 넘어서는 부르는 소리의 울림으로 드러난다. 그 누가 나를 헤내는 부르는 소리 / ……옛祖上들의記錄을 무더든 그곳!……내 부슬 잡아쓰러헤내는 부르는소리 / 의 언술을 읽을 수 있는 「무덤」에서는 조상 / 나, 生 / 死

 현대시의
기호학

의 대립관계가 무너져 있다. 따라서 부르는 소리가 그 경계를 넘을 수 있다. 「招魂」에서도 산산히 부서진 이름이어! / ……서름에 겹도록 부르노라 / ……부르다가 내가 죽을 이름이어! / 의 언술과 같이 生 / 死의 경계를 넘는 부르는 소리를 들을 수 있다.

따라서 이 같은 부르기는 죽음이 삶이며 삶이 죽음인 세계가 된다. 「招魂」에서의 부르기는 죽음을 삶으로 만들기 위한 적극적 삶, 이별인 것이며 낯설게 하기의, 안티테제(Antithese)의 이별인 것이다. 그러므로 죽음을 경계로 하여 부름을 멈추는 일상적 행동체계와는 변별적 의미를 생산하며 이는 현대적, 미적 가치를 생산한다. 미적 메시지가(규범을 위반하면서) 실현되고 코드를 모호하게 재구성한다.5) 여기서는 삶이 지속되면 죽음이 되며 이들은 삶과 죽음은 같은 것임을 배경으로 한 드러난 현상인 것이다.

따라서 시간의 작업에 놓인 모든 반화, 모든 변형은 피할 수 없는 현실이며 당연한 현상이다. 그리고 각각의 현상들은 다른 것이 아니라 같은 것이다. 삶에서 죽음으로의 변화가 그러한데 『진달내꽃』에서 볼 수 있는 사랑에서 이별로의 변화 또한 당연히 그러해야 할 것이며 어떤 변화의 의미도 같아야 한다. 그러므로 「招魂」이나 『진달내꽃』은 위에서 논의한 세계인식을 배경으로 한 유표적 한 항들이며 이들은 서로 상동적 변이항들인 것이다.

그러니까 「招魂」에서 삶 / 죽음이 해체되듯 『진달내꽃』의 사랑 / 이별이 해체되어야 한다. 그리고 삶=죽음, 죽음=삶이므로 대상이 죽어도 선채로 이 자리에 돌이되여도 / 부르다가 내가 죽을 이름 / 인 것

---

5) 움베르또 에코 지음, 앞의 책 p.179.

이며 사랑＝이별 이별＝사랑이므로, 대상이 떠나도 말업시 고히 보내 드리우리다 / 진달내꼿 / 아름짜다 가실길에 쌱리우리다 / 죽어도 아니 눈물흘리우리다 / 라 말하는 것이다. 그러므로 죽어도 임이 떠나도 죽음이 와도 이별이 와도 변함없는 정서와 행동의 지속적 유지가 이루어질 수 있고 또한 그러해야만 하는 것이다.

이 같은 현상이 앞에서 살펴본 바와 같이 미래시제의 체계를 동반할 때는 훨씬 여유 있는 목소리가 되며 예견, 예언처럼 당당해진다. 또한 패러독스의 미학을 유감없이 발휘하기도 한다. 이는 독자의 정서에 울림을 주며 수많은 명편을 만들어 내게 하는 에너지원이 되기도 하는 것이다.

김소월 시 텍스트애서 시간의 축 위에 있는 모든 것들의 해체적 변화 읽기는 시적 화자의 세계 읽기의 핵심 화법이며 이 같은 화법의 디스코스들은 언제나 시간의 코드들로 즐비하게 장식되어 있고 이들은 동일한 코드 체계의 전언들인 것이다. 그리고 도스또예프스끼에게 예술적인 시간이 예술적 묘사의 가장 본질적 측면의 하나였듯이[6] 시간은 소월시 텍스트에 드러나고 있는 세계관에 작용하는 가장 깊은 본질의 하나다. 그리고 素月의 텍스트들은 지속성, 과정의 행위, 시간의 한 시점에서 다른 시점으로의 교체, 영원한 것, 변형들을 끝없이 드러내 보여 준다.

『진달내꼿』의 1연은 나－임, 2연은 나－꽃－임, 3연은 나－꽃－임의, 4연은 나－임의 구성으로 이루어져 있고 이는 대칭구조를 이루고 있다. 여기서 이별의 원인을 제공하는 자는 나보기가 역겨워 / 가

---

6) 로뜨만 외, 러시아시학연구회편역 『시간과 공간의 기호학』, 열린책들, 1996. p.326.

실……/ 에서 읽을 수 있듯 임이지만 그 이별을 수행하기애서 주동적 역할을 하는 자는 화자가 된다. 능동적 이별하기에서 역동적 역할을 하는 화자는 떠나는 임에게 떠나는 방법까지 설정하여 삽분히즈려밟고 / 가라고 요청한다. 이별을 당하는 것이 아니라 이별을 적극적으로 하고 있다. 그리고 화자의 이별하기 방법은 어떤 비난이나 물음의 말없이 고히보내며 꽃을 뿌려 주며 슬픔의 표징인 눈물도 흘리지 않는다.

이러한 행동은 모두 말없는 사랑의 행동이다. 대상인 임이 사랑을 이별로 만든다면 화자는 임이 만든 이별로 영원한 사랑을 만들고 있다. 그러므로 『진달내꽃』은 이별의 노래이기보다 오히려 사랑의 노래며 이별의 노래면서 사랑의 노래가 된다. 이별 당하는 자가 오히려 능동적이며 이별에 대한 집단적 의미의 행동체계를 거부한 개인적 의미의 행동체계는 모두 사랑의 행동이다. 이 같은 기대를 배반하는 낯설게 하기는 수신자로 하여금 미적 감동을 유발하게 한다. 화자가 하는 등가적 관계를 가지는 행동의 계열체들은 이별을 사랑으로 만드는 장치며 사랑의 빠롤이다. 이는 또한 사랑과 이별을 대립적 질서에서 통합적 질서의 체계로 이동하게 만드는 완벽한 무기다.

Ⅲ. 진달내꽃의 의미

「진달내꽃』에서의 진달내꽃의 의미는 무엇인가? 이는 그의 시 텍스트들 안에서 어떤 코드로 읽어야 하는가? 이는 화자와 임의 갈등 구조 사이에서 그들의 이별 장면에 끼어들어 이별을 사랑으로 채색 하는 기능을 하고 있다. 이별의 세계를 사랑의, 핑크로 채색하여 이 별을 사랑 안으로 끌어들이고 사랑으로 통합하고 있다. 세계를 채색 하는 것은 항상 세계를 부인하는 방법 중의 하나이기 때문이다.[7]

그러므로 진달내꽃은 화자가 가진 내면의 깊은 사랑의 말이며 진 달내꽃 뿌리기는 그가 가진 깊은 사랑의 마음을 뿌리는 것이며 말보 다 더 큰 행동의 말인 것이다. 따라서 진달내꽃은 화자와 임 사이에 생긴 갈등을 해소시켜 주는, 말끔히 닦아내는 기능을 하는 구원자 또는 협조자(helper) 코드로 읽힌다.

素月의 시 텍스트들에는 화자가 겪는 갈등, 고통을 해소시켜 주고 그를 구원해 줄 절대자가 없다. 전지전능한 신의 코드가 추출되지 않는다. 그러면 素月 시 텍스트들에서 이 같은 갈등을 해소해 주고 고통으로부터 구원해 주는 구원자, 돕는 자의 코드는 없는가? 素月 의 시 텍스트들에서 이 같은 기능을 하는 코드는 자연으로 읽힌다.

그러면 『진달내꽃』에 수록된 시 텍스트에서 몇몇 예들을 보도록 한다. 먼저 의미의 역동적 회로 안에서 구원자와 돕는 자의 코드로 읽히는 자연의 코드를 「풀따기」에서 분석해 보자. 「풀따기」에서의 화자와 임은 이별의 고통 속에 놓여 있다. 그립은 우리님은 어듸게 신고 / 날마다 뛰여나는 우리님생각 / 날마다 뒷山에 홀로안자서 / 날마 다 풀을짜서 물에던져요 / 라고 말하는 2연의 언술을 보면 화자와 임 은 멀리 떨어져 이별의 상태를 겪고 있다. 그리고 이의 극복을 위해

---

7) 롤랑바르트 지음. 정현 옮김, 『신화론』, 현대미학사, 1995. p.218.

돕는 자, 구원자의 역할을 하는 자연물, 山, 풀, 물의 언표를 찾아 낼 수 있다.

「풀따기」에서는 산은 화자가 겪는 이별의 고통을 돕는 자 풀, 물을 가진 공간으로 읽을 수 있다. 화자는 '날마다 풀을 짜서 물에 던져요'에서 읽을 수 있듯 멀리 있는 임에게 편지처럼 풀을 짜서 물 위에 띄워 보내고 있다. 이때 풀은 임에게 보내는 사랑의 메시지며 흐르는 이동의 코드, 물은 그것을 임에게 날라주는 탈 것이 된다. 편지와 우편배달부의 관계에 놓이는 풀과 물이다. 그리고 山은 날마다홀로안자서에서 읽을 수 있듯 화자를 품어 고통을 어루만져 주는 공간으로 읽힌다. 그러므로 산은 화자의 고통을 어루만져 주는 공간이면서 그들을 돕는 자 풀, 물의 자연물을 내포한 코드로 읽을 수 있다. 따라서 이 같은 자연물은 멀리 떨어져 있는 화자와 임의 이별을 깁는 그래서 고통을 덜어 주는 돕는 자의 언표가 된다.

「山우헤」를 보면 여기서도 돕는 자의 코드로 산, 물의 자연물을 찾아낼 수 있다. 山우헤올나섯서 바라다보면 / 가루막킨 바다를 마주 건너서 / 님 게시는마을이 내눈압프로 / 쏨하눌 하눌가치 쩌오릅니다 / 의 1연에서 임과 나의 이별의 상황을 읽을 수 있다. 그리고 이 같은 이별의 슬픔을 극복할 수 있도록 돕는 자로 山을 찾아 낼 수 있다. 산은 화자를 높이 오를 수 있게 하고 시야를 넓혀 임 계신 곳을 볼 수 있게 하기 때문이다.

이 같은 1연과 함께 4연에서도 돕는 자의 코드로 쓰인 자연물을 읽을 수 있다. 나는 혼자山에서 밤을새우고 / 아츰해붉은볏헤 몸을씻츠며 / 귀기울고 솔곳이 엿듯노라면 / 님계신窓아래로 가는물노래 / 에서와 같이 산은 화자를 품어 쉬게 하는 공간으로 드러나며 물은 임의 창가로 흐르고 있다.

그리고 5연의 흔들어 깨우치는 물노래에는 / 내님이놀나 니러차즈신대도 / 내몸은 山우혜서 그 山우혜서 / 고히깊피 잠드러 다 모릅니다 / 에서와 같이 화자가 山의 품속에서 고이 잠들어 있는 중에도 물은 쉬지 않고 흘러 임에게 화자의 사랑을 전할 수 있는 자로 읽힌다.

그러므로 산은 화자를 편히 잠들어 쉴 수 있게 하는 자연물의 코드가 되며 물은 「풀싸기」에서와 같이 임의 사랑을 전하는, 사랑을 실어 나르는 탈것, 이동 수단이 된다. 따라서 「山우혜」에서의 山은 화자를 도와 임 계신 곳을 볼 수 있게 하고 그를 편히 쉴 수 있게 하는 자며 그의 사랑을 임에게 실어 전하는 사랑의 탈 것을 내포한 자다.

「눈오는 저녁」에서는 이별의 상태에 있는 임과 화자를 눈이 돕고 있다. 꿈이라도 씌면은! / 잠들면 맛날넌가 / 니젓든 그사람은 / 흰눈타고 오시네. / 에서 임은 흰 눈을 타고 온다. 여기서는 「풀싸기」, 「山우혜」에서와는 달리 임이 화자에게로 오고 있다. 이때 임이 화자에게로 오는 것을 돕는 자 탈것으로의 역할을 눈이 하고 있다.

다음으로 「구름」을 보면 저기저구름을 잡아타면 / ……밤이면 색캄한저 구름을 / 잡아타고 내몸은 저멀니로 / 九萬里긴 하늘을 날나건너 / 그대잠든품속에 앗기렷더니,…… / 애스러라, 그리는 못한데니, / 그대여, 드르라 비가되어 / 저구름이 그대한테로 나리거든, / 생각하라, 밤저녁, 내눈물을 / 이라 말하고 있다. 여기서 화자는 흐르는 속성을 가진 구름을 탈 것으로 선택해 보고 있다. 흐르는 구름을 타고 임에게 가고 싶어 하지만 그렇게 하지 못하고 비가 된 구름이 그대에게 내릴 것을 말한다. 이때 구름의 변형인 비도 흐르는 자연물이면서 화자의 사랑을 임에게 전하는 돕는 자의 코드로 쓰이고 있다.

그리고 「招魂」의 경우도 돕는 자로서의 자연물이 추출된다. 산산히 부서진이름이어! / ……불녀도 主人없는이름이어! / ……에서 읽을 수 있듯 화자는 죽은 임을 부르고 있다. 가장 큰 이별이 설정되고 있다. 그리고 쎠러져나가안즌 山우헤서 / 나는 그대의 이름을 부르노라…… / 부르는 소리는 빗겨가지만 / 하눌과쌍사이가 넘우넓구나 / 란 언술에서 읽을 수 있듯 죽어 하늘에 있는 임을 부르는 땅의 화자를 돕는 자는 쎠러져나가안즌 山이다.

山은 임과 나와의 거리, 즉 하늘과 땅의 거리를 좁혀 주어 화자와 임의 이별을 고통을 덜어 주고 있다. 임에게 좀 더 가까이 갈 수 있는 높은 공간을 산은 제공하고 있다. 그러므로 「招魂」의 경우도 산은 예외 없이 돕는 자의 코드로 쓰이고 있다.

산의 이 같은 코드로의 역할은 「나는 세상 모르고 사랏노라」에서도 드러나고 있다. 「가고 보지 못한다」는 말을 / 철업든 내귀로 드럿노라 / 萬壽山 올나서니 / 옛날에 갈나선 그내님도 / 오늘날 뵈올수잇섯스면……啼昔山붓는 불은 옛날에 갈나선 그내님의 / 무덤엣풀이라도 태왓스면! / 에서와 같이 山은 죽은 임과 화자의 거리를 좁혀 줄 수 있는 돕는 자의 코드로 읽히고 있다. 또한 啼昔山에 일어나는 불은 죽은 임의 무덤에 풀을 태웠으면 하는 화자의 원함을 이루게 할 수 있는 돕는 자의 코드로 읽힌다.

이상의 텍스트들에서 분석해 본 바와 같이 자연물 가운데 산은 돕는 자의 코드로 읽힌다. 화자를 쉴 수 있게 하고 임과의 거리를 좁혀 주는 공간의 코드며 화자를 도울 자연물, 풀, 물, 불을 가진 코드로 읽힌다.

그리고 흐르는 이동성의 특질을 가진 물, 구름, 눈, 비는 모두 물 또는 물의 변이형들이다. 이들 풀, 물의 변이형들은 화자와 임이 가진 이별의 심리적 거리를 좁혀 주고 공간적 거리를 좁혀 주며 사랑의 메시지를 전해 주는 탈 것의 코드다. 그리고 「풀싸기」에 드러나는 산의 풀은 메시지 자체의 코드로 읽힌다. 이와 아울러 「나는 세상 모르고 사랏노라」의 불은 물의 변이형은 아니지만 산이 내포한 산의 불로 물의 변이형 코드인 구름, 눈, 비, 물처럼 움직임, 흐름, 운동성을 가지는 상동적 코드이기도 하다.

지금까지의 분석으로 볼 때 앞에서 살펴 본 「진달내쏫」의 진달내쏫은 분명 화자의 이별이라는 극복해야 할 상황의 고통을 해소시키는 코드다. 그것은 돕는 자다. 이별과 사랑의 대립적 의미체계를 통합적 의미체계로 끌어가게 하는 강력한 채색이며 자연물인 것이다. 사랑과 이별의 산을 합하여 거대한 사랑의 산 하나를 만들고 있다.

「진달내쏫」에서 화자가 돕는 자로 들고 나온 꽃은 앞의 분석에서와 같이 돕는 자의 코드인 산이 가진, 산이 내포하고 있는 자연물이다. 화자는 寧邊의藥山 / 진달내쏫 / 이라 명시하고 있기 때문이다. 그러므로 한아름의 진달내꽃은 화자의 쉼터 산이 가진, 화자를 돕는 자며 이별과 사랑을 통합체계로 만들고 이별과 사랑을 해체시킬 수 있는 완벽한 장치다.

그리고 김소월 시 텍스트에서 추출되는 돕는 자, 구원자적 코드로서의 자연물은 우리 고전문학에서 흔히 발견되는 전통적 현상이다. 전통은 항상 주어진 문화 또는 하위문화나 개인의 기억 속에서 보존되는 텍스트들의 체계이다. 그것은 항상 선례, 규범이나 규칙으로 간주되는 부분적인 사건으로 실현된다.8) 그러므로 김소월 텍스트에서 추출되는 돕는 자, 구원자적 자연물 코드는 재코드화 메커니즘 중의 하나라 말할 수 있다. 이는 텍스트에 드러나고 있는 문화의 집단적 기억을 만나게 한다. 또한 이는 모스크바 타루트학파가 주장한 인간과 그가 가진 환경과의 관계 속에서 형성되는 모델링 체계화의 가능성을[9] 읽게 한다.

그리고 2차 모델링 체계인 소월의 시 텍스트들이 왜 그러한 현상을 낳았는가를 설명할 수 있고 시간성의 측면에서 볼 때 과거와 미래와의 상관 없이는 사고-기호는[10] 존재할 수 없음을 읽게 한다.[11]

Ⅳ. 맺음말

「진달내꼿」의 ① ②행에서 만날 수 있는 것은 나와 임의 관계이다. 이들은 '역겨워 가실'이란 언표를 통해 그리고 문맥으로 보아 화해의 관계가 아님을 알 수 있고 나와 임 사이에 이별이 놓여 있음을 읽을 수 있다. 그리고 이별을 만들어 내는 행위 주체는 임인 것을 알 수 있다.

또한 ②행의 '가실째'란 언표는 텍스트에 드러나고 있는 이별의

---

8) 유리 M. 로트만 지음, 유재천 옮김, 앞의 책. p.119.
9) Ann shuKman, *Literature and Semiotics*, A study of Yu. M. Lotman, Amsterdam. New york, Oxford, North-Holland Publishing Company, 1977. p.5.
10) 김치수 외, 『현대기호학의 발전』, 서울대학교 출판부, 1998. p.228.
11) 김성도, 『현대기호학 강의』, 민음사, 1998. p.112.

시제가 미래가정법의 시제임을 읽을 수 있게 한다. 이는 미래에 대한 예견과 준비의 언술이다. 이는 미래라는 시간까지의 시간의 흐름에 따르는 예외 없는 절대적 변화 읽기를 보여 주는 것이다. 사랑의 관계가 시간의 축 위에 걸리면 언젠가는 이별의 관계로 변형될 수 있음을 인정, 예견, 준비하는 언술이다.

따라서 충분히 준비된 이별이므로 이별을 맞아도 충격, 혼돈, 슬퍼하기 等의 정서 기울기는 없다. 다만 우주에 놓인 시간의 질서 위에 한 생명체로서 자신에게 분배된 이별의 길을 살아 내며 갈 뿐인 것이다. 그러므로 「진달내꼿」의 이별 언술은 담담하며 오히려 선언적 당당함까지 내포한다.

슬픔에 가위눌린 여성의 가녀린 목소리나 체념, 哀而不悲의 목소리가 아닌 哀마저 일어나지 않는 초월의 목소리다. 대립적 체계의 유교적 세계인식보다는 오히려 불교나 선교식의 초월적·해체적 세계인식이 드러난다.

김소월 시 텍스트가 소유하는 세미오스피어에서 미래 시제는 예견·예언처럼 당당해지는 독특한 의미체계를 거느린다. 「진달내꼿」, 「먼後日」, 「못니저」, 「父母」 等의 명편들은 모두 시간의 축 위에 현상을 올려 놓고 시간의 틈새로 미래를 내다 보며 예언처럼 예견하며 담담하게 변형의 법칙을 말한다. 이는 너무나 당연한 진리며 무리한 참음, 인내, 억지로의 인종도 없다. 다만 그런 것임을 말할 뿐이다.

이상의 분석에서 읽을 수 있는 것은 현재의 화자가 미래를 예견하고 미래의 변형을 말하는 것이지만 시간의 축 위에 놓인 대상의 변형 말하기는 여기서 그치지 않는다. 그의 시집 『진달내꼿』에 수록된 텍스트만 보아도 「님의 말슴」, 「님에게」, 「꿈꾼그옛날」, 「꿈으로

 현대시의
기호학

오는 한사람」, 「예전엔 밋처 몰랏서요」, 「자나깨나 안즈나서나」, 「후
살이」, 「옛낫」, 「生과死」, 「바다가變하야뽕나무밧된다고」, 「黃燭불」, 「훗
길」, 「무덤」, 「招魂」, 「鴛鴦枕」, 「접동새」, 「富貴功名」, 「사노라면사람
은죽는 것을」, 「하다못해죽어달래올나」, 「나는세상모르고사랏노라」, 「希
望」 等等 끝없이 이어지고 있다.

그들 중 「무덤」, 「招魂」에서는 生死의 경계를 넘는 부르는 소리의
울림이 드러난다. 이는 죽음을 삶으로 만들기 위한 적극적 삶, 이별
인 것이며 안티테제의 이별이다. 이같이 삶에서 죽음으로의 변화가
피할 수 없으며, 당연히 그러하며 삶과 죽음은 같은 것이라면 「진달
내꼿」에서 볼 수 있는 사랑에서 이별로의 변화도 당연히 그러해야
할 것이다.

김소월 시 텍스트에서 시간의 축 위에 놓인 모든 것들의 해체적
변화 읽기는 시적 화자의 세계읽기의 화법이며 세계관의 가장 깊은
본질의 하나다. 그리고 「진달내꼿」에서 이별의 원인을 제공하는 자
는 임이지만 이별을 수행하기에서 주동적 역할을 하는 것은 화자다.
화자는 임에게 떠나는 방법까지 설정하여 삽분히 즈려밟고 / 가라고
요청한다. 이별을 당하는 것이 아니라 이별을 적극적으로 하고 있다.

또한 어떤 비난, 물음의 말없이 고이 보내며, 꽃을 뿌려 주며, 눈
물도 보이지 않고 보내기는 영원한, 말없는 사랑의 행동이다. 임이
사랑을 이별로 만든다면 화자는 이별로 사랑을 만들고 있다. 「진달
내꼿」은 이별의 노래라기보다 오히려 사랑의 노래며 이별의 노래면
서 사랑의 노래가 된다.

집단적 의미의 행동체계를 거부한, 기대를 배반하는 낯설게 하기
의 행동체계는 수신자로 하여금 미적 감동을 유발하게 하고 화자가

하는 등가적 관계의 행동 계열체는 사랑과 이별을 통합적 체계로 만드는 장치며, 파롤이며 무기다.

Ⅲ. 진달내꽃의 의미에서는 진달내꽃의 코드 의미, 기능을 분석해 보았다. 진달내꽃은 화자가 겪는 고통을 해소해 주는 구원자 또는 돕는 자의 코드로 읽힌다. 素月의 시 텍스트에는 화자의 고통을 구원해 줄 전지전능한 신·절대자가 없다. 그러나 그의 시 텍스트들에는 구원자, 돕는 자의 코드로 읽히는 자연물이 있다. 「진달내꽃」의 진달내꽃이 바로 고통을 구원해 주고 화자를 돕는 자연물 코드인 것이다.

돕는 자로서의 자연물 코드는 『진달내꽃』의 텍스트들 중 「풀짜기」, 「山우헤」, 「눈오는저녁」, 「구름」, 「招魂」, 「나는세상모르고사랏노라」 等에서도 찾아낼 수 있다.

이들의 분석에 의하면 자연물 코드, 산은 돕는 자 또는 돕는 자 풀, 물, 불을 가진 자며 물, 구름, 비, 눈, 들은 물 또는 물의 변이형이며 탈것의 코드다. 그리고 산의 불도 물, 구름, 비, 눈처럼 이동성·운동성을 가진다.

이 같은 코드 해독을 보면 「진달내꽃」의 자연물인 진달내꽃은 이별과 사랑의 대립적 체계를 통합적 체계로 만들게 하는 핑크빛 채색의 돕는 자, 구원자 코드임이 선명하게 드러난다. 진달내꽃은 寧邊에 藥山이라 화자가 말했듯이 돕는 자의 코드, 산의 꽃이며 이별과 사랑을 해체하는 장치다.

그리고 김소월 시 텍스트에서 추출되는 돕는 자, 구원자 코드로서의 자연물은 고전문학 장르에서 흔히 발견되는 전통적 현상이다. 전통은 문화, 개인의 기억 속에 보존되는 텍스트의 체계며, 김소월의

현대시의
기호학

자연물 돕는 자 코드는 재코드화 메커니즘의 하나다. 이는 인간과 환경관계 속에서의 모델링 체계화의 가능성과 과거와 미래와의 상관 없이는 사고-기호가 존재할 수 없음을 읽게 한다.

그리고 이상의 분석은 「진달내꼿」에 내장된 정보량을 확대 생산한다. 또한 김소월 시 텍스트가 가지는 코드읽기와 코드의 독창적 사용법, 재코드화 메커니즘, 미적 가치 창조의 원인을 밝히는 데 기여하리라고 본다.

노천명의
「生家」 분석

노천명의 「生家」 분석

Ⅰ. 머리말

•••문학적 독서의 재미는 텍스트가 가지는 층리 사이의 내밀한 관계를 인지하는 것이며 이는 한 언어를 받는 것이 아니라, 그것을 건축하는 것이다. 글쓰기가 자기에게 넘겨준 형식들의 유희로부터 시작하여 텍스트의 의미를 구축해야 할 사람은 독자이기 때문이다. 읽기는 의미의 발견과 아울러 명명하는 것이며 문장들이 의미론적 변화를 겪도록 하는 것이다.[1]

독서는 소비가 아니라 창조가 되어야 하며 글쓰기에 의해 다양하게 놓인 형식들을 결합하여 다시 쓰는 것이다. 이것은 생산된 것 속이 아니라 생산 속에 자기를 놓는 것이다.[2] 또한 말한 것 외에는 설명하지 않는 제시된 문제를 푸는 것이며 채워야 할 그물망을 채우는 일이다.

본고의 목적은 설명하지 않는 문제인 「生家」가 가지는 내밀한 구

---

1) 벵상 즈부 著. 하태환 옮김. 『롤랑바르트』, 민음사 1994. pp.150–156.
2) 앞의 책, p.148.

조를 좀 더 깊게 인지하고 풀어 보며 대화하는 것이다. 한 수신자로서의 문학 텍스트와의 대화는 먼저 표층 읽기에서 이루어져야 하겠지만 이것만으로는 내적 문법의 구조를 읽어 낼 수 없다.

내적 문법 읽기에는 텍스트 구조의 탄생을 위한 복잡하고 다양한 체계를 밝혀내는 세밀한 분석이 필요하다. 여기서는 이를 위해 「生家」가 가지는 언술과 전언의 성격에 따른 유형과 구조, 기법의 특징을 분석하고 노천명의 다른 시 텍스트와의 상호 텍스트성도 확인하고자 한다. 이는 노천명의 시가 가지는 총체적 특징을 추출할 수 있게 하기 때문이다.

Ⅱ. 「生家」의 유형·구조·기법

1. 유형

「生家」는 노천명의 시집 『珊瑚林』(1938년 간행)에 수록된 텍스트다. 분석을 위해 먼저, 전문을 인용하도록 한다.

뒤울안 보루쇠 열매가 붉어오면
앞山에서 벅국이 우렀다.
해마다 다른 까치가와 집을 짓는다든
앞마당 아라사버들은키가커 늘처다봤다

아렛말과 웃洞里가 넓어뵈든村에선
端午의 명절이 한껏 질겁고……
모닥불에 강냉이를 퉤먹든 아이들
곧잘 하늘의 별 세기를 내기했다

江가에서 개(江)비린내가 유난이
풍겨 오는 저녁엔 비가 온다든
늙은이의 天氣豫報는 틀닌적이없엇다

도적이 들고난 새벽녁처럼 호젓한 밤
개짓는 소리가 덜 좋아
이불속으로 드러가 무치는 밤이있었다.

위의 텍스트에서는 경험시에 속하는 시적 언술의 전달방식을 읽을
수 있다. 시적 대상과 상황에 대한 일정한 거리를 유지하면서 설명
을 하거나 논증을 통한 논리적 타당성을 보여주기보다는 화자가 시
적 상황에 직접 참여하며 그에 대한 자신의 심리적 반응을 보여주기
도 하기 때문이다.3) 또한 「生家」는 디이터 람핑의 서정시의 네 가지
유형에 따르면 가공적이지도 허구적이지도 않은 서정시에 속한다.
화자의 모든 언술은 다분히 사실적이며 시인의 삶 속에 들어 있는
상황에 연관되고 있는 것으로 읽히기 때문이다.4)

---

3) Friedman & McLaughlin, *Poetry: An Introduction to it's Form & Art,
Harper & Row,* New York, 1963. pp.44-55, 이승훈, 『한국시의 구조분
석』, 종로서적, 1987, p.171에서 재인용.
4) 디이터 람핑은 서정시를 허구 혹은 현실 영역에로 소속여하에 따라서
허구적이지만, 가공적이 아닌 서정시들, 가공적이지만 허구적이 아닌 서

그리고 디이터 람핑은 로만 야콥슨의 언어전달의 여섯 가지 기능 모델을 기초로 하여 서정시를 지시적 서정시, 감정표현적 서정시, 능동적 서정시, 친교적 서정시, 메타시적 서정시로 분류하기도 했는데,5) 그에 의하면 「生家」는 지시적 서정시의 성격을 가지는 텍스트로 볼 수 있다.

지시적 서정시는 대상들을 지시해 보이는 서정시의 유형이며 이의 첫 번째 목표는 그 시의 대상을 서술해 보고하거나 해명하면서 묘사해 내는 데에 있는데 「生家」의 경우도 화자의 체험적 대상인 「生家」를 전달하고 보고하는 데 그 주된 목적이 있는 시로 볼 수 있기 때문이다.

그리고 「生家」의 모티프는 전통적 서정시의 전형을 그대로 지니고 있고 발화방식 또한 그러하다. 여기서의 인간과 자연은 유기적 통일성을 형성하고 있다. 외면, 내면적 자연과 인간은 서로 깊은 연관관계에 놓여 있다. 그러므로 전통적인 자연체험 서정시에서 읽을 수 있는 자연과 자연의 교신, 자연과 인간의 메시지 교신을 기본으로 하는 발화방식을 가지고 있다. 따라서 「生家」는 자연과 자연, 자연과 인간이 거리를 유지하지 않고 깊이 밀착되어 있다.

이와 아울러 「生家」는 전통적 체험 서정시에서 발견할 수 있는 사실주의적 발화방식을 쓰고 있다. 사실주의적 발화방식을 통해 때와 장소를 제시하며 그와 관련한 개인적 체험을 표현하여 충실한 사

정시들, 가공적이며 허구적인 서정시들, 가공적이지도 허구적이지도 않은 서정시들로 분류하였으며 체험시들은 네 번째 유형에 속한다고 했다. 디이터 람핑 著, 장영태 옮김, 『서정시: 이론과 역사』, 문학과지성사, 1994. pp.174-177.
5) 디이터 람핑 著, 앞의 책, pp.183-185.

실적 묘사를 이루고 있다. 「生家」에는 화자의 자서전적 체험의 세계가 드러나고 있고 현실의 묘사나 반영을 수용하고 있다. 따라서 다분히 화자의 세계관에 입각한 고백의 범주 안에 머물고 있는 발화방식을 지니고 있다. 그러므로 현대적 서정시에서 추구하는 자연과 자연, 자연과 인간 사이의 유기적 통일성의 거부나, 반사실주의적 상징적 은유를 통한 낯설게 하기는 발견할 수 없다.6)

2. 대립구조

「生家」의 구조를 읽을 때 먼저 눈에 뜨이는 것은 대립관계를 질서로 가진다는 점이다.

1연에서는 '뒤울안, 앞山'의 수평공간 대립, '해마다 다른 까치가 와'의 변화에 대한 '늘처다봤다'의 항상성의 대립을 찾아 낼 수 있다.

2연에서는 아렛말 / 웃洞里의 수직공간 대립쌍을 찾아 낼 수 있다.

2연과 3연의 관계 속에서는 아이들 / 늙은이의 대립과 별세기 / 天氣豫報의 놀이성과 농사와 관련한 실용성의 대립을 읽을 수 있다.

또한 1연과 4연의 관계를 보면 까치가 집을 짓는 아라사버들에 대한 긍정적 반응과 4연의 개소리에 대한 부정적 반응의 대립을 읽

---

6) 디이터 람핑은 대상과의 거리가 없이 밀착된 관계 속에서 서로 유기적 통일성을 추구하는 발화방법을 가진 서정시를 전통적 서정시, 상호 연관을 맺지 않으며 대상을 대상만으로 받아들이는 시를 현대적 서정시라 했고 사실주의적 발화방식을 거부하여 낯설게 하기를 이룬 서정시를 현대적 서정시라 한다. 디이터 람핑, 앞의 책, pp.240-250.

어 낼 수 있다. 그리고 화자의 공간 확장적 반응과 공간 응축적 반응의 대립쌍을 추출할 수 있다. 이는 1연 4행의 키가 큰 아라사버들에 대한 쳐다보기의 동작과 4연 3행의 개 짖는 소리에 대한 이불 속으로 들어가기의 동작이 보이는 공간 응축의 대립에 연유한다.

1, 2연과 3, 4연을 보면 1연과 2연의 언술에서는 봄의 계절감을 분명하게 전달하며 3, 4연 계절감이 불분명하여 계절감의 투명 / 불투명의 대립을 읽을 수 있다.

다음은 외재연(1, 4연)과 내재연(2, 3연)의 대립관계를 보도록 한다. 화자 - 아이들 - 늙은이 - 화자로 시적 주인공을 가지는, 화자에서 다시 화자로 돌아오는 순환적 구조, 즉 1~4연이 2, 3연을 감싸는 구조 속에서 2, 3연과의 대립은 생산된다. 1, 4연이 화자를 시적 담화의 주인공으로 한다면 2, 3연은 비화자를 시적 당화의 주인공으로 하기 때문이다. 화자를 시적 주인공으로 하는 단수 주인공(1, 4연)에 대하여 2, 3연의 아이들과 늙은이가 가지는 복수성에서 유래하는 복수 주인공의 대립을 읽을 수 있다.

외재연과 내재연에서 읽을 수 있는 대립은 등장인물의 태도에서도 추출된다. 먼저, 외재연 중 1연을 보도록 한다. 1연의 등장인물 화자는 아라사버들을 통한 수직적 초월을 지향하는 자로 드러난다. 그러므로 여기서는 상승의욕을 보여주는 적극성을 나타내고 있고 개방적 반응을 보이고 있다. 이때 앞마당 아라사버들은 매개자의 역할을 한다.

4연에서는 1연의 화자와 대립되는 반응을 읽을 수 있다. 개 짖는 소리에 '이불속으로 드러가 무치는' 소극적, 폐쇄적 반응을 보이기 때문이다.

이 같은 행위의 주체인 화자는 1연에서는 적극적, 개방적 태도를 보이나 4연에서는 그렇지 않아, 일관성을 가지지 못하며 외재연 모두에서 읽을 수 있듯 사람들과의 어떤 소통도 보여주지 않는 소외자적 존재로 읽을 수 있다.

내재연인 2·3연의 시적 담화에 드러나는 등장인물의 반응은 외재연과 대립적 현상으로 드러난다. 먼저 2연의 등장인물들인 아이들을 보도록 한다. 이들은 두 개의 불을 가진 자들이다. 모닥불과 별이 그것이다. 강냉이를 튀겨 먹을 수 있는 지상의 모닥불과 천상에서 지상으로 하강하는 불이며 하늘의 불인 별을 가진 자들이다, 아이들은 이 같은 두 개의 불 중 하늘의 불인 별로 천상과의 대화를 하고, 별세기 내기를 하는 적극적이고 개방적인 행동을 소유하는 자들이다. 그리고 이들은 별세기 내기를 즐기는 사람들 사이의 대화와 소통을 소유한 자들이다.

3연의 등장인물인 늙은이 역시 2연의 아이들과 같이 적극적이며 개방적인 반응을 소유하며 천상과의 소통을 가진 자들이다. 그들은 두 개의 물을 가진 자들이다. 지상의 물 강과 하늘의 물, 하강의 물인 비를 가진 자들이다. 이들은 물을 통해 천상과 지상의 소통을 가진 자들이다. 또한 과거의 조상으로부터 내려오는 경험에 의한 天氣豫報를 하는 자들로 과거의 사람들과의 시간적 거리를 둔 대화를 소유한 자들이다.

따라서 2연의 아이들과 3연의 늙은이들은 모두 소속된 사회에 적극적으로 참여하는 공동체적 존재자들이며 사회적 존재들로 읽을 수 있다. 그러므로 내재연의 등장인물인 아이들과 늙은이는 적극적이고 개방적인 일관된 반응을 가지며 천상과 지상의 소통을 가진 자들이다. 아울러 이들은 사람들 사이의 대화와 소통을 가진 자들로 소속된 사회에 적극 참여하는 공동체적, 사회적 존재자들이다.

이상에서 분석한 외재연과 내재연의 등장인물의 태도에 의한 대립 분석은 소극적, 적극적, 폐쇄적, 개방적 반응에서의 일관되지 못함 / 일관됨, 사람들과의 소통이 단절된 소외된 자 / 사람들과의 대화와 소통을 가진 자 / 로 요약 정리된다.

그 밖에 1, 4연은 '벅국이우럿다'(1연)와 '개짓는소리(4연)'의 청각 이미지를 표출하는 언술을 가지는 반면 외재적인 2, 3연은 그렇지 않음 또한 대립관계에 있게 하는 변별적 자질로 읽을 수 있다.

홀수연과 짝수연 사이에서는 복합공간 / 단일공간의 대립이 이루어지고 있다,

먼저 1연을 보도록 하자. 1연에서는 뒤울안과 앞산의 수평 / 수직의 공간 교섭과 함께 화자의 키 큰 아라사버들 쳐다보기에서 추출되는 상하의 수직적 공간교섭을 찾아볼 수 있다. 그러므로 1연의 공간교섭은 수평과 수직의 복합적 공간교섭으로 요약된다.

그리고 3연에서는 江가에서 풍겨 나는 개(江) 비린내로 얻어 내는 늙은이의 天氣豫報는, 江 → 늙은이로 건너오는 수평적 공간교섭에서 다시 늙은이 → 하늘로 연결되는 공간교섭을 분석해 낼 수 있으므로 강과 늙은이의 수평적 공간교섭과 늙은이와 하늘의 수직적 공간교섭을 추출할 수 있다. 따라서 3연도 수평과 수직공간 교섭이 함께 드러나는 복합한 공간교섭을 가지는 것으로 요약할 수 있다.

2연에서는 아랫말과 웃洞里의 上 / 下 수직적 공간교섭과 별세기에서 확인되는 수직적 공간교섭을 찾아 낼 수 있다.

4연은 개와 화자의 수평적 공간교섭과 아울러, '이불속으로 드러가기'에서 이불 밖 / 이불 속의 수평공간교섭을 찾아낼 수 있으므로

수평적 공간교섭만을 이루고 있음이 확인된다. 따라서 홀수연은 복합공간교섭이 드러나고, 짝수연은 단일공간교섭을 가져 대립관계에 놓여 있고 이들은 홀수연, 짝수연 사이의 변별적 자질로 작용한다.

다음은 1, 2, 3연과 4연의 대립관계를 보도록 한다. 먼저 반복적 질서와 비반복적 질서의 대립을 읽어 낼 수 있다. 1연은 '뒤울안 보루쇠 열매가 붉어 오면 / 앞山에서 벅국이 우럿다'에서 자연의 반복적 질서를 읽을 수 있고 해마다 다른 까치가와 집을 짓는다는 / 역시 해마다 다른 까치가와 집을 짓는 자연의 반복적 질서를 확인할 수 있다, 앞마당 아라사버들을 늘처다봤다 / 는 자연의 질서와 인간의 호응관계에서 생산되는 반복적 질서다. 그리고 1연의 시적 언술에서 보이는 '해마다', '늘'의 언표는 반복의 질서를 더욱 강화하고 있다.

2연에서는 아렛말과 웃洞里가 넓어뵈든村에선 / 端午의 명절이 한껏 질겁고…… / 의 1행과 2행에서 반복적 질서를 찾아낼 수 있는데 여기서는 자연적 질서가 아닌 인위적 질서로서의 반복적 질서를 확인할 수 있다. 즉 인간이 만들어 낸 명절의 端午는 인위적 질서로서의 반복적 질서를 보여주는 역할을 하고 있다.

3연에서는 1, 2행의 江가에서 개(江) 비린내가 유난이 / 풍겨 오는 저녁엔 비가 온다든에서 자연적 질서에 속하는 반복적 질서를 추출해 낼 수 있다. 이와 아울러 '늙은이의 天氣豫報는 틀닌 적이없었다'는 자연적 질서를 읽는, 天氣豫報의 정확성이 보여 주는 인위적 반복의 질서를 함께 찾아 낼 수 있다.

그러나 4연은 '밤이 있었다'의 언술에서 비반복적 질서를 읽을 수 있다. 그러므로 반복적 질서를 지배적 원리로 하는 1, 2, 3연은 비반복적 질서를 가지는 4연과 대립적 관계를 가진다.

현대시의
기호학

그리고 1, 3연은 화해의 관계라면 4연은 갈등의 관계로 대립되기도 하고 1, 2, 3연은 직설적 표현만이라면 4연은 비유법을 가진다는 대립항도 추출할 수 있다.

이상의 대립항 분석으로 추출할 수 있는 총체적 특징은 먼저, 아이들과 늙은이, 단수와 복수, 화자와 비화자 等의 인물 범주를 찾아 낼 수 있고 인간과 자연의 변화와 항상성, 놀이와 실용 행위, 부정과 긍정, 적극성과 개방성, 소극성과 폐쇄성, 일관성과 비일관성, 반복과 비반복, 소외자적 존재와 사회적 존재 等의 행위와 행위 또는 행위자의 특징, 질서를 읽을 수 있다. 이와 함께 단일공간·복합공간, 공간의 확장, 응축을 찾아 낼 수 있었다.

연과 연의 대립, 분석 결과 가장 대립이 두드러지게 드러나는 것은 외재연(1, 4연)과 내재연(2, 3연)의 대립이며 이는 화자와 비화자의 등장인물이 형성하는 것이다. 외재연에서는 화자의 적극과 소극, 개방과 폐쇄적 성격의 일관되지 못함. 단절적·소외적 존재임을 드러내고 내재연에서는 화자 이외의 등장인물들이 적극성과 개방성의 일관된 자세와 건강한 사회적 존재자임을 읽게 한다. 이 같은 화자와 비화자의 성격은 노천명 시 텍스트에서 드러나는 공통적 특질의 하나다.

다음으로 대립의 복잡성을 띠는 것은 1, 2, 3연과 끝 연인 4연의 대립관계다. 여기서는 반복과 비반복 질서, 화해와 갈등, 직설법만의 표현에 대한 비유법도 가짐의 대립을 읽을 수 있었다.

가장 적은 대립관계를 형성한 것은 홀수연과 짝수연의 대립으로 홀수연에서는 복합공간감각이 드러나고 짝수연에서는 단일공간감각이 드러남을 읽을 수 있었다.

3. 반복, 인과, 수식어와 피수식어 구조

「生家」의 거시적 구조는 야콥슨의 등가성의 원리[7]를 구조원리로 지닌다. 왜냐하면, 「生家」를 이루고 있는 각 연에 내포된 시적 언술들은 모두 공간적 확대와, 시간적 확대 속에 놓인 한 접점으로서의 체험적 삶을 드러내고 있는 동등한 항들이기 때문이다 이들은 모두 과거의 집 「生家」에 관여하는 것들을 대등항으로 말하는 통일된 반복적 시퀀스를 창조하고 그것은 텍스트 생산의 기본 원리가 된다. 이는 또한 조나단 컬러의 시적 담화의 일곱 가지 기본 구조 가운데 통일성[8]을 구조의 기본 원리로 하는 구조다. 이는 노천명의 시 텍스트에서 흔히 발견되는 텍스트 생산의 기본 원리이기도 하며, 반복을 지향하는 운문의 특징적 구성원리이기도 하다.

텍스트를 좀 더 상세하게 읽으면 「生家」의 핵심을 이루는 구조는……에 있는(또는 언제)……이……했다가 된다. 즉 공간 또는 시간 제시＋주체＋서술부가 기본 구조며 그것의 반복을 텍스트의 생산원리로 사용하고 있다. 「生家」는 이 같은 구조의 변형에서 생성되며 이들의 연속적인 변이체들에서 탄생된다.

그러므로 각 문장에 사용된 시어들은 특수한 친족어 어휘로 된 결합사슬처럼 보인다. 또한 이들은 시의 특징적 자질인 형식상 의미상의 통일성을 만들고 이들 일련의 언표들은 통합된 형태망을 형성

---

7) Roman Jakobson, "Closing Statement: Linguistics and Poetics", ed. T. A. Sebeok Stye in Language, The M.I.T Press, 1960. p.358.
8) Jonathan Culler, Structuralist peotics, Roultedge & Kegan Paul Ltd. 1975, p.174.

한다. 그러므로 여기 사용된 언술들은 독립된 언술로의 뜻 또는 의미와 관계없이 生家라는 총체적 의미하에 포함되며 표상된다. 그러므로 이들은 완성된 「生家」라는 텍스트로의 변형체들이다. 이들을 간략하게 도표화하면 다음과 같다.

공간 및 시간제시	주체	서슬어
뒤울안(공간)	보루쇠 열매	붉어오다
앞山(공간)	벅국이	우럿다
해마다(공간)	다른 까치	집을 짓다
앞마당(공간)	아라사버들	키가 크다
앞마당(공간)	(나)	쳐다보다
村(공간)	아이들	뤠먹다
村(공간)	아이들	내기하다
江가(공간)	개(江)비린내	풍겨오다
저녁(시간)	비가	오다
	늙은이	天氣豫報하다
밤(시간)	(나)	드러가 무치다

「生家」는 4연으로 구성된 모노로그의 구조다. 대화나 문답 따위도 없는 단일한 구조다. 이 같은 구조 안에 위의 표와 같은 공간 또는 시간＋주체＋서술어의 구조를 반복하고 있다. 결국 공간과 시간, 주체를 바꾸어 가면서 서술어를 구사하고 텍스트를 구성하고 테마를 만들어 가고 있다. 그리고 위의 도표에 드러나고 있는 각각의 항들은 그대로 모두 논리학적인 명제들로 환원할 수 있다.

즉 보루쇠 열매가 붉어오다 / 벅국이 우럿다 / 다른까치가와 집을 짓다 / 아라사 버들은 키가크다가 / ……等으로 환원된다. 이들 서술명제에서 보루쇠 열매, 벅국이, 다른까치, 아라사버들……等은 기능자가 되며 붉어오다, 우럿다, 집을짓다……等은 설명어가 된다. 이들 중 설명어를 보면 정태적이기보다는 모두 역동적인 설명어들이다. 상황을 변화시키는 사피어의 표현에 의하면 일어나는 것인 동작동사를 주로 서술어로 선호하여 택함에 따라 형용사의 주된 선택에 의해 형성되는 정태적 구조와 달리 동적 구조를 형성하고 있다.

그리고 매 연의 서두를 뒤울안 / 아랫말과 웃洞里 / 江가 / 호젓한 밤 / 과 같이 공간 또는 시간 제시로 시작하고 있음 또한 반복적 구조원리를 따르고 있다.

앞에서 살펴 본 바와 같이 공간 또는 시간 제시를 먼저 하고 주체를 제시하며 이어서 그들의 행위를 서술하는 것은 노천명 시 텍스트에서 발견되는 주요 구성원리며 기법이다. 따라서 「生家」의 이 같은 구조는 노천명의 시 텍스트 구조의 문법을 잘 보여 주는 예라 하겠다.

또한 현전과 비현전관계의 독서를 통해 추출해 낼 수 있는 주체 '나'를 제외한 그 밖의 모든 주체들, 즉 문면에 드러나고 있는 것만 읽는 현전의 문맥을 통해 추출할 수 있는 주체는 한 개의 대명사도 없이 모두 명사로 통일되어 있는 바 이는 반복적 동일 품사 선택의 현상이 된다.

「生家」에서는 논리적 관계, 즉 인과구조를 또 하나의 구조 원리로 읽을 수 있다. 먼저, 1연 1행의 뒤울안 보루쇠 열매가 붉어오면이 원인이라면 이에 대한 결과를 드러내는 언술이 앞山에서 벅국이 우럿다가 된다. 이 같은 인과관계의 구조는 1연 4행에서도 읽을 수 있다. 즉 앞마당 아라사버들은 키가커를 원인으로 하고 화자인 '나'가 늘처다봤다를 결과로 하는 인과구조다.

이는 3연을 지나 4연에서 다시 읽을 수 있는데 江가에서~풍겨오
는을 원인으로 하고 비가 온다든의 결과가 가지는 인과관계다. 이와
함께 개짓는 소리가 덜 좋아 / 를 원인으로 하는 이불속으로 드러가 무
치는 밤이있었다 / 의 결과가 제시되어 또 하나의 인과구조를 가진다.

다음으로 읽어 낼 수 있는 구조는 긴 수식어＋피수식어의 구조다.
이는 1연의 해마다 다른 까치가와 집을 짓는다는＋앞마당 아라사버
들, 아렛말과 웃洞里가 넓어뵈든＋村, 모닥불에 강냉이를 튀먹는＋아
이들, 江가에서~온다든＋늙은이의 天氣豫報. 도적이~호젓한＋밤, 이
불속으로~무치는＋밤 等에서 볼 수 있다. 긴 수식어를 앞에 두고 명
사나 대명사의 피수식어를 사용하는 것은 「生家」에서 읽을 수 있는
통사적 특징이며 노천명 시 텍스트에 흔히 드러나고 있는 특징이다.

4. 발신자와 수신자 관계로 본 의미구조

「生家」는 발신자와 수신자의 의미구조를 가진 텍스트다. 발신자와
수신자의 구조 속에서 시적 언술의 총체가 형성되고 전원적인 시의
환경이 이루어지고 있다.

1연에서는 먼저, 보루쇠 열매가 발신자로 드러난다. 이는 1, 2행의
언술에서 확인된다. 뒤울안 보루쇠 열매가 붉어오면 / 앞山에서 벅국
이 우럿다에서 보루쇠 열매는 붉은 빛의 색채로 메시지를 '앞山 벅
국이'에게 전하고 있다. 이때 보루쇠 열매가 붉어지는 것은 시각적
빛깔로 보내는 전언이며 이는 수신자 '벅국이'에게 전달되며 그가

울음으로 청각적 수신을 하고 있다. 3, 4행의 해마다 다른 까치가와 집올짓는다든 / 앞마당 아라사버들은에서는 까치가 발신자의 역할을 하고 있다. 반복되는 해마다의 집짓기는 아라사버들에게 반복의 때를 알려주고 이때 아라사버들은 까치에게 집을 제공해 주면서 까치가 전하는 시간의 전언을 수신하는 수신자의 위치에 놓인다.

이는 다시 '키가 커 늘 쳐다봤다'의 언술을 통해 또 한 번의 발신자와 수신자 체계를 형성한다. 여기서 아라사버들은 해마다 다른 까치에게서 오는 전언을 수신하는 수신자의 위치에서 수신자면서 발신자로의 양가적 의미를 생성하는 언표가 된다. 그는 화자에게 자연의 순환적 시간의 질서를 보여주는 자다. 나날이 달라지는 줄기와 잎의 빛깔과 크기로 아라사버들은 화자에게 시간을 알려주는 것이며 이 같은 시각적 코드의 메시지는 화자에게 전달되는 것이다. 따라서 화자는 수신자면서 발신자의 양의적(ambivalent) 언표로 기능하는 아라사버들의 전언을 수신하는 수신자가 된다.

그러므로 1연에서는 보루쇠 나무, 즉 나무에서 벅국이, 즉 새로 건너가는 시각과 청각의 신호체계를 읽을 수 있고 까치, 아라사버들, 화자로 연결되는 신호체계를 분석해 낼 수 있다. 따라서 여기서는 새에서 나무로 나무에서 사람으로 연결되는 신호체계를 확인할 수 있다. 이 같은 신호체계는 1연을 총체적으로 읽을 때 보루쇠나무와 아라사버들의 나무와 벅국이와 까치의 새와 화자인 사람 사이에 형성되는 발신자와 수신자 관계 속의 신호체계를 추출해 낼 수 있다.

2연은 원근법적 공간감각에 의한, 발신자 별에 대한 지상의 수신자인 아이들 사이의 신호체계를 추출해 낼 수 있다. 이는 3, 4행의 모닥불에 강냉이를 튀먹는 아이들 / 곧잘 하늘의 별 세기를 내기했다

 현대시의
기호학

에서 형성되는 체계다. 별은 순수와 꿈과 이상과 동경의 상징체로 볼 수 있는 천상의 존재며 아이들 역시 순수와 꿈과 이상과 동경의 상징체로 읽을 수 있는 별과 등가적이며 생동적인 의미단위인 지상의 존재다. 그러므로 천상에 위치한 별이 빛으로 전언을 발신하는 발신자며 그 빛을 받아 별세기를 하는 아이들은 수신자가 된다, 이 같은 별과 아이들의 수직적 신호체계에서는 현재의 순수를 바탕으로 한 미래지향적 꿈과 이상과 동경의 전언을 읽을 수 있다.

3연의 江가에서 개(江) 비린내가 유난이 / 풍겨오는 저녁엔 비가온다든 / 늙은이의 天氣豫報의 언술을 읽어 보도록 한다. 여기서 江은 개(江) 비린내로 전언을 보내는 발신자다. 즉 후각적 신호체계를 형성하고 있다. 앞에서 살펴 본, 문면에 드러나지 않는 비현전의 전언들과는 달리, "비가 온다든"이라고 명시하는 현전의 전언이다.

이 같은 전언의 수신자는 늙은이다. 이는 지상의 존재자들인 강에서 늙은이로 가는 수평적 신호체계며 수신자인 늙은이에게 天氣를 읽게 하여 하늘의 물인 비의 내림을 알게 한다. 따라서 땅의 물인 江은 하늘에서 내려오는 물인 비의 전언을 수신하여 다시 늙은이에게 발신하는 수신자와 발진자의 양가적 존재자다. 그리고 늙은이는 강에게서 오는 수평적 전언으로 하늘의 수직적 전언을 읽을 수 있다. 따라서 강은 발신자와 수신자의 양의적 존재면서 수직과 수평의 신호체계에 놓인 중간자적 위치에 놓인다.

3연의 언술이 내포하고 있는 늙은이의 전언 해독을 위한 코드 해독, 즉 강의 개(江) 비린내를 맡고 비가 올 것임을 알아내는 코드 해독에는 문면에 드러나지 않는 비현전의 문맥 속에서 또 하나의 신호체계를 찾아 낼 수 있다. 이는 늙은이의 이전에 살았던 조상들에 의해,

경험의 축적으로 만들어진, 시간의 축 위에 걸려 있는 신호체계다.

즉 무한한 과거로부터 현재로 흘러오고 다시 미래로 흘러가는 체험의 신호체계다. 과거로부터 내려오는 체험의 질서를, 체험의 법칙을 하나의 신호체계로 형성하고 있는 것이다. 따라서 3연에는 천상의 공간에서 지상의 공간으로 오는 공간적 메시지와 함께 과거, 현재, 미래의 시간의 축 위에 놓인, 전언을 읽을 수 있다. 그러므로 3연에서는 자연물과(江), 사람(늙은이)과 하늘(비를 내려줌)의 사이에 형성되는 전언의 통화체계와 과거인(조상)－현재인－미래인으로 이어가는 사람들 사이의 통화체계를 읽어 낼 수 있다.

4연은 개와 화자 사이의 신호체계를 읽을 수 있다. 발신자는 개가 되고 수신자는 화자가 된다. 청각적 전언을 읽을 수 있고 수신자인 화자의 저항감을 읽을 수 있다.

이상의 발신자 수신자의 통화체계를 정리하면 1연에서는 나무와 새와 사람 사이의 신호체계와 통화체계를 읽을 수 있고 2연에서는 천상의 자연물인 별과 지상의 존재인 아이들, 즉 사람 사이의 수직적 통화체계를 읽을 수 있었다. 또한 3연에서는 자연물인 江과 늙은이 사람과 천상의 통화체계를 읽을 수 있었고 과거 현재 미래를 잇는 시간적 통화체계를 추출할 수 있었다. 그리고 4연에서는 동물과 사람 사이의 통화구조도 있었다.

「生家」에는 나무와 새와 사람, 별과 아이들, 江과 사람과 하늘, 과거의 사람과 현재의 사람, 동물과 사람 사이의 시공을 넘나드는 발신자 수신자 관계가 형성되어 있으며 그들은 시각, 청각, 후각 等 통화하며 상호 관계에 결속된 반응체 관계에 놓인다.

그러므로 「生家」에는 生家의 時空에 결부된 과거와 현재와 미래가 이야기되고 있고 천상과 지상이 함께 이야기되고 있다. 또한 거기에 드러나는 모든 존재들은 긴밀한 상호 관계 속에 짜여진, 거대 구조 속에 들어 있는 미세하고 섬세한 세포들이며 민감한 작용체들이며 반응체들이다. 또한 거대구조이며 거대한 집인 우주 속에서의 우아일체적 존재인식을 읽어 낼 수 있고 '집'의 무한대적 확대를 형성하고 있다.

5. 기법

「生家」에 드러나는 특징적 표현기법을 찾아 보도록 하겠다.

노천명은 향수의 시인이라 할 만큼 고향을 노래한 시 텍스트들을 많이 생산한 시인이다. 「生家」 역시 이 같은 그룹에 속하는 텍스트다. 이 같은 텍스트가 아닌 일반적 시에서도 자주 사용하는 표현기법이지만 특히 고향을 노래한 시에 속하는 텍스트에서는 전통문화, 풍습, 인습 等의 우리 문화를 디테일하게 묘사하고 열거하는 표현기법을 즐겨 쓴다.

민속놀이, 민속명절, 옷차림, 민속음식, 한국인들이 즐겨 채취하던 나물 이름 等의 총체적으로 볼 때 전통적 문화에 속할 수 있는 것들을 상세하게 묘사·열거하여 시를 구성하는, 문화유산에 기댄 표현기법을 소유하고 있다. 이와 함께 스냅사진처럼 순간적 정물로 묘사·포착되는 한국적 자연을 배경으로 사용하고 있고 이는 그곳에서의 삶을 움직이는 원동력으로 작용하기도 하며 시의 환경이 된다,

또한 그 속에서의 등장인물의 행위를 상세 묘사하는 기법을 자주 쓰고 있다. 이와 아울러 「窓邊」, 「길」 等과 같이 고향을 노래한 텍스트에서 흔히 '집' 이미지를 자주 끌어들이는데 이 또한 그의 대표적 표현기법이 된다.

「生家」의 경우도 이 같은 표현기법을 그대로 사용하고 있다. 먼저 민속명절인 단오, 모닥불에 강냉이를 퉤먹는 민속적 음식, 해마다 다른 까치가와 집을 짓는다든가(1연 3행), 江가에서 개(江)비린내가 유난이 풍겨 오는 저녁엔 비가 온다든(3연 1, 2행) 等은 전통적이며 한국적인 체험의 문화에서 찾아온 소재들인 것이다. 그리고 1~4연에 계속해서 묘사되는 한국적 전원은 한국적 자연을 배경으로 하는 그대로의 기법이며 고향을 노래하는 텍스트들에서 사용되는 '집'의 이미지를 시의 전반에 깔고 있다. 따라서 「生家」의 기법은 노천명의 시 텍스트에서 자주 발견되는 전형적 기법들인 것이다. 그러므로 이 같은 시들에서의 화자는 한국적 자연과 풍습, 전통문화에 대한 충실한 내레이터가 된다.

Ⅲ. 맺음말

텍스트를 분석한다는 것은 텍스트가 소유하고 있는 내적 구조와 의미를 밝혀내는 일에 능동적·적극적으로 참여하는 것이다. 그렇게 하여 이전까지 발견하지 못했던 구조적 특징과 의미를 찾아내고 생산해 내는 것이다.

사실 문학 텍스트를 처음 대한다는 것은 모르는 사람을 처음 만나는 것이나 크게 다를 바가 없다. 처음 본 사람에 대한 호기심처럼 텍스트 앞에서 독자는 호기심을 느끼게 되며 사람에게서처럼 첫인상을 찾아 낼 수 있다. 그러나 이것은 문학 텍스트의 표피만을 아는 것에 불과하다. 사람을 자주 대하고 오랫동안 만나면서 그를 잘 알게 되듯 문학 텍스트도 오랜 시간 관심을 가지고 만나는 사이에 처음에는 들려 주지 않던 내적 문법 이야기도 독자에게 들려 준다. 물론 쉽게 마음을 열지는 않지만.

그러면, 「生家」는 어떤 텍스트였던가?

먼저, 유형을 보면 체험시에 속하는 「生家」는 디이터 람핑의 서정시의 유형에 의하면 가공적이지도 허구적이지도 않는 유형에 속하며 지시적 서정시의 성격을 가진다. 그리고 「生家」는 크게 볼 때 전통적 서정시의 자연과 인간의 관계를 가진다. 이는 서로 유기적 통일성을 읽을 수 있고 자연과 자연, 자연과 인간의 메시지 교신을 기본으로 하는 발화방식을 가진다. 그러므로 현대적 서정시에서 발견할 수 있는 자연과 자연, 자연과 인간 사이의 메시지 교신의 거부를 통한 통일성의 거부나 반사실주의적인 상징적 은유를 통한 낯설게 하기는 발견되지 않는다.

다음으로 각 연 내에서의 대립과 연과 연의 대립구조 분석에서 무수한 대립관계를 찾아 낼 수 있었다.

먼저, 총체적으로 볼 때 인물범주를 찾아 낼 수 있었고 행위와 행위 또는 행위자의 특징, 질서 등을 찾아 낼 수 있었고 공간감각을 추출할 수 있었다.

연과 연의 대립분석 결과 가장 두드러진 대립을 보이는 것은 외재연(1, 4연)과 내재연(2, 3연)의 대립이었다. 이는 화자와 비화자가 형성하는 대립이며 외재연에서는 화자의 적극성과 개방성에 있어서 일관되지 못함, 소외적 존재에 대한 화자 이외의 등장인물들이 가지는 일관된 적극성과 개방성, 건강한 사회적 존재의 대립 等을 읽을 수 있었으며 이는 노천명 시들에서 자주 드러나는 공통적 특질이다.

다음으로 대립의 복잡성을 띠는 것은 1, 2, 3연과 4연의 대립관계였으며 반복과 비반복, 화해와 갈등, 직설법만의 표현과 비유법도 가짐을 대립항으로 읽을 수 있었고 가장 적은 대립관계를 형성하는 홀수연과 짝수연 대립에서는 복합공간에 대한 단일공간의 대립을 읽을 수 있었다.

「生家」의 텍스트 구조원리는 야콥슨의 등가성의 원리와 조나단 컬러의 통일성의 원리를 기본으로 하는 구조다. 이는 노천명 시 텍스트에서 흔히 발견되는 텍스트 구성원리다.

이 같은 구조를 좀 더 구체화하면 '○○에 있는 (또는 언제) ○○이 ○○했다'를 핵심구조로 하여 공간 또는 시간 제시+주체+서술의 반복을 내적 구조의 문법으로 하는 모노로그 구조다. 그리고 매 연의 서두를 공간 또는 시간 제시로 시작하는 반복적 구조원리를 가지고 있었고 현전관계로만 읽을 때 주체를 한 번의 대명사도 없이 모두 명사로 택함 역시 계속해서 나타나고 있는 동일구조의 반복적 현상이었다.

이와 아울러 논리적 관계를 구조원리로 하는 인과구조를 추출해 보았고 긴 수식어+피수식어의 구조도 분석해 보았다. 이 같은 텍스

현대시의
기호학

트 구조의 원리 가운데 등가성의 원리, 공간 또는 시간 제시＋주체＋
서술부의 구조, 긴 수식어＋피수식어의 구조는 노천명 시의 주된 구
성원리가 그대로 적용된 예가 된다.

　그리고 「生家」는 발신자와 수신자의 구조를 가진 텍스트다. 이 같
은 구조 속에서 시적 언술의 총체가 형성되고 전원적인 시의 환경이
이루어진다. 「生家」는 나무와 새와 사람, 별과 아이들, 江과 사람과
하늘, 과거와 현재의 사람, 동물과 사람 사이의 時空을 넘는 발신자
와 수신자 관계의 구조를 가지며 그들은 시, 청, 후각 等으로 통화
하며 반응한다. 이는 우아 일체적 존재인식을 확인하게 하고 이 같
은 의미구조는 '집'의 무한대적 확대를 읽게 한다.

　「生家」에 드러나는 특징적 기법으로는 민속명절, 민속음식, 전통
적이며 한국적인 문화에 기댄 소재 찾기와 삶의 행위의 세부묘사 等
의 기법을 분석해 보았으며 이는 노천명 시 텍스트에서 흔히 발견되
는 기법이기도 하다.

　이상의 분석으로 통일적이며 규칙적인 「生家」의 구성원리를 찾아
낼 수 있었고 텍스트 구조원리나 기법상으로 볼 때 노천명의 다른
시 텍스트들과의 상호 텍스트적 관계도 가지고 있음을 찾아 낼 수
있었다. 따라서 이 같은 텍스트의 구조 분석은 한 시인의 총체적 예
술 텍스트 구성원리와 기법을 찾아 내는 구체적이며 실증적인 작업
이 된다 할 것이다.

노천명 詩의 그레마스(Greimas) 행역자 모델(Actantial Model)에 의한 분석

노천명 詩의 그레마스(Greimas)
행역자 모델(Actantial Model)에 의한 분석

Ⅰ. 머리말

•••텍스트의 인물에 대한 기능적 분류는 프로프(Vladimir Propp)의 민담 형태론(Morphology of The Folktale)에서 비롯된다. 그는 인물의 기능적 분류를 일곱 가지 형태(Seven Characters)[1]까지 압축 제시한다. 이는 러시아 민담의 인물 유형을 분류한 것이다. 이를 더 단순화시킨 연구자는 솔리오(etienne Souiau)이다. 그는 다시 여섯 가지 형태의 인물 유형으로 제시한다.[2] 그레마스(A. J. Greimas)는 이

---

1) A. J. Greimas, *Structural Semantics* University of Nebraska Press. Lincoln and London. 1983. p.201.
   1. The villain
   2. The donor(provider)
   3. The helper
   4. The sought−for person(and her father)
   5. The dispatcher
   6. The hero
   7. The false hero

와 같은 프로프와 솔리오의 연구를 바탕으로 행역자(신화의) 모델
(The Actantial Model)을 만들어 낸다. 그레마스의 행역자 모델은 다
음과 같이 모두 여섯 가지 형태로 구성되어 있다.

결핍(Lack)을 해결하기 위한 탐색(Quest)에서 중심축이 되는 것은
서술체의 기초가 되는 주체(Subject)와 대상인 객체(object)의 축이다.
이야기의 축을 형성하는 것은 주체자 혼자만의 출현에 의해서가 아
니라 주체자-대상이라는 한 쌍의 출현에 의해서이다. 하나의 행위
소는 하나의 실체나 하나의 존재가 아니라 특정한 관계의 한 요소이
다. 투카치가 말했듯이 세계사적(Welthistorisch)이고, 위대한 등장인
물이라 해도 만약 그가(사실적이건 이상적이건 간에 텍스트상에 나
타난) 한 대상을 지향하고 있지 않다면 주체자라고 할 수 없다.
　주체자는 집단적일 수도 있다. 주체자는 자체의 구원이나 위협에
처한 혹은 상실한 자유, 아니면 어떤 재산의 쟁취를 원하는 한 그룹
일 수도 있다. 그러나 추상개념이 주체자가 될 수는 없다. 발신자
그리고 수신자조차도, 엄밀히 말해 협조자, 반대자도 추상적일 수 있

---

2) A. J. Greimas, 앞의 책. p.202. étienne Souriau는 그의 저서 『Les Deux
　Cent milles situations dramatiques』에서 다음과 같이 인물 유형을 제시함.
　Lion, Sun, Earth, Mars, Libra, Moon
3) A. J. Greimas, 앞의 책, p.207.

으나 주체자는 언제나 생명체이고 살아 있으며 행동하고 있는 존재로 제시된다(생물체 VS 무생물체, 인간 VS 비인간).4)

주체자가 추구하는 대상은 완벽하게 개인적일 수 있다(예를 들어 사랑의 쟁취). 그러나 이 추구는 항상 불가분의 관계에 있는 주체자-대상의 한 쌍의 행위자들 사이에서 형성되는 유대관계에 의해 개인적인 차원을 넘어선다.5)

발신자(Sender)와 수신자(Receiver)는 메시지의 전달축이며 흔히 주체자의 행동을 결정하는 동기부여(Motivation)에 관계된다. 발신자항 내부에 동시에 추상적인 요소(가치, 이상, 이데올로기적 개념 등)와 생물체인 요소(인물)가 출현함은 이 양자 사이의 동일화를 이룬다. 수신자는 주체자와 동일할 수도 있고 혹은 아닐 수도 있다.6)

보조자(Helper)와 반대자(Opponent)는 객체의 상실과 획득에 작용하는 힘의 역학관계에 놓여 있는 축이다. 보조자의 도움은 직접 주체자의 행동에 미치는 경우와 보조자의 활동이 대상을 쟁취할 수 있게 도와주는 경우가 있다.7)

발신자와 수신자, 보조자와 반대자는 주체와 객체의 축을 위한, 서사구조의 과정에 존재하는 보조적 축이라 할 수도 있다 할 것이다.

위의 모델을 통해서 노천명의 詩 텍스트 「無名戰士의 무덤 앞에-「유엔」墓地에서」, 「面會」, 「希望」, 「꽃길을 걸어서-四月의 祈禱」, 「아름다운 얘기를 하자」, 「아름다운 새벽을」, 「壬辰頌」, 「聖誕」, 「나에게

---

4) 안느 위베르스펠드 著, 신현숙 譯, 『연극기호학』, 文學과 知性社, 1991, p.77.
5) 앞의 책, p.77.
6) 앞의 책, pp.71-74.
7) 앞의 책, p.70.

레몬을」을 분석하고자 한다. 이들 텍스트는 야콥슨의 여섯 가지 언어 전달의 기능[8) 도식에서 말하는 시적 기능의 언어로만 구성된 시 텍스트라기보다 오히려 서사적 전달의 기능이 강화된 텍스트들이며 이야기 줄거리가 구조의 회로 안에 중요한 구성의 방법으로 내재하기 때문이다. 이 같은, 이야기 안에 있는 요소들의 관계를 분석하는 것은 텍스트의 구조 설명과 話者의 태도 이해를 돕는다. 이 글에서는 이들 텍스트들을 객체(Object) 획득 정도에 따라 완전한 객체(Object) 획득의 가능, 일시적 객체 획득, 객체 획득을 원함으로 분류하여 논의하고자 한다. 객체 획득을 원함은 다시 평행적 등가관계(pallarelism paradigmatic)와 그 외의 텍스트로 분류 논의하고자 한다.

1. 완전한 객체(Object) 획득 가능

완전한 객체(Object) 획득 가능의 텍스트 「無名戰士의 무덤 앞에－「유엔」墓地에서」를 분석하도록 한다. 먼저 텍스트를 인용한다.

> 1) 사나운 이리떼 사뭇 밀려와
> 2) 아모 영문도 모르는
> 3) 정녕 아모 영문도 모르고 있던
> 4) 평화스러운 羊의 우리를
> 5) 뛰어 넘어 든던 날－

---

8) Roman Jakobson, Linguistics and Poetics, *Language, in Literature*. The Belknap Press of Harbard University Press, 1987. p.71.

6) 죄없는 백성들 처참히 물려 쓰러지고
7) 포악 잔인한 앞에 어미는 자식을 감추고
8) 아내는 남편을 감추며
9) 하늘을 우르러 부르짖었다

10) 저 멀리 몇 천萬里 밖
11) 아름다운 農園에서 일하던 이들-
12) 尖塔이 높이 선 大學의 청년들이-
13) 분노에 떨며 군복을 갈아입고 뛰쳐나와

14) 아세아의 한 끝 「코리아」를 찾아서 찾아서
15) 구름을 헤치고 바람을 밀치며
16) 하늘이 까맣게 달려 와 주었나니
17) 일찍이 異邦人의 모습이
18) 이렇듯 반가운적이 있었으랴

19) 우리를 살리려온 그대들은 바로 天使였어라

20) 태평양을 건너 낯설고 빈한한 이땅
21) 별로 아름답지도 장하지도 못한 건물을
22) 총 들고 지켜주는 異域의 아츰은
23) 얼마나 어설펏으랴
24) 「홈씩」이 뭉클 치밀 때 마다
25) 보다 준엄한 正義가 있었다

26) 이제 그대 영원한 평화의 使徒되어
27) 東洋 한구석 「코리아」에 조그만 면적을 차지하고

28) 들국화에 싸여

29) 푸른하늘에 안겨
30) 여기 누었나니

31) 나 그대의 이름을 모르건만
32) 이슬 젖은 돌 十字架에 조용히 이마 대며
33) 지극히 경건한 마음하고 업대어 절 하노라
34) 韓國戰場의 이름없는 戰士여
35) 편히 쉬시라!
36) 勳章 대신 가슴엔 별을 차고
37) 그대 길이 따우의 평화를 지키는者 되라

「無名戰士의 무덤 앞에 - 「유엔」墓地에서」 전문9)

　1)~5)행은 '사나운 이리떼'가 '평화스러운 양의 우리를 뛰어 넘어
듬'을 이야기하고 있다. 즉 침략으로 인한 평화의 깨어짐을 말하고
있다. 텍스트의 서두에서부터 결핍의 발생을 선명하게 제시하고 있
다. 6)~8)행의 언술은 결핍의 상황이 보이고 있다. 이상의 1)~8)행
의 언술에서 결핍의 주체(Subject)인 '죄없는 백성들'과 잃어버렸으
며, 찾아야 할 객체인 '평화'를 찾아 낼 수 있다. 또한 그들의 땅을
빼앗은 '사나운 이리떼', 반대자(opponent)를 읽어 낼 수 있다. 그러
나 1)~8)행의 언술에서는 침략에 의해 깨어진 평화를 찾기 위한 어
떤 중재도 이루어지지 않는다.

---

9) 盧天命, 『별을 쳐다보며』, 希望出版社, 1953, pp.13 - 16. 일련번호 필자.

1)~8)행의 이와 같은 결핍의 상황에 이어 다음과 같은 9)행의 소극적 의미의 객체 획득을 위한 탐색을 읽어 낼 수 있다.

9) 하늘을 우르러 부르지젓다.

'하늘을 우르러 부르지젓다.' 함은 고전문학 텍스트에서 흔히 볼 수 있는, 원시종교적 차원의 힘의 소지자, 하늘에의 기도와 통한다. '하늘을 우르러 부르지젓다.' 함은 구원을 호소하는 처절한 절규의 기원인 것이다.

결핍의 주체인 '백성들'이 하고 있는 9)행의 탐색은 중재의 성공을 위한 탐색 방법으로서 소극적이며 성공적 중재(mediation)를 위한 1단계 탐색에 해당된다. 이 같은 결핍의 주체, 백성들의 탐색행위는 성공적 결과를 가져온다. 하늘에의 기원이 성공하여 '몇 천리 밖', '農園'과 '大學의 靑年들', 즉 표제에 의하면 '유엔군'이 '「코리아」'를 찾아 도와주었기 때문이다. 이 같은 기원의 성공은 결핍의 주체, 백성의 기원으로 하늘을 감동하게 하며 하늘의 뜻에 따라 유엔군은 보내어지는 것이다. 이때 결국 하늘은 정보를 전달하는 발신자(Sender)가 된다. 그러므로 하늘이 유엔을 수신자(receiver), 과정을 거쳐 유엔은 결핍의 주체인 '백성들'에게 객체인 완전한 평화를 안겨 줄 가능성을 보인다.

이상에서 분석한 바와 같은 텍스트 「無名戰士의 무덤 앞에—「유엔」墓地에서」에 내포된 결핍과 중재의 이야기를 다시쓰기(paraphrase)를 거쳐 도표화하면 다음과 같다.

〈도표 1〉

결핍		백성……침략: 처참
탐색	1단계	백성……기원……하늘
	2단계	하늘……유엔군……백성
	3단계	유엔군……평화……백성(가능)

　위의 도표와 같이 다시쓰기(paraphrase) 할 수 있는, 본 텍스트에는 대립, 모순, 함축관계가 형성되어 있는데, 이들의 관계를 그레마스(Greimas)의 기호학적 정방형(Semiotic square)[10]에 의해 표현하면 다음과 같다.

〈도표 2〉

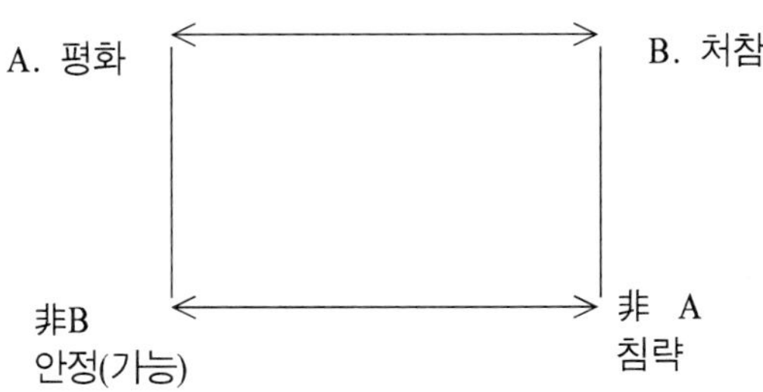

　위의 도표에서와 같이 평화: 처참, 안정: 침략은 대립(contrast), 평화: 침략, 처참: 안정은 모순(contradiction), 평화: 안정, 처참: 침략은

---

10) A. J. Greimas, *Structural Semantics,* University of Nebraska Press, 1983.
p. x x x v. A: B. 非A : 非B＝대립관계
A: 非A. B: 非B＝모순관계
非B : A. 非A : B＝함축관계를 나타낸다.

함축(implication)관계가 된다.

　이상의 분석에서 추출된 결핍과 객체 획득의 탐색과정을 앞에서 제시한 그레마스(Greimas)의 행역자 모델(Actantial Model)에 대입하면 다음과 같다.

〈도표 3〉

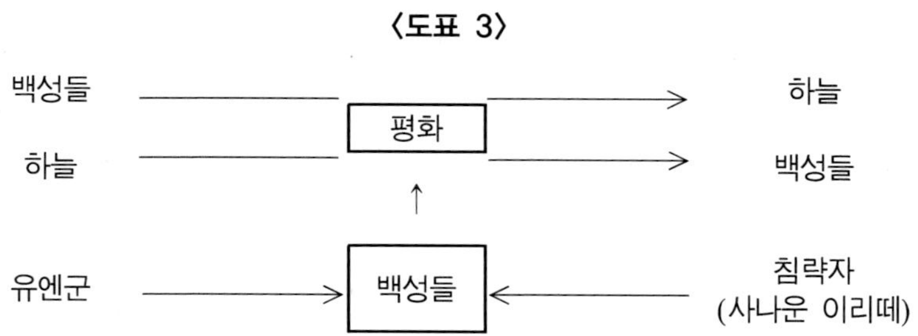

　결국, 본 텍스트는 주체, 백성들과 하늘 사이의 발신자·수신자 관계가 반복구조로 형성된 텍스트다.

　그 첫 번째는 결핍의 주체인 백성들이 발신자로 기능교체하여 수신자인 하늘에 간절한 구원의 메시지를 보낸다. 이 같은 메시지에 대한 하늘의 감응이, 두 번째의 발신자·수신자 축이 된다. 이때 하늘은 발신자며 백성들은 수신자가 된다. 따라서 백성들은 주체며, 발신자, 수신자의 복합기능을 가지며 기능교체를 보인다.

　텍스트 「無名戰士의 무덤 앞에—「유엔」墓地에서」는 서두부터 고설화를 읽는 듯한 느낌을 준다. '사나운 이리떼가, 아모 영문도 모르는 양의 우리를 뛰어 넘어든다든'가 '죄없는 백성들 처참히 물려 쓰러진다'는 결핍 발생의 부분이나, 이 같은 결핍을 치유하려는 결핍

의 주체가 하는 탐색 또한 옛 설화에서 흔히 발견되는 객체 획득을
위한 방법이기 때문이다.

즉 결핍의 주체인 '백성들'은 서둘러 스스로의 힘으로 해결하려 하
지 않고 '하늘을 우르러 부르짖고' 있기 때문이다. 이는 원시종교적
차원의 하늘에, 자신들의 고통을 알리고 하늘의 뜻을 묻는, 지극히
고설화 또는 민담적 차원의 탐색 방법이다. 이 같은 절대자적 의미
를 가진 종교의 대상, 하늘은 '죄없는 백성들', 즉 羊으로 표상된 착
한 자들을 돕고 악한 자로 표상된 '이리떼(침략자)'로부터 구하기 위
해 '몇 천 萬里 밖의 農園에서 일하던 이들'과 '대학의 청년들'을
'분노에 떨게' 하며 「코리아」를 찾아오게 한다. 하늘은 이들을 도우
러 오게 할 뿐만 아니라, 길도 내어 주고 있다. 구하러 오는 이들은
구름을 헤치고 바람을 떨치며, (15)행) / 하늘이 까맣게 달려와 주었
나니 (16)행) / 처럼 하늘이 내 준 하늘 길로 오기 때문이다.

이와 같은 본 텍스트의 결핍과 객체 획득을 위한 행역자 구조는, 주
술이나 원시종교적 대상체, 하늘, 神人들이 객체 획득을 위한 탐색과
정에 흔히 삽입되는 고설화 또는 민담들의 행역자 구조를 그대로 가
지고 있다. 이는 시간과 장르의 거리를 넘어 옛 고설화, 민담의 구조가
현대문학의 텍스트 구조로 이어지는 상호 텍스트성(intertextuality)[11]을
읽도록 한다. 텍스트의 시대를 넘어서는 수직적(vertically)인 대화의
현상을 발견할 수 있다. 이 같은 현상은 객체획득을 위한 탐색의 통시

---

11) J. Kristeva. *Desire in Language.* Columbia University press, 1980, p.15.
pp.51－85. 이는 M. Bakhtin의 대화이론을 발전시킨 이론으로 문학 텍
스트는 동일 작가의 텍스트 사이의 영향뿐만 아니라 시대와 공간을 제
한받지 않는 영향관계를 가지며, 텍스트 밖의 사회적·문화적 영향까지
를 포함하는 상호 영향관계를 가진다는 것.

적 유형론을 가능하게 한다.

　다음은 결핍의 주체(Subject)가 일시적으로 객체(Object)를 획득하는 텍스트를 보도록 한다.

2. 객체(Object)의 일시적 획득

　앞에서 분석해 본 텍스트 「無名戰士의 무덤 앞에－「유엔」墓地에서」와는 달리, 일시적으로 객체(Object)를 획득하는 텍스트 「面會」를 분석하도록 하겠다. 먼저 편의를 위해 텍스트 전문을 인용하도록 한다.

　　　1) 「노천명이 면회」
　　　2) 철꺼덕 감방 문이 열린다
　　　3) 이렇게 반가운 말은 다시 없다
　　　4) 허둥지둥 간수의 뒤를 따르며
　　　5) 머리에 떠오르는 친한 얼굴들－

　　　6) 번번히 나타나는 이는 오직
　　　7) 눈물 어린 언니의 얼굴
　　　8) 반갑고 미안한 생각
　　　9) 언니 앞에 머리를 숙이다
　　　10) 날마다라도 오고 싶은 형무소라 한다
　　　11) 얘기보다 멕이고 싶어 내놓는 음식,
　　　12) 눈물에 어려 떡도 「나마가시」도 보이지가 않는다
　　　13) 그만 헤어지라는 看守말에

14) 두고 가는 이와 떨어지는 가슴

15) 바투 곧 핏줄이 땡긴다.

「面會」 전문12)

결핍의 주체(subject)는 노천명이다. 그는 반대자, 감방(2행) 형무소 (10행)에 갇혀 자유를 잃어버린 자다.

공간들은 상당수의 변별적 특징들과 공간적 의미소들에 의해서 서로 구별이 되거나 대립된다. 이를테면 폐쇄적-개방적, 높은-낮은, 원형적-선적, 깊이-표면, 단일한-분산된, 계속된-균열된 등이 그것이다.13)

본 텍스트에서는 폐쇄적-개방적의 대립공간인, 폐쇄적 공간이 텍스트에 결핍의 긴장을 만들고 있다. 가장 강화된 내공간, 폐쇄공간에 놓여 있는 결핍의 주체, 노천명은 외공간에 대한 극한적 갈망을 결핍으로 가지고 있다.

결핍의 주체가 있는 감옥은, 내공간의 일반적 특징인 휴식, 만남, 따뜻함, 아늑함, 자유, 평화, 편안함이 상실된 공간이다. 결핍의 주체는 몸만 그곳에 있을 뿐 마음은 모두 밖에 나가 있다. 이 같은 현상은 노천명의 詩 텍스트 중『별을 쳐다보며』에 수록된 圖圈에서에 속하는 텍스트들의 공분모가 된다. 감옥이야말로 내공간이 극대화된, 외공간에의 그리움과 갈망이 최대치에 이른 공간이므로 이 같은 현상은 당연한 귀결이다.

---

12)『별을 쳐다보며』, pp.71-71.
13) 안느위베르스펠드 著, 신현숙 譯,『연극기호학』, 文學과 知性社, 1991. p.175.

오툴은 구약의 창세기에 있는 요셉 이야기에 적용하여 기호 공간들을 계층화하고 도표로 나타내 주고 있다. 사물과 장소의 관계를 나타낸 공간을 보면, 주거 공간을 기준 L로 하여 L+1은 왕궁 등을, L+2는 야곱의 농장, 광야와 같은 사회적 공간, L+3은 이집트 전체의 국토 공간, L-1은 왕의 침실, 회의실, 우물, 독방 등의 개별적 공간을, L-2는 침대 등의 가구들을, L-3은 컵, 호주머니 등의 작은 사물의 공간으로 구별한다.

그리고 이 차원들은 시점, 시간, 인물의 차원과 관련되어 소설의 의미 작용이 나타나게 되고, 요셉의 운명적 사건은 L-1의 우물이나 감옥 안과 같은 공간에서 일어나게 된다는 코드 해석을 할 수 있게 된다.14) 오툴의 이 같은 기호 공간 층위에 따르면 노천명의 시 텍스트 「면회」는 L-1의 층위에 속하는 감옥에서 일어나는, 운명적 사건에서 발생하는 결핍을 가지고 있다.

L-1의 기호 공간 층위 감옥에 있는 주체, 노천명은 폐쇄적 내공간 속에서 모든 자유를 박탈당하고 있다. 그 잃어버린 주체의 자유가 본 텍스트의 객체가 된다. 텍스트의 객체, 자유의 하나인 만남을 일시적으로 획득하게 하는 것이 面會이다. 1행에서 간수의 메시지가 결핍의 주체인 노천명에게 전달된다. 따라서 간수는 발신자(sender)가 되며 노천명은 수신자(receiver)가 된다. 이 같은 면회의 메시지가 전해지고 감방 문이 열린다. 집(das Haus)이 인간에게 감옥(Gefängnis)이 되지 않으려면, 세계 속으로 들어갈 수 있는 개구부(öffnungen)를 가져야 한다. 즉 안과 밖의 세계를 연결(verbinden)하는 개구부를 가

---

14) Lawrence M. Otool, "dimentions of semiotics space in Literature, *Today*", Vol.1. no.4. (1980). p.136.

져야 한다[15]고 불노우는 말했다. 감옥, 감방은 세계 속으로 자유롭게 들어갈 수 있는 개구부, 문을 가지고 있지 않다. 감방 문은 열림의 문이 아니라 오히려 닫힘의 문으로, 세계 속으로 들어감의 자유를 차단하는 문이다. 차단의 문, 감옥의 문은 문의 내부에 있는 자들의 마음대로 열 수 없는 문이며 그 내부의 거주자들은 문을 열 자유를 박탈당했고 누군가에 의해 열려져야만 비로소 세계 속으로 들어갈 수 있는 개구부(öffnungen)로의 문, 즉 열림의 문이 될 수 있는 것이다.

그러므로 텍스트의 2행과 같이, 감방의 문은 여는 것이 아니라 열리는 문이다. 열리는 문을 통과하여 간수의 뒤를 따라가 언니를 만난다. 언니와의 만남은 객체인 자유의 일부를 일시적으로 획득하는 것이다. 이것이 면회라는 형식으로 이루어지고 있다. 1)~5)행의 언술은 객체를 만나기 위한 과정이라면 6)~12)행은 객체 획득의 순간을 나타내는 언술이며 13)~15)행은 일시적으로, 수동적 상태에서 얻었던 객체를 다시 상실하여, 결핍 상태로 돌아가는 언술이다.

객체를 얻는 과정이 수동적 생태에서였듯이 잃어버림의 과정도 수동적이다. 13)행의 '그만 헤어지라는 看守의 말에' 따라, 객체를 다시 빼앗기기 때문이다. 따라서 看守는 1)~5)행에서의 발신자의 위치에서 자리바꿈하여 보조자(Helper)인 언니에 대한 반대자(Opponent)의 위치로 옮겨가게 된다, 즉 看守는 발신자에서 반대자로의 기능교체를 이룬다. 이러한 기능교체는 행동 자체, 즉 주체자-대상이라는 축을 이루는 한 쌍과 불가분의 관계를 맺는 복합성에 의존한다.

---

15) Otto Friedrich Bollnow, "4 Tür und Fenster 1, Die tür", *Mensch und Raum,* Verlag W. Kohlhammer. stuttgart, Berlin Kõln, 1990. p.154.

이 같은 기능교체는 전개 단계에 있어서 갑자기 교체되는 경우와 자체의 기능작용의 분열에 의해 이루어지기도 한다.[16]

지금까지 분석한 텍스트 「面會」를 그레마스(Greimas)의 행역자 모델(Actantial Model) 도표로 표현하면 다음과 같다.

〈도표 4〉

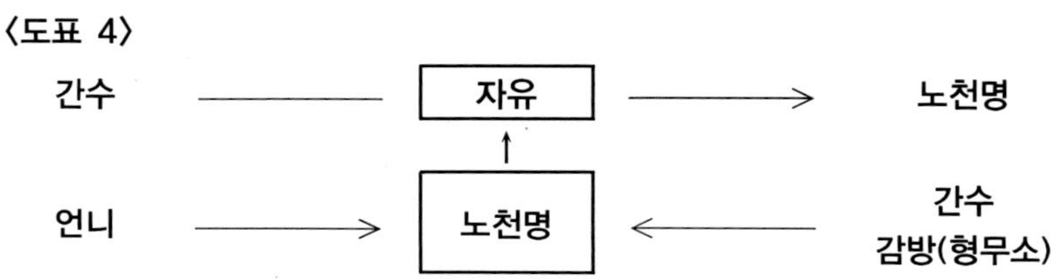

3. 객체(Object) 획득을 원함

앞에서 분석한 텍스트들과는 달리, 다만 객체 획득을 기원할 뿐인 텍스트들이 있다. 「希望」, 「꽃길을 걸어서－四月의 祈禱」, 「아름다운 얘기를 하자」, 「아름다운 새벽을」, 「壬辰頌」, 「聖誕」, 「나에게 레몬을」이 이에 해당한다. 이들 텍스트 중 「希望」과 「꽃길을 걸어서－四月의 祈禱」, 「아름다운 얘기를 하자」와 「아름다운 새벽을」, 「壬辰頌」과 「聖誕」은 평행적 등가관계(pallarelism paradigmatic), 상동성(homology)을 가지는 텍스트들이다.

이들 세 쌍의 텍스트 중 「希望」, 「꽃길을 걸어서－四月의 祈禱」는 개인적 차원의 결핍, 주체, 객체, 수신자, 반대자의 구조라면, 「아름

---

16) 안느 위베르펠드 著, 신현숙 역, 『연극기호학』, 문학과지성사, 1991. p.70.

다운 얘기를 하자」, 「아름다운 새벽을」은 개인과 개인이 이루는 사회적 차원의 구조며, 「壬辰頌」과 「聖誕」은 민족, 겨레 차원의 구조가 된다. 그러면 이들 평행적 등가관계를 가지는 세 쌍의 텍스트를 차례로 분석, 논의하고 텍스트 「나에게 레몬을」도 분석, 논의하도록 하겠다.

먼저 객체(object) 획득을 원함의 텍스트 중 평행적 등가관계, 상동성을 가지는 텍스트를 논의하도록 한다. 텍스트 「希望」 전문을 인용하고 논의하도록 한다.

1) 꽃술이 바람에 고갯짓 하고
2) 숲들 사뭇 우짖습니다

3) 그대가 오신다는 기별만 같아
4) 치마자락 풀덤불에 걸키며
5) 그대를 맞으려 나왔습니다

6) 내 낭자에 珊瑚잠 하나 못 꽂고
7) 실안개 도는 갑사치마도 못 걸친채
8) 그대 황홀히 나를 맞아 주겠거니―
9) 오신다는 길가에 나왔습니다.

10) 저 山말낭에 그대가 금시 나타날것만 같습니다
11) 녹음 사이 당신의 말굽소리가 들리는 것 같습니다
12) 내 가슴이 웨 갑짜기 설렙니까
13) 꽃다발을 샘물에 추기며 추기며
14) 山마루를 쳐다보고 또 쳐다봅니다

「希望」 전문17)

　1)~3)행은 전달자(sender)를 찾아 낼 수 있는 언술의 대목이다. 결핍의 주체 '나'는 꽃술의 고갯짓과 숲들의 우짖음을, '나'가 기다리는 객체, '그대'가 온다는 기별로 듣는다. 꽃술과 숲들은 고갯짓과 우짖는 몸짓과 소리 언어로 메시지를 전달하고 있다. 따라서 꽃술과 숲들은 전달자로 동위소(isotopy)다. 꽃술과 숲들과 인간인 나 사이의, 초언어적(translinguistic) 언어의 의사소통이 이루어지고 있다.

　이 같은 현상은 결핍의 주체가 객체를 맞이할 공간, 길가로 가게 한다. 발신자와 수신자의 쌍은 흔히 주체자의 행동을 결정하는 동기부여(motivation)에 관계됨을 확인하게 한다.18) 풀덤불에 걸키며 주체, 객체의 연접(conjunction)을 도울, 낭자에 珊瑚잠이나, 실안개 도는 갑사치마의 화려한 차림도 하지 못한 채, 山말낭에 그대가 나타날 것만 같은, 녹음 사이에서 말발굽소리가 들리는 것 같은 가슴의 설렘을 가진다.

　13)~14) 행은 임에게 주기 위한 꽃다발을 샘물에 축이며 山마루를 쳐다보고 임을 기다리는 결핍의 주체, 나의 동작을 나타내는 언술을 읽을 수 있다. 임에게 줄 이 꽃다발은 자연물의 하나이면서 주체와 객체의 연접(conjunction)을 돕는, 보조자로 볼 수 있다. 이상과 같은 구조를 가진, 텍스트 「希望」을, 그레마스의 행역자 모델(Actantial Model)에 대입하여 도표화하면 다음과 같다.

---

17) 『별을 쳐다보며』, pp.17-18.
18) 안느 위베르스펠드 著. 신현숙 역. 『연극기호학』. 문학과지성사. 1991, p.71.

〈도표 5〉

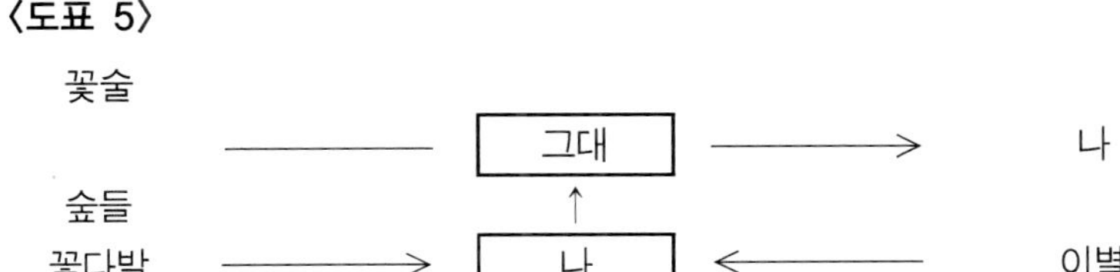

다음은 위의 텍스트 「希望」과 평행적 등가관계(Pallarelism paradig-matic)에 놓이는 「꽃길을 걸어서－四月의 祈禱」를 보도록 한다. 먼저 텍스트를 인용하도록 한다.

1) 그 겨울이 다 가고
2) 山에 갔던 아이들 손엔 할미꽃이 들려졌다
3) 싸립門에 기데어 서서

4) 진달래 자욱한 앞山을 바라보면
5) 큰애기의 가슴은 波濤모양 부풀어 올랐다
6) 四月 큰애기의 꿈은 무지개같이 燦爛했다

7) 웬 일인지 이 봄엔 三八線이 터지고
8) 나갔던 그이가 돌아올 것만 갔다
9) 『갔다 오리다』
10) 생생하게 지금도 귀에 들린다
11) 軍服을 입은 모습
12) 어찌 그리 늠늠하고 더 잘나 보였을꼬

13) 그이가 一線으로 나간 뒤부터

14) 「뉴쓰」 映畵의 軍人들이 모두다

15) 그이 같아 반가워졌다

16) 主여

17) 이 봄엔 統一을 꼭 가져다 주소서

18) 그리하여

19) 진달래 곱게 핀 꽃길을 걸어서

20) 勝戰한 그이가 돌아오게 해 주소서

「꽃길을 걸어서－四月의 祈禱」 전문[19]

텍스트 「꽃길을 걸어서－四月의 祈禱」의 결핍 주체는 '큰애기'다. '큰애기'가 획득하고자 하는 결핍의 대상, 객체는 '그이'가 된다. 이 같은 결핍의 상황 속에서 메시지를 보내는 자, 발신자(sender)는 봄이다.

1)~6)행의, 봄의 계절 현상에서 오는, 큰애기의 波濤 모양 부푸는 가슴과 무지개 같은 찬란한 꿈이란 7), 8)행에서 구체화된다. 파도 모양 부푸는 가슴과 무지개 같은 찬란한 꿈은 三八線이 터지고 그이가 돌아올 것 같은 꿈이다. 이는 할미꽃이 피고 진달래 자욱한 앞山을 연출하는 봄의 생동감과 계절의 아름다움이 결핍의 주체, 큰애기에게 보내는 메시지다. 따라서 봄과 큰애기는 발신자(sender)와 수신자(receiver)의 관계에 놓인다.

9)~15)행은 나머지 언술에 대한 先時性의 관계를 유지한다. 이는 내용 면에서의 기호들의 도치(invertion), 상황의 뒤집힘에 해당한다.[20]

---

19) 『사슴의 노래』, pp.58－60.
20) J. 꾸르떼 著, 『기호학입문』, 신아사, 1986. pp.164－165.

이는, 즉 시간 차원의 분절에 의한 이접(disjunction)의 원인에 관한 언술이다.

또한 9)~15)행은 쥬네트(Gerard Genette)가 말하는 2차 서사(second narrative)에 해당한다. 2차 서사 중에서도 이 같은 소급제시는 텍스트의 그 위치에서 언급된 인물, 사건, 스토리 線에 대한 과거의 정보나 다른 인물, 사건, 스토리 線에 대한 과거 정보를 제공한다.

여기서는 前者의 例로 쥬네트에 의하면 동종소급제시(homodiegetic analepsis)가 된다.21) 이는 과거의 환기와 先時와 後時의 틈(gap)을 메우고 있다.

後時性의, 16)~20)행은 간절한 기도문이다. 여기서 보조자(helper)를 찾아 낼 수 있다. 즉 보조자는 16)행의 主가 된다. 결핍의 주체 큰애기는 절대자며 전지전능한 힘의 대상 主에게 도움을 구하고 있다. 그러나 主의 도움으로 이별의 결핍이 끝나고 객체를 획득할 수 있을지는 알 수 없다.

이와 같은 행역자의 관계를 그레마스 행역자 모델로 표현하면 다음 도표와 같다.

〈도표 6〉

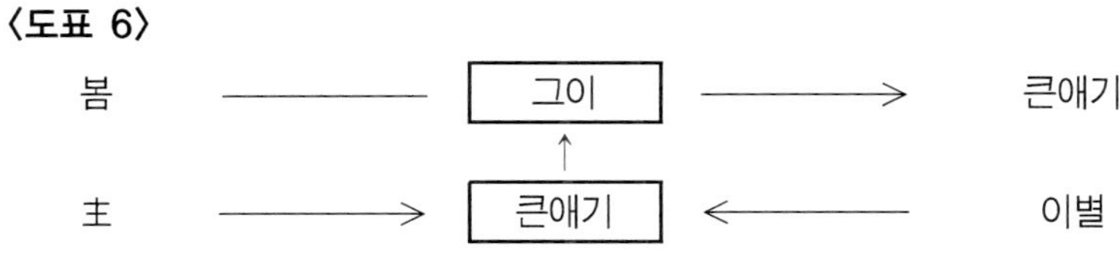

---

21) S. 리몬-캐넌 著, 최상규 역, 『소설의 시학』, 문학과지성사, 1985. pp.74
   -75.

　　지금까지 분석해 본 텍스트 「希望」과 「꽃길을 걸어서－四月의 祈禱」는 상동적 구조의 텍스트다. 이들은 평행적 등가관계(pallarelism paradigmatic)를 가지고 있다. 이 둘의 텍스트들은 모두 반대자, 이별에 의해 결핍을 느끼는 여성 주체가 객체인 임(그대, 그이)의 획득을 원한다. 두 텍스트들의 주체자와 추구하는 객체는 개인적 차원의 사랑의 쟁취다. 문학작품은 여러 구성 요소들이 전경(前景)과 배경의 관계 속에서 구성되는 역동적 시스템이라고 볼 수 있다. 야콥슨은 지배소(Dominant)를 후기 구조주의자들의 중요한 개념으로 간주하면서, 다른 나머지 요소들을 지배하고 결정하며 변형시키는, 예술작품의 중요한 개념으로 다른 나머지 요소들을 지배하고 결정하며 변형시키는 예술작품의 중심적인 요소로 정의하였다.[22]

　　「希望」과 「꽃길을 걸어서－四月의 祈禱」는 개인적 차원의 사랑의 쟁취를 지배소로 하고 있다. 그것은 작품을 결정화하는 초점을 제공해 주며 작품의 통일성이나 총체적 질서(gestalt)를 가능하게 해 준다. 후자는 주체와 대상의 한 雙의 행위자들, 큰애기와 그이 사이에서 형성되는 유대관계에 의해 개인적 차원을 넘어서는 것같이 보인다. 형성되는 갈망의 화살표는 좀 더 광범위한, 민족의 분단과 統一을 건드리고 있기 때문이다. 그러나 주체, 큰애기가 원하는 객체는 개인적 차원의 그이며 통일은 객체 획득을 위한 조건에 불과하다. 이 같은 객체 획득을 위해 자연에서(꽃술, 숲들, 봄) 메시지를 전달받게 된다. 물론 보조자인, 꽃다발(「希望」)과 主(「꽃길을 걸어서－四月의 기도」)에서는 자연물에서 절대신으로의 변이를 읽을 수 있다.

---

22) 레이먼셀덴 著, 한국문학이론연구회 역, 『현대문학이론』, 문학과지성사, 1991. p.31.

 현대시의
기호학

이 같은 변이 현상은 盧天命 詩 텍스트의 시기별 변화에 따른 변별적 자질로 파악되는 바며, 본고의 말미에서 총체적으로 정리하도록 하겠다.

이상의 분석과 같이, 텍스트 「희망」과 「꽃길을 걸어서」는 텍스트를 구성하고 있는 행역자 모델의 구조 면에서 평행적 등가관계(pallarelism paradigmatic), 상동성(homology)을 가지고 있다.

이 같은 관계를 가진 텍스트들을 계속하여 분석하도록 하겠다. 먼저, 「아름다운 얘기를 하자」와 「아름다운 새벽을」의 텍스트 분석 논의를 위해, 「아름다운 얘기를 하자」 전문을 보도록 한다.

> 1) 아름다운 얘기를 좀 하자
> 2) 별이 자꾸 우리를 보지 않느냐
>
> 3) 닷돈짜리 왜떡을 사 먹을제도
> 4) 살구꽃이 환한 마을에서 우리는 정답게 지냈다
>
> 5) 성황당 고개를 넘으면서도
> 6) 우리 서로 의지하면 든든했다
> 7) 하필 옛날이 그리울것이냐만
> 8) 늬안에도 내속에도 시방은
> 9) 귀신이 뿔을 도첫기에—
>
> 10) 병든 너는 내그림자
> 11) 미운 네꼴은 또 하나의 나

12) 어쩌자는 얘기냐 너는 어쩌자는 얘기냐

13) 별이 자꾸 우리를 보지 않느냐

14) 아름다운 얘기를 좀 하자

(一九五二. 五.)

—「아름다운 얘기를 하자」 전문23)

　3)～11)행은 결핍의 상황이 제시된다. 결핍의 주체는 나와 너를 포함한 우리가 된다. 우리가 사는 사회의, 과거(옛날)와 현재(시방)의 대립 속에 현재, 우리의 결핍이 보인다. 닷돈짜리 왜떡을 사 먹을제도 살구꽃이 환한 아름다운 자연 속에서 정답게 지냈으며 / 성황당 고개를 넘으면서도 서로 의지하며 살았다. 그러나 시방은 귀신이 뿔을 도첫으며 병든 너는 내그림자 / 미운 네 꼴은 또 하나의 나인 결핍의 상황이다. 과거(옛날)와 현재(시방)는 정답게 지냄, 서로 위지함 VS 귀신이 뿔을 도침, 병든 너는 내 그림자, 미운 네 꼴은 또 하나의 나인 이항대립(binary opposition) 구조를 가지고 있다.

　이와 같은 3) 11)행의 언술에서, 주체인 우리가 획득하고자 하는 객체는 과거에는 있었으나 지금은 상실한, 정답게 지냄, 서로 의지함이 된다.

　2)행과 13)행의 별은, 우리의 결핍 상황을 미리 파악하고 우리에게 메시지를 보내는 자연물이다. 하늘에 높이 떠 있는 별은 우리의 결핍 상황을 우리 스스로 해결하라고, 자꾸 우리를 쳐다보는 발신자가 된다. 물론 이 같은 메시지의 수신자는 우리가 된다. 이상과 같은 주체, 객체, 발신자, 수신자의 구조 속에서 객체를 획득함을 도울

---

23) 『별을 쳐다보며』, pp.22－23.

수 있는 보조자가 제시되고 있다. 이것은 1)행과 14)행, 즉 텍스트의 처음과 끝의 언술로 확인되는 아름다운 얘기다. 이는 반대자인 결핍의 상황, 귀신이 뿔을 도침, 병든 너는 내 그림자, 미운 네 꼴은 또 하나의 나에 대한 대립관계에 놓인다. 이들의 관계를 행역자 모델(actantial model)에 의해 표현하면 다음과 같다.

〈도표 7〉

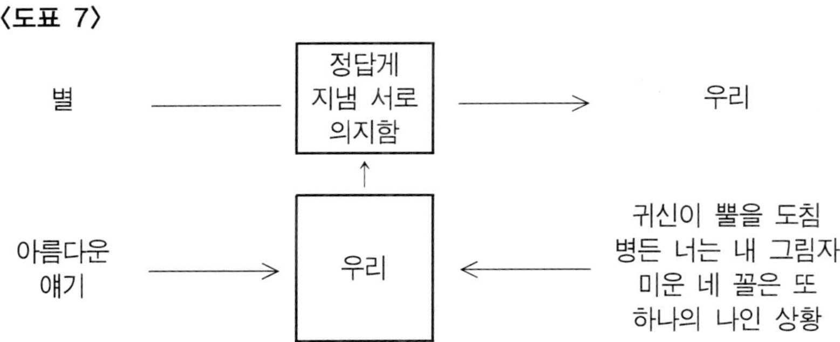

다음은 「아름다운 얘기를 하자」와 평행적 등가관계(pallarelism paradigmatic), 상동성(homology)을 가지는 「아름다운 새벽을」분석하기 위해 텍스트 전문을 인용하도록 하겠다.

1) 내 가슴에선 事情없이 薔薇가 뜯겨지고
2) 멀쩡하니 바보가 되어 서있습니다

3) 흙바람이 모래를 끼얹고는
4) 껄걸 웃으며 달아납니다
5) 이 時刻에 어디메서 누가 우나봅니다

6) 그 새벽들은 골짜구니 밑에 묻혀 버렸으며

7) 戀人은 이미 배암의 춤을 추는지 오래고

8) 나는 혀끝으로 찌를 것을 斷念했습니다

9) 사람들 이젠 鍾소리에도 깨일수 없는

10) 惡의 꽃속에 묻힌 밤

11) 여기 저도 모르게 저지른 惡이 있고

12) 남이 나로 因하여 지은 罪가 있을 겁니다

13) 聖母「마리아」여

14) 臨終 모양 무거운 이 밤을 물리쳐 주소서

15) 그리고 아름다운 새벽을

16) 저마다 내가 罪人이노라 무릎 꿇을―

17) 저마다 懺悔의 눈물 뺨을 적실―

18) 아름다운 새벽을 가져다 주소서

「아름다운 새벽을」 전문24)

　　결핍의 주체는 사람들이다. 즉 나와 남, 戀人을 내포한 사람들이다. 나는 가슴에서 薔薇가 뜯겨졌고 바보가 되었으며 혀끝으로 찌를 것을 단념했고 저도 모르게 저지른 악이 있고 남이 나로 인하여 지은 죄가 있으며 누가 어디에서 울고 있고 戀人은 배암의 춤을 추는지 오래고 사람들 이젠 깨어남을 알리는 鍾소리에도 깨일 수 없는

---

24) 『사슴의 노래』, pp.21―23.

밤의, 결핍 상황이다. 이 밤이란, 惡의 꽃 속에 이러한 惡의 밤에 떨어져 있는 결핍의 주체, 사람들이 획득하고자 하는 객체는 15)~18)행에서 찾을 수 있다. 이는 罪를 懺悔할 참회의 아름다운 새벽이 된다.

이와 같은 주체, 객체, 반대자의 구조 속에서 발신자의 위치에 놓이는 것은 흙바람이다. 흙바람의 모래를 끼얹고 껄껄 웃으며 달아나는 행위는, 결핍 주체인 수신자, 사람들의 惡에 떨어진 상황을 일깨움과 나무람을 내포하는 언술이다.

반대자 惡의 상황에서 주체를 구제할 보조자는 13)행의 聖母「마리아」다. 이는 반대자, 惡의 뿌리를 잘라내어 객체를 획득하게 할 절대적 힘의 소유자가 된다.

이상으로 분석한 행역자들을 도표화하면 다음과 같다.

〈도표 8〉

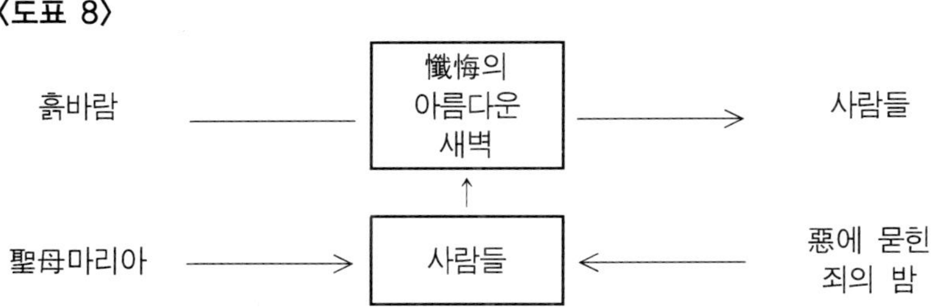

「希望」, 「꽃길을 걸어서 - 四月의 祈禱」와는 달리, 개인적 주체가 아닌, 나를 포함한 우리, 사람들이 주체가 되는 「아름다운 얘기를 하자」와 「아름다운 새벽을」의 두 텍스트를 분석해 보았다. 이들 두 텍스트들의 결핍 주체와 수신자는 나를 포함한 우리, 사람들로, 나를 포함한, 즉 내가 포함되어 있는 사회의 구성원 모두가 된다. 그 사회적 구성원인 우리, 사람들이 겪는 고통인 결핍의 상황, 반대자는 外部에서 그들 內部로 투입된 것이 아닌, 그들 내부에서 발생한 것이다.

두 텍스트에서 발견되는 반대자는 병든 너와 나, 미운 너와 내 꼴이며 스스로들이 지은 惡의 꽃에 묻힌 죄의 밤이기 때문이다. 이들 두 텍스트에서 읽어 낼 수 있는 주체가 획득하고자 하는 객체들은 모두 잃어버린 과거의 아름답고 이상적인 상황이다. 前者의 경우는 과거에 주체들이 가졌던 정답게 지냄과 서로 의지함이며 後者의 경우는 지금은 잃어버린, 골짜구니 밑에 묻혀버린 그 새벽, 즉 참회의 새벽이 된다. 이들 두 텍스트의 주체들은 모두 과거에 있었던, 지금은 상실한, 이상적 상황을 객체로 설정하고 있는 공분모를 소유하고 있다.

이 같은 부조화의 현재를 일깨우며, 주체며, 수신자인 복수의 대상들 우리, 사람들에게 메시지를 보내는 자, 발신자는 모두 자연물이다. 이들은 별, 흙바람으로 나타난다.

이들은 인간들의 부조화한 현실을 주지하며 일깨우고 나무라는 全知者로의 자연이다. 별은 자꾸 우리를 보며 일깨우고 흙바람은 부조화의 인간사회에 모래를 끼얹고는 껄껄 웃으며 달아나기 때문이다.

지금까지 살펴본 바와 같이, 「아름다운 얘기를 하자」와 「아름다운 새벽을」의 두 텍스트들은, 즉 평행적 등가관계(pallarelism paradigmatic), 상동성(homology)의 구조를 가진다. 두 텍스트는 반대자인 결핍의 상황이나 객체, 발신자인 별, 흙바람을 비교해 볼 때 前者에 비해 後者가 일층 강화된 현상을 보이고 있다.

반대자와 객체를 통해 느낄 수 있는 사회의 구성원인 주체가 가진 문제의 심각성은 가일층되며 이를 감지하는 全知者인 전달자 별과 흙바람 사이의 태도의 변화를 읽어 낼 수 있다. 前者의 별은 일깨움의 자세로 주체인 우리를 자꾸 주시할 뿐이나 後者의 경우 전달자 흙바람은 주체인 사람들을 일깨우기만 하는 것이 아니라 나무라는 동작을 보이고 있기 때문이다.

그리고 평행적 등가관계(pallarelism paradigmatic), 상동성(homology)의 구조적 특징을 확인할 수 있는 반면, 前者「아름다운 얘기를 하자」에서는 보조자가 주체, 우리들 사이에서 만들어지는 아름다운 얘기가 되나 後者의 경우는 그 결핍을 해결할 보조자로 절대적 신, 성모마리아를 선택하고 있다. 이 같은 변이는 「希望」과 「꽃길을 걸어서-四月의 祈禱」와 동일한 변주가 된다.

다음은 텍스트 「壬辰頌」과 「聖誕」을 분석하고 평행적 등가관계(pallarelism paradigmatic) 상동성(homology)의 구조를 논의해 보도록 하겠다. 먼저 텍스트 「壬辰頌」을 보면 다음과 같다.

    1) 백두산 天池에 눈부신 瑞光이 어리었다.
    2) 삼천리 들과 시냇가에
    3) 우렁찬 민족의 노래소리 퍼지려 한다

    4) 집집이 꽃수레를 맨들어라
    5) 우리 용님을 맞으러 나가자

    6) 지친 사람들이 밤을 새워 기다렸거니
    7) 壬辰의 상서로운 새해의 동이 튼다

「壬辰頌」25)

1)행부터 3)행은 자연물, 天池와 삼천리의 들과 시내에서 전달되는 눈부신 瑞光과 우렁찬 민족의 노랫소리 퍼지려 하는, 자연으로부터의 메시지를 나타내고 있는 언술이다. 앞의 텍스트 분석에서 보아온 바와 같이 본 텍스트에서도 전달자는 자연물이다.

이에 따른 수신자는 화자를 포함한 지친 사람들이다. 지친 사람들은 텍스트에서 결핍 주체가 된다. 결핍 주체, 지친 사람들이 획득하고자 하는 객체는 지침에서 벗어남이다. 지금, 주체인 지친 사람들은 반대자 밤에 의해 괴롭힘을 당해 왔기 때문이다. 반대자 밤으로부터 주체, 지친 사람들을 구해서 그들이 고통의 지침에서 벗어날 수 있도록 돕는 자는 용님이라는 언표로 드러나기도 하는 壬辰年 새해다.

이상의 분석과 같은 텍스트의 구조를 행역자 모델에 대입 도표화하면 다음과 같다.

〈도표 9〉

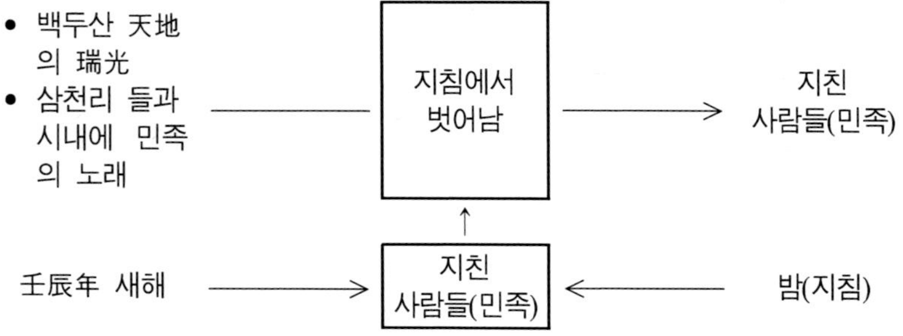

---

25) 『별을 쳐다보며』, p.50.

텍스트 「壬辰頌」과 대비 논의를 위해 텍스트 「聖誕」을 보도록 한다.

1) 「메시야」가 世上에 오시는 새벽

2) 어두운 밤을 헤치는 「聖誕」의 노래 소리

3) 집집이 불빛 燦爛히 흐르고

4) 사람들 메마른 가슴에 즐거움 깃들었나니

5) 兄弟여 「메리 크리쓰머쓰」!

6) 人類 救贖하러 오시는 王의 王

7) 「베들레햄」 가난한 집 마구간으로

8) 謙遜히 오신 날

9) 당신의 苦楚스러운 生

10) 가시冠에 쓴 잔이 約束된 날이어니

11) 따우의 榮光을 당신에게 돌리나이다

12) 가슴속 헤치며 드는 저 聖堂 鍾소리

13) 蕩子도 도둑도 당신의 罪많은 아들들이

14) 聖堂의 尖塔을 우러러보며 十字를 그웁니다

15) 오늘 이 나라 겨레들은

16) 또 하나의 「이스라엘」百姓

17) 저들의 눈에서 눈물을 씻겨 주소서

18) 主여 외로운 이들에게 降福하소서

19) 당신의 祝福은 우리에게 있어서야겠나이다

「聖誕」 전문26)

---

26) 『사슴의 노래』, pp.107-109.

결핍의 주체는 사람들(4)행), 罪많은 아들들(13)행), 이 나라 겨레들(15)행), 저들(17)행), 이들(18)행), 우리(19)행)의 언표로 나타난다. 이들 중 가장 구체화된 언표가 이 나라 겨레들이다. 주체, 이 나라 겨레들이 획득하고자 하는 객체는 눈물씻음(17)−18)행), 降福(18)행), 祝福(19)행)이다. 위의 텍스트에서 발신자는 聖誕의 노랫소리와 찬란한 불빛, 聖堂의 鍾소리다.

聖誕의 노랫소리와 찬란한 불빛은 수신자, 이 나라 겨레들의 가슴에 즐거움을 깃들게 하며 聖堂의 鍾소리에 尖塔을 우러러 十字를 긋게 한다. 이 같은 상황에서 주체로 하여금 객체를 획득하게 할 보조자는 主가 된다. 主는 주체가 겪는 반대자 눈물과 외로움을 물리쳐 줄 전능한 힘의 소지자가 된다. 이상에서 분석한 바를 도표화하도록 한다.

〈도표 10〉

위의 두 텍스트 「壬辰頌」과 「聖誕」은 집단 저류(ein kollektiver unterstrom)가 모든 개별적 서정시의 바탕을 만든다고 한 T. W. 아도르노의 말처럼 사회적 길항 작용의 주관적 표현으로서의 전체적 의미를 대표한 텍스트들이다.[27]

「壬辰頌」에 나타나는 주체, 지친 사람들은 백두산 天池와 삼천리 들을 가진 땅에 사는, 「성탄」의 주체, 이 나라 사람들이다. 따라서 집단적 주체며 민족 전체의 위협에 처한 상황에서 구원받고자 하는 자들이다. 주체가 겪는 고통의 현실, 반대자 또한 동일한 현상이다. 「壬辰頌」의 반대자 밤은 「聖誕」의 반대자 눈물, 외로움과 동일한 기호 의미의 언표로 볼 수 있기 때문이다.

「壬辰頌」, 「聖誕」의 주체가 획득하고자 하는 객체 또한 다르지 않다. 주체들은 모두 동위소적 기호, 눈물, 외로움, 지침에서 벗어남을 객체로 획득하고자 하기 때문이다. 전달자도 天池의 曙光에 대한 찬란한 집집의 불빛, 민족의 노래에 대한 성탄의 노래, 성당의 종소리로 두 텍스트에서 빛과 소리의 전달자를 동일하게 소유하고 있다.

주체의 결핍을 해결해 줄 보조자는 壬辰年 새해와 主로, 두 텍스트 사이의 변이를 읽을 수 있다. 「壬辰頌」의 경우와 달리 「聖誕」의 보조자, 主는 전지전능한 절대신이기 때문이다.

이상으로 세 쌍의 평행적 등가관계의 텍스트 「希望」과 「꽃길을 걸어서-四月의 祈禱」, 「아름다운 얘기를 하자」와 「아름다운 새벽을」, 「壬辰頌」과 「聖誕」을 분석 비교해 보았다. 이들 텍스트 중 「希望」과 「꽃길을 걸어서-四月의 祈禱」는 개인적 차원의 구조라면 「아름

---

27) T. W. 아도르노, 김주연 역, 『아도르노의 문학이론』, 민음사, 1989. p.21.

다운 얘기를 하자」와 「아름다운 새벽을」은 사회적 차원의 나와 남 사이의 구조며 「壬辰頌」과 「聖誕」은 민족적 차원의 구조다.

이들 텍스트 중 각각의 쌍에서 前者에 해당하는 「希望」, 「아름다운 얘기를 하자」, 「壬辰頌」은 모두 시집 『별을 쳐다보며』(希望出版社, 1953)에 수록된 텍스트들이며 後者에 속하는 「꽃길을 걸어서-四月의 祈禱」, 「아름다운 새벽을」, 「聖誕」은 모두 시집 『사슴의 노래』(翰林社, 1958)에 수록된 텍스트들이다.

이들, 평행적 등가관계의 텍스트들은 상동적 주제, 주체, 객체, 발신자, 수신자, 반대자의 구조를 가지면서도 보조자의 경우는 뚜렷한 변이 현상을 읽을 수 있다. 이들, 변이 현상은 前者 자연물로부터 後者

〈도표 11〉

상동성(Homology)

텍스트	주체	객체	발신자	수신자	반대자	결핍 차원
希望 과	나	그대	꽃술, 숲들	나	이별	개인
꽃길을 걸어서-四月의 祈禱	큰애기	그이	봄	큰애기	이별	개인
아름다운 얘기를 하자 와	우리	서로 정답게 지냄 서로 의지함	별	우리	병든 너와 나, 미운 너와 내 꼴	사회
아름다운 새벽을	사람들	참회의 새벽	흙바람	사람들	악의 꽃에 묻힌 밤	사회
壬辰頌 과	지친 사람들 (민족)	지침에서 벗어남	백두산 천지의 瑞光들과 시내의 민족의 노랫소리	지친 사람들 (민족)	지침	민족
聖誕	이 나라 겨레들	눈물 씻음 외로움 없앰 (降福)祝福	성탄노래 집집의 불빛 종소리	이 나라 겨레	눈물 외로움	민족

절대적 전지전능의 神으로의 변이다. 이는 화자의 종교관의 변이를 읽게 한다. 이 같은 현상을 도표화하면 〈도표 11〉과 같다.

〈도표 12〉

변이

텍스트	출전	보조자
희망 과 꽃길을 걸어서 – 四月의 祈禱	별을 쳐다보며 사슴의 노래	꽃다발 主
아름다운 얘기를 하자 와 아름다운 새벽을	별을 쳐다보며 사슴의 노래	아름다운 얘기 성모마리아
壬辰頌 과 聖誕	별을 쳐다보며 사슴의 노래	壬辰年 새해 主

위에서 분석한 세 쌍의 텍스트들처럼 평행적 등가관계의 상동성을 가지지 않으나 객체를 원할 뿐인 텍스트 「나에게 레몬을」을 더 분석해 보도록 한다.

1) 하로는 또 하로를 삼키고
2) 來日로 來日로
3) 내가 걸어가는게 아니오 밀려가오

4) 구정물은 먹었다 吐했다
5) 허우적댐은 溺死를 하기가 억울해서요

6) 惡이 楊貴妃 꽃마양 피어오르는 마음

7) 저마다 모종을 못내서 하는 판에

8) 子息을 나무랄게 못되오
9) 울타리안에서 기를 수는 없지 않소

10) 말도 안나오고
11) 눈 감아버리고 싶은 날이 있오

12) 꿈대신 무서운 審判이 얼른거리는데
13) 좋은 말해 줄 親舊도 안보이고!

14) 할머니 내게 「레몬」을 좀 주시지
15) 없음 향취있는 아무거고
16) 곧 窒息하게 생겼오!

「나에게 레몬을」 전문28)

스스로를 예술의 주인이라고 믿는 인간은 자신을 현존시키고자 하고, 또 창조하는 존재, 창조하면서 조금이라도 파괴에서 벗어나는 존재가 되고자 한다.29)

본 텍스트야말로 창조를 통한, 존재의 파괴자에 대한, 예술주인으로의 현존을 위한 절박한 노력이라 할 수 있다.

주체, 나에게 주어진 반대자는 4)∼5)행, 10)∼11)행, 12), 13) 16)행의 언술에서 확인된다. 溺死, 눈감아버리고 싶은 날, 무서운 審判,

---

28) 『사슴의 노래』, pp.117−119.
29) 모리스 볼랑쇼 著, 박혜영 역, 『문학의 공간』, 책세상, 1991. p.124.

窒息의 언표와 텍스트의 文面을 보아 반대자를 죽음으로 볼 수 있다. 주체에게 메시지를 전달하는 전달자는 審判의 傳達者다. 무서운 審判者가 주는, 무서운 審判의 수신자는 물론 결핍의 주체, 나다.

이러한 극한의 반대자 속에 빠져 있는 주체를 구해 줄 보조자는 할머니다. 극한 상황의 반대자에 맞서 주체를 도와줄 보조자는 절대자도 전지전능의 신도 아닌 할머니다. 주체가 도움을 청하는 보조자로부터 얻고자 하는 객체는 레몬 또는 향취 있는 아무것이다.

이처럼 주체가 택한 보조자는 전지전능의 신도 아니며 주체가 원하는 객체는 반대자의 반대축에 놓인 삶이나 생명이 아닌, 레몬 또는 향취 있는 아무것이다. 이는, 주체가 겪는 반대자의 상황은 이미 운명적 상황임이 주체에게 깊이 인식되었기 때문인지도 모른다.

따라서 주체는, 삶이나 생명을 줄 전지전능의 신에게 도움을 청하지도 않았으며 오직 반대자가 주는 고통을 덜어내 줄 레몬이나 향취 있는 것을 객체로 선택한 것이다.

이상의 분석에 의한 텍스트 「나에게 레몬을」의 행역자 구조를 도표화하도록 한다.

〈도표 13〉

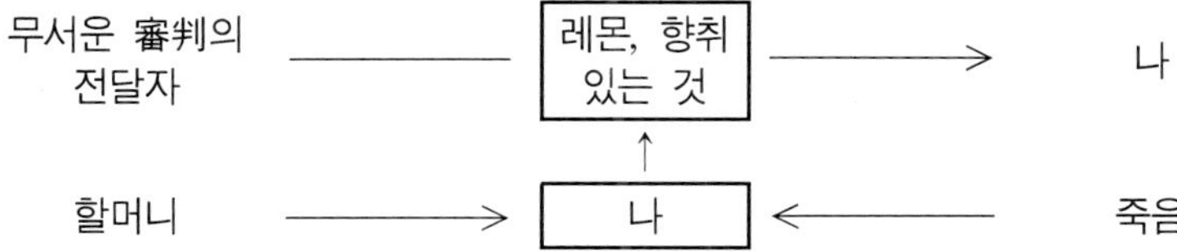

Ⅲ. 맺음말

지금까지 盧天命의 詩 텍스트 「無名戰士의 무덤 앞에-「유엔」墓地에서」, 「面會」, 「希望」, 「꽃길을 걸어서-四月의 祈禱」, 「아름다운 얘기를 하자」, 「아름다운 새벽을」, 「壬辰頌」, 「聖誕」, 「나에게 레몬을」을 그레마스의 여섯 가지 행역자 모델에 대입하여 분석해 보았다.

이들은 노천명의 시 텍스트 중 시적 기능의 언어로만 구상된 텍스트라기보다 오히려 서사적 전달 기능이 강화된 텍스트들이다. 먼저, 이들 텍스트를 1. 완전한 객체(object) 획득 가능 2. 일시적 객체 획득 3. 객체 획득을 원함으로 객체 획득의 정도에 따라 분류하여 논의해 보았다.

1. 완전한 객체 획득 가능에서는 「無名戰士의 무덤 앞에-「유엔」墓地에서」를 분석해 보았다. 텍스트에 내포된 서사 구조를 다시쓰기하여 3단계로 객체 획득의 과정을 분석하였고 기호학적 정방형에 의해 분석해 보았다. 그리고 「無名戰士의 무덤 앞에-「유엔」墓地에서」를 그레마스의 행역자 모델에 대입하여 백성들과 하늘 사이의 발신자 수신자 축의 반복구조를 확인할 수 있었고 백성들의 주체, 발신자, 수신자의 복합기능적, 기능교체 현상을 분석해 보았다. 또한 객체 획득을 위한 행역자 구조의 총체를 보면, 주술이나 원시종교적 대상체, 하늘 神人들이 객체 획득을 위한 탐색 과정에 흔히 삽입되는 고설화 또는 민담들의 행역자 구조를 그대로 가지고 있었다. 시간과 장르의 거리를 넘어선 상호 텍스트성 현상, 텍스트의 시대적

구속을 거부하는 수직적 대화 현상을 가장 극명하게 보여주는 텍스트다. 이는 객체 획득을 위한 중재 방법의 통시적 유형론을 가능하게 한다.

2. 객체의 일시적 획득에서는 「面會」를 분석해 보았다. 「面會」는 오톨의 공간론에 의하면 L-1의 감옥에서 일어나는 운명적 사건을 결핍으로 가지고 있다. 이는 볼노우가 말하는 세계 속으로 들어갈 수 있는 개구부를 가지지 못한 감옥의 공간이 빚어내는 결핍이다. 「面會」는 수동적 상태에서 일시적으로 얻었던 객체를 수동적 상태에서 다시 상실하는 텍스트다. 발신자에서 반대자로의 기능교체를 발견할 수 있고 이 같은 기능교체는 주체-대상이라는 축을 이루는 한 쌍과 불가분의 관계를 맺는 복합성에 의존한다.

3. 객체 획득을 원함에서는 앞에서 분석한 텍스트들 같이 객체를 획득하지 못하고 다만 객체 획득을 원할 뿐인 「希望」, 「꽃길을 걸어서-四月의 祈禱」, 「아름다운 얘기를 하자」, 「아름다운 새벽을」, 「壬辰頌」, 「聖誕」, 「나에게 레몬을」을 분석해 보았다. 이들 중 「希望」, 「꽃길을 걸어서-四月의 祈禱」, 「아름다운 얘기를 하자」, 「아름다운 새벽을」, 「壬辰頌」, 「聖誕」은 평행적 등가관계, 상동성을 가지는 구조다.

이들 각각의 쌍은 서로 상동적 주제, 주체, 객체, 발신자, 수신자, 반대자의 구조를 가지면서도 보조자의 경우는 뚜렷한 변이 현상을 읽을 수 있다. 前者는 모두 『별을 쳐다보며』(희망출판사. 1953)에 속한 텍스트들이며, 後者는 『사슴의 노래』(한림사, 1958)에 수록된 텍스트들이다. 이는 텍스트 발간의 시기에 따른 화자의 종교관의 변이를 읽게 한다.

이들 상동성의 텍스트 외에 「나에게 레몬을」도 분석해 보았다. 이상으로 분석해 본 이들 텍스트의 주체는 노천명(「面會」), 나(「希望」), 큰애기(「꽃길을 걸어서-四月의 祈禱」), 나(「나에게 레몬을」)의 개인적 차원의 것이 있고, 우리(「아름다운 얘기를 하자」), 사람들(「아름다운 새벽을」)의 사회적 차원의 주체와 백성들(「無名戰士의 무덤 앞에-유엔 墓地에서」), 지친 사람들, 민족(「壬辰頌」), 이 나라 겨레들(「聖誕」)의 민족, 겨레, 국가적 차원의 것이 있다.

이들 중 사회, 민족, 겨레, 국가적 차원의 주체는 개인적인 앞의 주체자에 대한 집단적 주체가 된다. 이들 주체자와 함께 중심축을 이루는 대상인 객체로는 평화(「無名戰士의 무덤 앞에-유엔 墓地에서」), 자유(「面會」), 그대(「希望」), 그이(「꽃길을 걸어서-四月의 祈禱」), 서로 정답게 지냄, 서로 의지함(「아름다운 얘기를 하자」), 참회의 새벽(「아름다운 새벽을」), 지침에서 벗어남(「壬辰頌」), 눈물 씻음, 외로움 없앰(「聖誕」), 레몬 향취 있는 것(「나에게 레몬을」)이 있다. 이들은 평화, 자유, 사랑, 善, 죽음의 고통을 덜어줄 것에 관여하고 있다. 인간 존재의 기본 조건을 지향하고 있다.

발신자는 백성들, 하늘, 간수, 꽃술, 숲들, 봄, 별, 흙바람 天池의 瑞光들과 시내의 민족의 노래, 성탄노래, 집집의 불빛, 종소리, 무서운 심판의 전달자 등이다. 「면회」의 발신자를 제외한 발신자들은 모두 우주 운행의 근원의 자리에 닿아 있고, 그 법칙과 섭리를 아는 자들로, 그 섭리에 따라 살 수밖에 없는 수신자들에게 구원의 메시지(「無名戰士」-하늘, 「希望」-꽃술, 숲들, 「꽃길을 걸어서-四月의 祈禱」-봄, 「아름다운 얘기를 하자」-별, 「壬辰頌」-天池의 빛, 들과 시내의 민족의 노래), 꾸지람의 메시지(「아름다운 새벽을」-흙바람), 죽음의 메시지(「나에게 레몬을」-무서운 심판의 전달자)를 보내고 있다.

자연물의 발신자, 하늘, 꽃술, 꽃들, 봄, 별, 흙바람, 天池의 瑞光 등은 물질적 의미의 개체적 자연물이 아니라 전지전능의 자리에 연결된 者들이며 구원, 꾸지람, 죽음의 메시지를 보내는, 이 같은 발신자의 선택 구조는 자연과 우주의 섭리를 인식하는 그 틀 안에 예속된 자로서의 화자의 우주관, 세계관을 확인하게 한다. 다른 텍스트들과는 달리 「無名戰士ㅡ」는 발신자와 수신자 축의 반복구조와 기능교체 현상이 있었고 「면회」의 발신자 간수는 반대자로의 기능교체를 보이기도 한다.

반대자들은 사나운 이리떼, 침략자, 형무소, 간수, 이별, 병든 너와 나, 미운 너와 내 꼴, 악의 꽃에 묻힌 밤, 지침, 눈물, 외로움, 죽음으로 나타난다. 객체의 획득과 상실에 힘의 역학관계로 작용하는 보조자는 유엔군, 언니, 꽃다발, 主, 아름다운 얘기, 성모마리아, 壬辰年 새해, 主, 할머니로 나타난다.

노천명의 「幌馬車」 분석

노천명의 「幌馬車」 분석

•••**본고에서는** 「幌馬車」를 어휘장에 의한 분석, 서술적 분석, 상호 의존성의 분석, 각 연의 관계 분석의 다층적 심층 분석에 의해 텍스트의 구조회로를 추출하고, 결핍(lack)과 중재(mediation)를 분석하고자 한다. 분석을 위해 「幌馬車」 전문을 인용한다.

1) 汽車가 허리띄만한 江에 걸친 다리를 넘는다.
2) 여기서부터는 내땅이 아니란다.
3) 아이들의 세간 노름보다 더 싱겁구나

4) 幌馬車에 올라 앉아 아가위나 씹쟈
5) 카츄-샤의 수건을쓰고 이러케 달니고싶구나
6) 오늘의公爵은 따러오질 안어 심심할게다

7) 나는 여기ㅅ 말을 모르오
8) 胡人의棺이 널린 벌판을 馬車는 달리오
9) 넓은벌판에 놔줘도 마음은제생각을못노아

10) 시가-도 피울줄을 모르고
11) 휘파람도 못 불고…….1)

1. 어휘장(champ lexical)에 의한 분석

텍스트의 外延에 나타나는 주요 어휘를 분류하여 어휘장을 만들고 그 어휘장에 의해 텍스트의 결(tissue)을 분석하고자 한다.[2] 먼저 어휘장에 따른 분류 분석을 도표화하면 다음과 같다.

〈도표 1〉

어휘장	어휘
공간 1	江. 여기서부터는
공간 2	다리
공간 3	내 땅이 아니란다. 여기ㅅ. 벌판. 넓은 벌판
공간 4	汽車. 幌馬車. 馬車
시간	오늘
동작	넘는다. 올라앉아. 씹쟈. 쓰고. 달니고. 따러오질. 달리오. 놔줘도. 피올. 불고
인물	아이들. 카츄샤. 公爵. 나. 胡人
부정어	아니란다. 모르오. 안어. 못(노아). 모르오. 못(불고)
놀이 자기해소책	세간 노름. 시가ー도. 휘파람도
언어	말
내적 심리 상태	싱겁구나, 달리고싶구나. 심심할게다. 제생각을못노아.

---

1) 노천명, 『珊瑚林』, 漢城圖書株式會社, pp.17−20.
2) 어휘장에 의한 분석법은 서인석, 『성서와 언어과학』, 성바오로출판사, 1987. pp.220−222 참고.

「幌馬車」는 시간의 축보다 공간의 축에 구조적 기틀을 둔 텍스트다. 도표 1에서 보는 바와 같이 시간의 어휘보다 공간의 어휘 수가 훨씬 우세할 뿐만 아니라 공간의 어휘장은 시간의 어휘장보다 다층적이며 복잡한 양상을 띤다. 공간 1의 어휘장에 속하는 江, '여기서부터는'은 공간 2, 3, 4의 어휘장과 경계공간의 기호로서 변별적(distinctive feature) 특징을 지닌다. 공간 1의 어휘장 중 '江'은 單一性(Unvalent)이 아니라 兩義性(Ambivalent)의 기호다. 즉 경계, 연결의 兩義性의 기호다. '江'은 이쪽과 저쪽의 영역을 구분하는 경계공간이며 연결공간으로 볼 수도 있다. 그러나 본 텍스트에서는 의미 전개의 상관성을 볼 때 경계공간으로 봄이 타당하다. 공간 1에 속하는 경계 기호에 의해 수평 분절이 된다.

「幌馬車」의 공간은 '내땅'(國內) / '내땅 아님'(外國)의 二項(binary)이 형성된다. 따라서 二項 對立(binary opposition)이 이루어진다.

로트만에 의하면 二項 對立的 原理는 어떤 構造이든 그 메커니즘의 기본 조직의 하나다.[3] '내땅'(國內) / '내땅 아님'(國外)의 분절은 上 / 下의 수직공간 분절이 아니라 左 / 右, 前 / 後, 內 / 外로 분절되는 수평공간 분절의 한 항이다.

공간 2는 연결공간으로 변별적 의미를 갖는다. 신비적 의미를 제외하고라도 다리는 항상 변화 또는 변화를 위한 갈망의, 하나의 상태에서 다른 상태로의 變移를 상징한다.[4]

---

3) Yu. M. Lotman, "The dynamic model of asemiotic system", *Semiotica*, 1977. 21:3 / 4. p.201.

4) J. E. Cirlot. trans. Jacksage *Dictionary of Symbols* Philopophical Library, 1962. p.32.

인공적 연결공간인 '다리'는 자연적 경계공간인 '강'으로 분절된 수평공간을 이어 주는 연결공간으로 '汽車'를 타고 內공간(국내)에서 外공간(외국)으로 수평 이동할 수 있게 하는 통로다.

공간 어휘장 중 공간 3은 평면연속공간 어휘장이다. '내땅(이 아니란다)', '여기ㅅ', '벌판', '넓은 벌판'은 外공간 기호이며 異國的 수평공간으로의 무한대적 확장을 부여하며, 확산 이미지를 산출한다. 따라서 시적 공간의 무한대적 확대를 확보한다. 處示素(Place Deixis)5) '여기ㅅ'는 공간 1의 '여기서부터는' 공간 3의 '내땅'과 함께 言表主體(subject paralant)에 따라 意味를 부여받게 되는 것으로 이는 話者인 '나'에게 공간 분절 또는 의미 층위까지도 철저히 의존되어 있음을 뜻한다. 그리고 공간 4의 汽車, 幌馬車, 馬車는 異國으로서의 수평공간지향을 돕는 이동공간들이다.

지금까지 분석해 본 공간 1, 2, 3, 4의 어휘장 특성에 의하면 「幌馬車」는 인간의 한계를 극복하고자 하는 초월 의지나 신성의 세계에 지향점을 둔 수직공간적 텍스트와는 다른 수평공간 구조임이 확인되었다. 수평공간 구조 텍스트는 인간 영역적 텍스트다. 지극히 인간적 고뇌, 갈등을 인간적 한계 내에서 해결하고자 하는 범주의 텍스트다. 공간 4의 이동공간 매체를 통해 부정의 축으로 설정된 內공간에서 긍정의 축으로 설정된 外공간으로 수평 이동하고 문제풀이를 시도한 뒤 답을 얻어 내는 체계다.

따라서 「幌馬車」에는 경계, 연결, 평면연속공간, 이동공간의 다층적 공간 층위가 동원되며 이는 문제풀이, 내적 갈등 치유의 배경공

---

5) 張奭鎭, 『活用論研究』, 탑출판사, 1989. p.40.

간 기능을 담당한다. 시간의 어휘장에 있는 '오늘'은 매우 중요한 기호 의미를 지닌다. 「幌馬車」 속에서의 '오늘'은 어제-오늘-내일이라는 繼起性에 지배를 받는 線條性(linearity)을 지닌 언표가 아니다. 변별적 특징(distinctive feature)을 강조하는 언표다.

이는 인물의 어휘장에 있는 '公爵'을 한정하는 시간으로 無標(unmarked)的 시간과 대립하는 有標(marked)的 시간이다. 그러므로 示差性을 표출하는 有標項6)이다. 따라서 미메시스(mimesis) 차원에서의 단어들 사이의 간극(gap)을 형성하며 간극 메우기(gap-filling)를 요구한다.

동작의 어휘장에는 '넘는다, 올라앉아, 씹쟈, 쓰고, 달니고, 따러오질, 달리오, 놔줘도, 피울, 불고'의 다양한 어휘를 볼 수 있다. 이처럼 동작의 어휘장이 풍부한 어휘를 가지면 역동적(dynamic)인 텍스트의 무드를 형성한다. 文은 하나의 行動이며 정확하게 말하자면 하나의 걸음이다. 力動的 想像力이란 바로 모든 걸음의 博物館이다.7) 「幌馬車」의 동작 어휘장은 외적 상황을 나타내는 외적 상황 동작동사와 내적 심리 상태를 표현하는 동사의 분절이 가능하다. 이들을 도표화하면 다음과 같다.

---

6) Elizabeth Mertz & Richard J. Parmentier, ed, Academic Press, 1985. p.15. "Beyond Symbolic Anthropology; Introducing Semiotic mediation", *Semiotic Mediation,* marked Unmarked 도표 참고.

7) Gaston Bachelard, Lair et le Songe, Libraire José Corti, 1943. p.75. 이어령, "문학공간의 기호론적 연구", 단국대학교 대학원 박사학위논문, 1986. p.442 재인용.

외적 상황 동작동사	넘는다, 올라앉아, 씹쟈, 달리오, 놔줘도.
내적 심리 상태 표현동사	쓰고, 달리고, 피울, 불고.

위의 도표에서 '외적 상황 동작동사'와 '내적 심리 상태 표현동사'는 서로 대립쌍을 이룬다. 외적 상황 동작동사는 축어적, 미메시스적 독법이 가능한 동사의 항이다.

그러나 '카츄—샤의 수건을 쓰고 이러케 달니고 싶구나'의 '쓰고', '불고'의 내적 심리 상태 표현동사는 해석자로 하여금 축어적 독법을 멈추게 한다. '피울', '불고'는 세미오시스(Semiosis)적 관점의 판독(decoding)이 필요한 대목이다.

인물 어휘장에서 '아이들'은 '세간노름'과 관여하여 긍정 이미지를 산출하는 인물 코드며 '胡人'은 '棺'과 관여하여 의미 맥락상 부정 이미지를 산출하는 인물 코드다.

즉 아이들의(세간노름) → 삶: 胡人의 (棺) → 죽음이라는 하나의 대립쌍을 찾아낼 수 있다. 그러므로 '아이들', '胡人'의 인물 어휘는 각각 삶과 죽음의 대립된 이미지를 텍스트 안에 끌어들이고 있다. 이들은 긍정 축에서 부정 축으로 이동하는 양대 축 역할을 하며 뒤에서 논의될 통합적 구조의 회로와도 조응(anaphore)[8]된다.

그리고 '나'와 '공작'을 有標化한 상태 주체와 작용 주체로 본다면 無標의 상태 주체와 작용 주체를 읽어 낼 수 있다. 즉 텍스트와 텍스트 외의 텍스트 사이의 관계까지 확장(expantion)[9]의 독법이 필

---

8) J. 꾸르떼, 오원교 역, 『기호학입문』, 신아사, 1986. p.245.
9) 미카엘 리파떼르, 유재천 옮김, 『시의기호학』, 민음사, 1989. p.289.

요하다. '오늘의 공작은 따러오질 안어'처럼 텍스트 외적 텍스트와 텍스트 사이의 관계는, 특히 '오늘'의 변별적 시차성을 내포하고 있다. 따라서 '나'와 '공작'의 관계가 이접(disjunction)이라면 연접(conjunction)으로 상태 주체와 작용 주체의 관계가 형성될 것이며 대립쌍을 형성한다.

즉 나: 공작−이접가능 ↔ 0 : 0은−연접가능의 대립관계를 찾아낼 수 있다. 이는 전경화된 유표항이다. 따라서 인물의 어휘장에는 다음 도표 3과 같이 첫째, 아이들과 胡人의, 삶(긍정)↔죽음(부정), 둘째, 나와 공작과 0과 0의 이접가능↔연접가능의 대립쌍이 관계의 망을 형성하고 있음을 확인할 수 있다.

〈도표 3〉

대립쌍	대립내용
아이들 ↔ 호인	삶(긍정) ↔ 죽음(부정)
나 ↔ 공작	능동적 ↔ 수동적
나 : 공작 ↔ 0 : 0	이접 ↔ 연접 가능

부정어의 어휘장에 속한 어휘들은 부정의 대상에 따라 세 부분으로 분절(articulation)된다. '내 땅이 아니란다'의 '아니란다'와 '여기말을 모르오'의 '모르오'는 外空間에 대한, 즉 외적 상황에 대한 부정어다. 그러나 '오늘의 공작은 따러오질 안어'의 '안어'는 주체인 話者와 대상인 '공작' 사이의 관계를 나타내는 관계부정어에 해당한다.

또한 '마음은 제생각을 못노아'의 '못노아'나 '시가−도 피울 줄을 모르고'의 '모르고'는 화자인 나의 마음을 나타내는 내적 심리 상태

부정어다. 따라서 내적 독백에 수반하는 부정어다. 물론, '시가 - 도 피울줄을 모르고'와 '휘파람도 못불고……'의 '시가피우기'와 '휘파람 불기'는 축어적 의미의 행위 코드가 아니다. 막힘의 상태에서 열림의 상태로 마음을 끌어낼 수 있는 자기 해소책의 자유로운 행위 코드며 또는 마음 상태의 코드다. 즉 다의성(polysemy)의 코드다. 약호전이(transcoding)[10]가 나타나는 곳이다.

놀이, 자기해소책 어휘장의 어휘들 중 '세간노름'이 축어적 측면의 어휘라면 '시가 - 도'와 '휘파람도'는 위의 부정어의 어휘장에서 언급하였듯이 다의성(polysemy)의 코드다. 약호전이(transcoding)가 나타나는 어휘다.

'언어'의 어휘장에는 '말' 하나의 어휘뿐이다. 그러나 이는 중요한 의미를 가지는 어휘다.

「幌馬車」의 NP[11]에서 결핍 해결의 변형(transformation)을 위한 외적 조건으로서의 역할을 하고 있다. '말'은 문화적 산물로서 문화적 구속을 의미하고 있다.

2. 서술적 분석

모든 이야기의 출발은 어떤 피해나 결핍에 의해 이루어진다는 프르프의 말을 그대로 뒷받침이나 하듯[12] 「幌馬車」에서도 이야기의 출

---

10) 미카엘 리파떼르, 앞의 책, p.286.
11) NP는 서술프로그램이다.
12) 김희영, "성서와 기호학", 『예술과 비평』, 1984. 가을, p.311.

발을 알리는 피해나 결핍을 찾아낼 수 있다. 이것은 話者 '나'의 언표를 통해서 드러나고 있다. 먼저 텍스트의 9, 10, 11행을 다시 인용하도록 한다.

    9. 넓은벌판에 놔줘도 마음은 제생각을 못노아
    10. 시가―도 피울 줄을 모르고
    11. 휘파람도 못 불고……

9행의 언표를 통해서 話者인, 인물 '나'에게 결핍되어 있는 것으로 찾아낼 수 있는 것은 '마음은 제생각을 못노아'에서 비롯된다. 話者 '나'가 원하는 것, 결핍을 느끼는 것은 '마음이 제생각을 놓아' 버린 상태다. 마음에 막힘과 걸림이 없는, 어떤 일, 생각에 마음이 잡혀 있어 자유롭지 못한 상태에서 벗어나 자유로운 마음의 상태가 되길 원하는 것이다.

이는 10, 11의 언술을 통해 거듭 한정(overdetermination)[13]된다. 10과 11의 언술에서는 '시가도 피울줄 알기', '휘파람도 불기'를 결핍, 원하는 대상으로 찾아낼 수 있다. 따라서 9, 10, 11행에서 도출된 '마음이 제생각을 놓아', '시가―도 피울 줄 알기', '휘파람도 불기'는 결핍체로서 동위소(isotopy)다.

물론 '시가―도 피울 줄 알기'와 '휘파람도 불기'는 세미오시스(semiosis)의 관점에서 읽어야 한다. 이상의 분석에서처럼 話者 '나'에게 결핍되어 있는 것, 원하는 것을 9, 10, 11행에 제시된 부정의 상태를 긍정의 상태로 바꾸어 놓은 자리에 있다.

---

13) 미카엘 리파떼르, 유재천 옮김 『시의 기호학』, 민음사, p.282.

 현대시의 기호학

　　그리고 5행의 '카츄—샤의 수건을 쓰고 이러케 달니고싶구나'란 언술은 카츄—샤적 결핍으로부터 벗어나서 자유로운 마음의 상태로 옮겨가고 싶다가 된다. 6행의 '오늘의 公爵은 따러오질 안아 심심할께다.'의 언술과 관련하여 볼 때 '카츄샤'처럼 '公爵'에 의해 마음의 구원을 얻어 자유롭고 싶다가 된다.

　　따라서 '나(S_1)'는 결핍된 상태 주체이고 마음의 구원을 얻어 '자유롭고 싶다'는 그 대상(O)임을 알 수 있다. 그러므로 '나'가 기대하는 서술적 프로그램(programme narratif)은 $S_1V_0 \rightarrow S_1 \wedge O$[14])가 된다.

　　이 도식에서 →는 변형(transformation)을 뜻하며 이 변형을 행할 자가 곧 작용주체(subject opérateur), S2이다. 5, 6행에서 볼 수 있듯이 본 텍스트에서의 작용 주체는 "오늘의 公爵"이다.

　　즉 결핍 해결의 변형을 위해서는 작용주체, "오늘의 公爵"이 상대 주체인 "나"를 따라와야만 한다. 그럴 때에만 $F(S_2 \rightarrow [(S_1V_0) \rightarrow (S_1 \wedge 0)]$[15])의 도식이 성립될 수 있다.

　　그러나 6행의 언표에서 확인되듯 작용 주체인 "오늘의 公爵"은 따라오질 않는다. '그러므로 위의 도식은 성립되지 않는다. 즉 "나"는 대상인 "자유"를 얻지 못한다. 결핍에서 충족으로의 변형(transformation)을 위해서는 작용 주체를 필요로 하며 작용 주체인 "오늘의 公爵"이 不在하므로 결핍은 충족되지 못하고 결핍의 상태로 멈추어 있을 뿐이다.

---

14)15) 서술적 프로그램의 도식. 용어는 김희영, "성서와 기호학", 『예술과 비평』, 1984 가을, p.306 참고. F는 행위, S1은 상태주체, S2는 작용 주체, O는 대상, V는 이접 ∧는 연접을 뜻한다.
　　　이접과 연접은 주체와 대상의 결합된 상태를 나타내는 접합의 분절체다.

3. 상호 의존성(Intertextuality)에 의한 분석

크리스테바가 강조하는 텍스트의 특성 중의 하나는 다양한 (의미적 실천 영역) 간의 상호 의존성(intertextuality)이다. 이는 크리스테바가 맨 처음 프랑스 학계에 소개하기도 한 러시아 후기 형식주의자 미하일 바흐찐의 문학적 진술의 「대화이론」의 발전이라고 할 수 있다. 바흐찐에 의하면 모든 문학의 단어는 다양한 기술 양식의 교차, 대화관계를 이루고 있는 점이다. 이 대화이론에 근거한 텍스트 상호 의존성이란 하나의 텍스트가 다른 텍스트를, 다른 진술의 체계에 끊임없이 작용을 받는 것을 의미한다. 이 대화이론에 근거한 텍스트의 상호 의존성이란 "모든 텍스트는 그 자체로 완결된 닫힌 단일성의 세계가 아니라 다른 무수한 텍스트의 흡수이고 그에 대한 변형인 것이다."16)

상호 의존성이란 시간과 공간을 초월한 모든 텍스트들과의 관계를 파악하게 하는 개념이다. 그러므로 텍스트와 텍스트, 텍스트와 텍스트 밖의 관계까지도 수렴한다. 따라서 상호 의존성에 의한 분석은 텍스트 내재적 연구에서 기대할 수 없는 텍스트 외적 범주와의 관계까지도 확인할 수 있게 한다.

「幌馬車」에도 도스토예프스키의 소설, 『부활』과의 상호 의존성이 내포되고 있다. 文學 텍스트에서는 등장인물의 성격, 지위 등은 어떤 공간에 의해 표출되는 알이 많다. "場所는 여러 가지 인물이다."

---

16) 최현무. "기호학자, 쥘리아 크리스테바", 김화영 편역, 『현대비평의이해』, 민음사, 1991. p.274.

라고 쓰고 있는 것처럼 푸르스트는 등장인물 하나에 특정 공간을 배치한다. 이때의 공간은 배경으로의 의미가 아니라 등장인물의 기호 표현으로 작용하고 있는 것이다.[17] 神話 텍스트에서는 / 內 / 空間에서 / 外 / 空間으로 나가는 이야기를 통해(例: 헤라클레스의 神話) 보통 人間이 英雄, 神 등으로 신분이 달라진다. 아이가 어른이 되는 通過儀禮(initiation)의 空間的 意味도 그와 想同性을 갖게 된다.[18]

앞의 분석에서와 같이 「幌馬車」에는 內 / 空間에서 外 / 空間으로 나가는 공간의 수평 이동이 제시된다. 이것은 단순한 배경으로의 의미가 아닌 등장인물인 話者 "나"의 기호 표현으로 작용한다. 이 무한대적 수평 공간의 제시는 神話 텍스트들에서와 같은 "나"에게 변화를 제공할 수 있는 통과의례(initiation)적 공간 제시다.

이와 같은 공간 제시는 소설, 『부활』에도 동일 의미로 존재한다. 카츄샤의 유배로 인한 무한대적 수평 이동 공간으로 시베리아라는 통과의례의 外空間이 제시되기 때문이다. 「幌馬車」의 『부활』과의 상호 의존성은 다음 구절에서 좀 더 구체적으로 제시된다.

    5. 카츄－샤의 수건을 쓰고 이러케 달니고싶구나
    6. 오늘의公爵은 따러오질 안어 심심할게다.

5, 6행에서 독자는 話者 '나'란 인물이 카츄－샤적 구원을 기대하며 카츄－샤의 네프 공작이 그를 구원하듯 구원받고 싶어 함을 읽어

---

17) 이어령, 문학공간의 기호론적 연구. 단국대학교 박사학위 논문, 1986. p.389.
18) 이어령, 문학공간의 기호론적 연구. 단국대학교 박사학위 논문, 19p.389.

낼 수 있다. 「부활」의 '카츄샤'나 본 텍스트, 「幌馬車」의 '나'는 모두 결핍과 피해를 가진 자들이다. 그뿐 아니라 「황마차」의 '나'와 「부활」의 '카츄샤'는 모두 스스로 자기를 구제할 수 없는, 구원자를 필요로 하는 자이다.

지금까지 살펴본 두 텍스트의 공통점은 무한대적 수평공간으로의 이동, (「황마차」-중국 벌판 胡人의 棺), (「부활」-시베리아 벌판) 주체들이 모두 결핍, 피해를 가진 자들, 구원자를 필요로 한다는 점이 된다. 그러나 상이점을 또한 갖는다.

무한대적 수평공간으로의 이동이 '카츄샤'의 경우 피동적으로 이루어지고 '나'는 능동적으로 이루어지는 차이점도 있지만 무엇보다도 중요한 것은 구원자와의 만남이 되겠다.

6행에서와 같이 '나'는 구원자인 '오늘의 公爵'을 만나지 못하고 있고 '카츄샤'는 구원자를 만난다. 따라서 '나'는 끝내 구원받지 못하고 '카츄샤'는 구원을 얻는 자가 된다. 「幌馬車」는 이상에서 분석해 본 것과 같은 「부활」과의 상호 의존성을 지닌다.

이 같은 분석에 따르면 텍스트 「幌馬車」는 텍스트 「부활」을 배경화(backgrounding)한 전경화(foregrounding)의 구조임을 확인할 수 있다.[19]

「幌馬車」가 남기는 대상, 목적을 달성하여 구원을 얻어 정신적 자유를 얻지 못함은, 「부활」이 배경화의 자리에 있기 때문에 더욱 드러난다.

---

19) Jan Mukarřovský, "on Poetic Language", *the word and verbal art*, Trans by John Burbank and peter Steiner, New Haven and London, Yale University Press, 1977. pp.7−11, 33−46.

4. 각 연의 관계

「幌馬車」를 의미론적 층위에서 볼 때 주제행이 되며 양대 축으로
분절이 가능한 곳은 다음의 제9행이다.

> 9. 넓은벌판에 놔줘도 마음은 제생각을 못노아

위의 9행은 본 텍스트 구조에서 목적을 이루기 위한 조건과 결과
의 두 면을 가르는 분절의 선이 주어진 곳이다. 9행 가운데에 위치
한 ‘놔줘도’까지, 즉 텍스트 1행부터 9행의 ‘놔줘도’까지가 외적 조
건의 언술이라면 ‘마음은’ 이후부터 텍스트의 끝까지가 결과를 표출
하는 언술의 대목이다.

그러므로 1행부터 9행의 ‘놔줘도’까지는 행과 연을 포함하여 모두
연속관계에 놓이며 9행 ‘마음은’ 이후도 연속관계에 놓인다.

그러나 9행의 ‘놔줘도’ 전과 후는 서로 대립관계에 놓인다.

5. 텍스트의 統合的 구조회로

지금까지 논의된 분석의 결과에 입각해서 「幌馬車」의 통합적 구
조의 회로를 찾아 내고자 한다. 「幌馬車」는 결핍 해결을 위한 변형
(transformation)을 시도하는 데 있어 수평공간으로의 무한대적 확산
을 외적 조건으로 삼고 있다. 이 무한대적 수평공간 확장을 위한 협

조자적 매개물이 이동공간 매체인 기차, 황마차다. 마차는 황마차의
동일 언표로 반복 강조의 역할을 한다.

　이는 텍스트 1, 4, 8행에서 다음과 같이 확인된다.

　　1 汽車가 허리띄만한 江에 걸친 다리를 넘는다.
　　4 幌馬車에 올라 앉아 아가위나 씹쟈.
　　8 胡人의 棺이 널린 벌판을 마차는 달리오
　　(방점 필자)

　이 같은 이동공간 매체로 인한 변형(transformation)을 위한 외적
조건으로서 수평공간이 최대한의 확충을 이루게 된다. 따라서 기차,
황마차, 마차는 수평공간 확장을 위한 (+)적 요인, 긍정 요인이 된
다. 이러한 수평공간 확충으로 인한 부수적 결과로 변형을 위한 또
하나의 외적 조건이 산출된다. 이것이 바로 문화적 구속으로부터의
이탈이다. 이는 7행의 다음 언술에서 산출된다.

　　7 나는 여기ㅅ 말을 모르오
　　(방점 필자)

　‘여기ㅅ 말’, 즉 ‘나’가 존재하고 있는 그 지역의 말을 모른다 하
는 것은 환언하면 모국어의 구속, 즉 언어문화적 구속으로부터의 이
탈을 의미하게 된다. 이 또한 변형을 위한 (+)적 긍정 요인이 된다.
그러므로 話者 ‘나’의 내적 결핍을 채우도록 하는, 변형의 외적 조
건이 이중으로 형성된다. 공간 지리적(내땅), 문화적(고국어) 구속으

로부터의 자유를 얻고 있다. 이러한 외적 조건의 이중적 확충은 결핍의 대상, 내적, 즉 마음의 자유를 얻기 위한(9행의 반대쪽에 놓인 마음이 제생각을 놓도록 하는) 기본 조건이 된다.

　1∼4행은 '마음이 제생각을 놓는' 내적 자유라는, 대상 획득에 대한 최대의 기대치가 설정된 곳이다. 이 같은 기대치는 다음의 경쾌한 어조에서 확연하게 드러나고 있다.

> 1) 汽車가 허리띠만한 江에걸친 다리를 넘는다.
> 2) 여기서부터는 내땅이 아니란다.
> 3) 아이들의 세간 노름보다 더 싱겁구나.
> 4) 幌馬車에 올라 앉아 아가위나 씹쟈.

　이는 내적 자유에 대한 기대로 가득한 話者 '나'의 언술인 것이다. 이 같은 기대치 최대의 드러남은 3행에 제시되는 긍정적 이미지의 인물 어휘, '아이들'에서도 확인된다(어휘장에 의한 분석 참고).
　그러나 5, 6행은 1행부터 4행까지의 기대치가 무너지는 곳이다. 내적 자유를 얻기 위한 행위 주체가 5행에서 제시된다. 5행에서 제시된 행위 주체, '오늘의 公爵'은 6행에 이르러 부재 상태임이 드러난다(2. 서술적 분석 참고).
　따라서 결핍 해결의 변형은 이루어지지 않고 고정된 서술 프로그램을 갖는 구조다. 5, 6행에서 제시된 변형을 불가능하게 하는 요인은 9행에 이르러 5, 6행에 제시된 변형의 불가능으로 표면화 된다.
　9행의 '마음은 제생각을 못노아' 이후 10∼11행에 이르면서 부정의 동위소들('시가-도 피울 줄을 모르고', '휘파람도 못불고')은 계속 진행된다. 또한 11행의 문장부호……는 끝나지 않는 부정의 동위소를 생산해 내고 있다. 9행에서 무한대적 공간 확장으로 외적 조건이('넓은 벌판에 놔줘도') 내적 자유를 얻을 수 없음이 표면화 되며 끝없이 변형을 부정하고 있다.

이 같은 비극적 결말 부분은 경쾌한 어조의 1~4행과 대립되는 무겁고 느린 어조로 일관되어 있다. 그리고 이러한 비극적 결말 부분은 話者 '나'가 감각하는 다음과 같은 공간인식과도 깊이 관여되어 있다.

8) 胡人의 棺이 널린 벌판을 馬車는 달리오

이는 3행에 나타나는 '나'의 공간인식과는 대조적이다. 馬車로 달리는 벌판이 주는 공간인식은 '胡人의 棺이 널린' 죽음을 인식하는 공간인식이다. 3행과는 대립되는 공간인식이며 부정적 인식으로 (-)축에 놓여 있다. 이 같은 공간인식은, (+)축에서 (-)축으로 이동하는, 텍스트 전체에 흐르고 있는 내적 자유, 즉 마음의 자유를 얻기 위한 구조의 회로가 긍정의 (+)축(기대치가 최대치에 이르는)에서 부정의 (-)축(기대치가 제로 상태에 이르는)으로 이동하는 것과 일치한다.

1, 2, 3, 4행에서 기대치는 최대에 이르며 5, 6행에 오면 내적 자유 획득, 즉 NP의 변형을 위한 행동 주체의 필요와 그 부재를 알리면서 그 가능성의 선은 내면화되어 부정축으로 서서히 이동하고 있다. 이처럼 아직 표면화되지 않았던 부정축으로의 이동은 9행 중간에

서 제로 포인트 상태로 표면화 된다. 그리고 11행 끝의 문장 부호……
는 기대치 제로 포인트 상태의 무한대적 부정축으로 이동을 의미한
다. 텍스트 「幌馬車」는 문장 부호……에 의해 열려 있기 때문이다.

통합적 구조회로를 보면 외적 조건을 위한 (−)요인은 하나도 없
다. (＋)요인의 첨가들로 인해 외적 조건은 아무런 장애 없이 긍정축
으로 이동해 가고 있다. 그러나 내적 자유 획득의 구조회로는 반대
현상이 나타나고 있다. (＋)요인은 없고 (−)요인만 작용한다. 따라서
이 회로는 부정축으로 계속 이동하며 제로 포인트에 이른다.

이상의 분석에서와 같이, 「幌馬車」에 주어진 결핍(lack)은 외적 조
건의 확충에도 불구하고, 작용 주체의 부재로 하여 성공적 중재
(successful mediation)에 이르지 못하고 있다. 텍스트의 서술 프로그
램은 S_1V_0의 상태로 고정되어 있을 뿐이며, 결핍은 결핍인 채로 남
아 있다.

陸史 詩와
니체철학의 비교분석

陸史 詩와 니체철학의 비교분석

Ⅰ. 머리말

•••**陸史와** 니체가 가지는 공간적 거리와 시간적 거리는 대단히 멀
다. 그러나 陸史가 문학 텍스트를 주로 생산해 낸 1930년, 1940년대
는 이미 닫힌 시대가 아니었다. 그는 열린 시대에 살았으며 따라서
서구문화에 대한 영향으로부터도 온전히 벗어나 있을 수는 없었다.

　陸史도 일반평문인 "朝鮮文化는 世界文化의 一輪─知性 擁護의
辯"에서 다음과 같이 자신을 포함한 당시인들의 세계관과 사상의 서
양사상과의 상호 텍스트성적 영향관계를 인식하고 있다.

> 西歐와 東洋思想을 애써 區別하려고해보아도 至今의우리 머리속은
> 純粹한 東洋的이란것은 있을 수 업다는 것은 여기에별말할 必要조차
> 업슴으로⋯⋯다시 말하면 루넷상스를 經過한 歐洲文化도 인제는벌서
> 歐洲만의文化는아닌것이며,　그들의精神의危機도　그들만의危機라고는
> 생각해지지안는 까닭입니다.[1]

---

1) 이육사, "朝鮮文化는 世界文化의 一輪", 심원섭 편주, 『李陸史 全集』,,

　실제로 陸史의 글 속에서는 서구문화에 대한 방대한 독서량을 발견할 수 있다. 특히 시나리오 문학에 대한 본격 연구인 "예술형식의 변천과 영화의 집단성"에서는 리얼리즘과 자연주의와 관련한 유럽 근대소설을 개관하고 시나리오 문학의 특징을 설명하고 있는데 이는 그의 서구문학에 대한 해박한 지식을 단적으로 잘 보여 주고 있다.

　그의 서구문화에 대한 관심은 문학에만 국한되어 있지 않아, 루소의 참회록, 프르타아크 영웅전, 시이저, 나폴레옹, 메슈아놀드, 서반아의 종교재판 等도 독서의 범주와 관심의 대상이 되고 있다.

　그러면 니체에 관해서는 어떠한가?

　그는 수필 『季節의 表情』에서 누구보다도 먼저 느끼는 이 가을에 대한 외로움을 달래기 위해 그의 案頭에 쌓여 있는 시집들 중에서 가을에 읊은 시들을 차례로 읽어 보았다고 한다. 여기에 포올 베를렌의 「가을의 노래」, 르미이드 구르몽의 「낙엽시」, 「가을의 노래」, 존 키이츠의 「가을에 붙이는 시」, 윌리엄 버틀러 예이츠의 「낙엽시」, 레나우의 「秋思」, 「晩秋」, 리리엔 크론의 「가을」을 열거하고 철인 니체의 「가을」은 그 愛妹의 능변으로도 수정할 수 없을 만큼 가슴을 찢어 놓는 '가을'이다[2]라고 쓰고 있다.

　이 같은 기록으로 보아 니체의 텍스트들이 그의 독서범주에 포함되어 있고 상당히 애독한 것으로 추정된다. 또한 일본, 중국을 두루 다녔던 陸史는 일본어, 중국어로 번역된 니체 철학서를 읽었을 가능성을 가진다.

　그는 누구보다는 일제하에서의 우리나라와 민족의 고통을 안타까

　　1986, p.162.
2) 이육사, "季節의 表情", 심원섭 편주, 앞의 책. p.244.

워했고 구국의 신념으로 불타는 생을 살다간 시인이다. 그런 陸史에게 超人 철학과 예언자로서, 초인을 부르짖고 먼일을 꿈꾸며 그때를 위해 희망의 씨앗을 뿌릴 것을 역설한 니체의 의지와 행동을 촉구한 철학은 관심의 대상이 아닐 수 없었을 것이다.

신의 죽음과 그 존재의 무의미, 무가치성과 인간 존재의 우연성과 세계와 우주와의 필연성 부재 等의 니힐리즘의 확인, 그 공포의 직시가 니체 짜라투스트라의 출발점이다. 그리고 "나는 인간들에게 그의 존재의미를 가르치려 한다. 그 의미란 곧 초인이다."3)라 한 니체의 철학은 나라와 민족의 황폐와 고통 속에서 그 민족적 상황을 직시하고 그로부터의 구원을 이루게 하는 구원자가 되고자 한 육사에게 친밀감을 가지고 다가왔을 가능성을 가진다.

물론, 니체의 텍스트들에 대한 좀 더 자세한 언급이 없어 니체와 육사의 영향관계는 구체화되어 외적 증거로 드러나지는 않는다. 그리고 陸史는 철저한 비밀생활을 해 왔으므로 문단 교우 등에 의해 그의 내면세계를 알아내기는 매우 힘들다. 친우뿐 아니라 가족들에게까지도 철저한 비밀생활을 지켜 왔음의 사정은 마찬가지다. 그러나 필자는 현재 남겨진 그에 대한 기록, 陸史의 여러 장르에 걸친 글들을 면밀히 검토해 보면, 니체철학을 그의 내면세계 형성에 친밀감을 가지고 받아들였을 가능성을 찾아 낼 수 있다고 본다.

이와 같은 관점하에서 쓰이는 본고의 목적은 필자의 陸史 문학 텍스트 읽기에서 가장 큰 관심을 불러일으켰던, 육사 문학 텍스트와 니체 철학의 유사성을 밝혀내고 이를 통하여 그의 문학 텍스트 바탕

---

3) F. 니체, 박병덕 옮김, 『짜라투스트라는 이렇게 발했다』, 육문사, 1992, p.18.

 현대시의
기호학

에 깔린 문학정신의 저변을 다각적으로 검토하고자 하는 데 있다. 또한 이 같은 작업은, 육사가 "朝鮮文化는 世界文化의 一輪"에서 밝혔듯이 그의 머릿속은 순수한 동양적이란 사고의 틀에 갇혀 있을 수 없었음을 확인하는 작업이 될 수도 있다. 이는 두말할 필요도 없이 문학을 철학에 예속시키거나 육사를 니체의 틀 안에 넣어 완벽한 일치를 의도한 것은 아니며 陸史 문학 텍스트 읽기의 또 하나의 눈을 가지기 위한 작업이다.

Ⅱ. 陸史 시와 니체철학의 비교분석

1. 超人

먼저 陸史의 詩와 니체의 철학에서 함께 나타나는 '超人'에 관하여 논의해 보도록 한다. 이를 위해 陸史의 시 텍스트 중에서 가장 대표적인 텍스트인 「曠野」를 보도록 한다.

> 지금 눈 나리고
> 梅花香氣 홀로 아득하니
> 내 여기 가난한 노래의 씨를 뿌려라
>
> 다시 千古의 뒤에

白馬타고 오는 超人이 있어
이 曠野에서 목노아 부르게 하리라.
「曠野」에서

「曠野」의 현재는 '눈 나리는 겨울'이다. 梅花香氣 홀로 아득하여 봄은 멀다. 겨울의 한가운데인 지금이 가진 고통의 상황을 해결하기 위해 가난한 노래의 씨를 뿌리고 미래인 千古의 뒤에 白馬 타고 오는 超人에게 이 曠野에서 목 놓아 부르게 하겠다 한다. 話者, 나는 위의 ①~②행에서 알 수 있듯이 고통의 현실을 인식하는 자며 이 현실을 구원하기 위한 노력자며 미래에 구원자인 超人이 올 것을 예언하는 者다. 그리고 超人을 기다리는 者다. 여기서의 話者는 니체의 짜라투스트라와 유사하다. 짜라투스트라도 신의 죽음을 확인하고 인간적 현실의 문제를 극복하기 위한 노력자며 超人을 예언하는 者며 超人을 기다리는 者다.

이 같은 話者의 성격은 니체의 철학서 『짜라투스트라는 이렇게 말했다』 전반에 걸쳐 드러나고 있고 陸史 詩 텍스트의 상당 부분에서 드러나고 있다. 그의 詩 텍스트에서는 각각의 요소가 하나의 텍스트에서 함께 드러나기도 하고 부분적으로 나타나기도 한다.

짜라투스트라가 오기를 바라는 超人은 가장 멀리 있는 者[4]이며 초인의 세계는 아직은 존재하지 않는 한 세계[5]다. 그가 바라는 초인을 별,[6] 초인이라는 이상은 별빛으로[7] 은유되기도 한다. 陸史의 「曠

---

4) 니체, 앞의 책, p.94의 주 45) 참고.
5) 니체, 앞의 책, p.101의 주 52) 참고.
6) 니체, 앞의 책, p.41의 주 28) 참고, p.73.
7) 앞의 책. p.101의 주 53) 참고.

野」에서도 超人은 아직은 존재하지 않는 멀리 있는 者며 그의 시에서
의 별은 구원자인 초인, 별빛은 초인이라는 이상 세계로 읽을 수 있다.
　陸史 詩에서의 '별'을 보도록 하자.

　　　　한개의 별을 노래하자 꼭 한개의 별을
　　　　十二星座 그숫한 별을 엇지나 노래하겠늬

　　　　꼭 한개의 별! 아츰날때보고 저녁들때도보는별
　　　　우리들과 아-주 親하고 그중빗나는별을 노래하자
　　　　아름다운 未來를 꾸며볼 東方의 큰별을 가지자

　　　　한개의 별을 가지는건 한개의 地球를 갓는것
　　　　아롱진 서름밖에 잃을것도 없는 낡은이따에서
　　　　한개의새로운 地球를차지할 오는날의깃븐노래를
　　　　목안에 피ㅅ때를 올녀가며 마음껏 불너보자

　　　　처녀의 눈동자를 늣기며 도라가는 軍需夜業의 젊은동무들
　　　　푸른샘을 그리는 고달픈 沙漠의 行商隊도마음을 축여라
　　　　火田에 돌을 줍는百性들도 沃野千里를 차지하자

　　　　다같이 제멋에 알맞는 豊穰한 地球의 主宰者로
　　　　임자없는 한개의 별을 가질 노래를 부르자
　　　　한개의별 한개의 地球 단단히다저진 그따우에

　　　　모든 生産의 씨를 우리의손으로 휘뿌려보자
　　　　앵속처럼 찬란한 열매를 거두는 饗宴엔

禮儀에 끄림없는 半醉의 노래라도 불너보자

렴리한 사람들을 다스리는神이란항상거룩합시니
새별을 차저가는 移民들의 그틈엔 안끼여갈테니
새로운 地球에단罪없는노래를 眞珠처름 홋치자

한개의별을 노래하자 다만한개의 별일망정
한개 또한개 十二星座 모든 별을 노래하자
「한개의 별을 노래하자」 전문

　위의 詩 3연 2행의 '아롱진 서름밖에 잃을것도 없는 낡은이따에
서'와 4연의 '처녀의～火田에 돌을 줍는 百姓들'은 고통스럽고 어려
운 현실에 대한 인식이며 '별을 노래하자'라는 나머지 언술들의 별
은 초인의 메타퍼로 볼 수 있고 현실을 구원해 줄 미래의 초인을
노래하자라는 언술로 읽을 수 있다.
　다음은 「鴉片」을 보도록 하자.

나릿한 南蠻의 밤
번제의 두레ㅅ불 타오르고

玉돌보다 찬 넉시잇서
紅疫이 발반하는 거리로 쏠려

거리엔 「노아」의 洪水넘처나고
위태한 섬우에 빛난 별하나

너는 고 알몸동아리 香氣를
봄바다 바람실은 돗대처럼오라

무지개가치 恍惚한 삶의 光榮
罪와 겻드러도 삷즉한 누리.

「鴉片」 전문

위의 시 1연과 2연 2행, 3연 1행과 3연 2행의 '위태한섬'은 바로 위태한 현실이며 '玉돌보다 찬녁시 잇서'의 '찬녁'은8) 이를 구원하고자 하는 話者의 예지적이며 구원자적인 넋이다. '찬녁'의 話者는 어려운 현실을 구원할 대상인 별을 발견하고 그 별에게 '너는 고 알몸동아리 香氣를 봄 바다 바람실은 돗대처럼오라'라고 그의 올 것을 기원하고 있다.

여기서 별, 너는 「한개의 별을 노래하자」와 같이 초인의 메타퍼로 읽을 수 있다. 따라서 지금은 없는 미래의 구원자 초인이 올 것을 '위태한 섬 우에 빛난 별하나'의 언술처럼 예견하고 나서 그가 올 것을 갈망하고 있다. '고 알몸동아리 香氣'란 초인의 예감이고 초인의 향기다. 이처럼 구원자가 올 것을 예견하는 話者가 보는 현실은 '罪와 겻드려 洪水가 넘쳐나고 있다' 해도 ⑩행에서 확인할 수 있듯이 절망의 현실이 아닌 것이다.

지금까지 살펴본 「曠野」, 「한개의 별을 노래하자」, 「鴉片」에서의 화

---

8) 陸史의 話者는 '찬 넋'처럼 차가운 예지의 소유자로 나타난다. 이는 짜라투스트라의 경우도 같은 현상으로 나타난다. 이에 관해서는 후술할 것임.

자는 어둡고 고통스런 현실을 인식하고 있고 예언자적이며 구원자적
이다. 또한 미래의 구원자 초인을 기다리며 절망하지 않고 있다. 이
들은 모두 어둡고 고통스런 현실인식＋예언자의식＋초인을 기다림의
동일구조로 짜인 텍스트들로 읽혀진다.
　이 같은 미래의 구원자 超人을 기다리는 話者의 태도는 「靑葡萄」
에서도 드러나고 있다. 먼저, 「靑葡萄」 전문을 보도록 한다.

내 고장 七月은
청포도가 익어가는 시절

이 마을 전설이 주저리 주저리 열리고
먼데 하늘이 꿈꾸려 알알이 들어와 박혀

하늘 밑 푸른 바다가 가슴을 열고
흰 돛단배가 곱게 밀려서 오면

내가 바라는 손님은 고달픈 몸으로
靑袍를 입고찾아 온다고 했으니

내 그를 맞아 이 포도를 따 먹으면
두 손은 함뿍 적셔도 좋으련

아이야 우리 식탁엔 은 쟁반에
하이얀 모시 수건을 마련해 두렴.

「靑葡萄」 전문

이 텍스트는 『짜라투스트라는 이렇게 말했다』의 「커다란 동경에 대하여」의 내용과 유사하다. 니체의 말을 들어 보도록 하자.

"오, 나의 영혼이여, 나는 그대의 대지에게 빨아먹을 온갖 지혜를 주었다. 온갖 새로운 포도주들과 아득히 먼 옛날의 온갖 강한 지혜의 포도주들을. 오, 나의 영혼이여, 나는 그대의 머리 위에 모든 태양과 모든 밤과 모든 침묵과 모든 동경을 퍼부었다.—그래서 그대는 포도나무처럼 성장했다.……오, 나의 영혼이여, 이제 그대는……포도송이가 빽빽하게 달린 포도나무처럼 풍족하고 무거운 모습으로 서 있다.…… 과거와 미래가 그대에게 있어서보다 더 밀접하게 결합되어 있는 곳이 있겠는가?"9)

여기서 陸史와 니체가 제시하는 포도의 의미는 비슷하게 드러나고 있다. 이들의 포도는 모두 과거의 지혜＋미래의 꿈, 동경이 풍요하게 결합된 결정체다. 陸史의 '전설'에 니체의 '아득히 먼 옛날의 온갖 강한 지혜'가 대응하며, 꿈꾸며 알알이 들어와 박히는 먼데 '하늘에'는 니체의 '태양'이 대응한다. 이들의 포도나무는 과거의 지혜와 미래의 꿈, 동경이 풍요롭게 결합된 결정체로 수확될 때와 수확할 자를 기다리고 있다.

「靑葡萄」의, 話者는 예언자적 목소리를 가지고 있고 靑袍를 입고 찾아온다고 한 손님을 기다리고 있다. 그가 와서 포도를 함께 따 먹기를 간절히 기원하고 있다(⑦～⑩). 그리고 그 손님은 ⑤～⑥행에서와 같이 '하늘 밑 푸른 바다가 가슴을 열고／흰 돛단배가 곱게 밀려

---

9) 니체, 앞의 책, p.291.

서 오면' 찾아온다고 했다. 이어서 니체의 이야기를 들어 보도록 하자.

> 그대의 넘치는 풍요가 지금 동경의 손길을 뻗고 있는 것이다! 그대의 풍만함은 거친 바다 너머 저쪽을 바라보며 찾고 기다리고 있다.…… 그대는 격렬한 노래를 불러야 할 것이다. 모든 바다가 조용해져서 그대의 동경에 귀를 기울이게 될 때까지, 동경으로 가득 찬 조용한 바다 위를 모든 선한 것들과 악한 것들 그리고 경이로운 것들이 그 주위에서 뛰노는 황금빛 경이의 조각배가 미끄러지듯 활주할 때까지…… 많은 짐승들과……날렵하고 경이로운 발을 가진 모든 것들이 황금빛 경이를 향해, 자유로운 의지의 조각배를 향해, 그리고 그 주인을 향해 달려갈 때까지. 그 주인은 다이아몬드로 장식된 포도를 따기 위한 칼을 들고, 기다리고 있는 포도를 수확하는 자인 것이다.……그는 위대한 구원자이며, 미래의 노래만이 그 이름을 찾아낼 수 있는 이름지을 수 없는 자이다!10)

니체의 話者도 예언자적 목소리로, 위대한 구원자, 포도를 수확할 자가 올 것을 기원하고 있다. 또한 그 미래의 구원자, 포도를 수확할 자는 '모든 바다가 조용해져서 경이의 조각배가 미끄러지듯 활주할 때까지', '자유로운 의지의 조각배'에서 볼 수 있듯이 바다가 내주는 길 위로 조각배를 타고 오는 것이다.

이는 陸史가 말하는 '손님'의 역할, 그가 오는 방법과 때가 대단히 유사하다. 따라서 陸史의 「靑葡萄」와 니체의 「커다란 동경에 대하여」는 그 주제, 상징의미나 구성에 있어 대단히 유사함을 읽을 수 있다.

---

10) 니체, 앞의 책, pp.292－293.

2. 노래, 씨 뿌리기

다음은 陸史와 니체가 말하는 노래의 의미를 살펴보도록 한다.

陸史의 詩 텍스트들에는 '노래'란 시어가 자주 등장한다. 앞에 인용한 「한개의 별을 노래하자」를 비롯하여 다음과 같은 텍스트들에 나타나고 있다.

지금 눈 나리고
梅花香氣 홀로 아득하니
내 여기 가난한 노래의 씨를 뿌려라.

다시 千古의 뒤에
白馬타고 오는 超人이 있어
이 曠野에서 목노아 부르게하리라.

「曠野」에서

아주 헐벗은 나의 뮤-즈는
한번도 기야 싶은 날이 없어
사뭇 밤만을 王者처럼 누려 왔소.
……
饗宴이 벌어지면 부르는 노래란 목청이 외골수요.

「나의 뮤-즈」에서

西風 빰을 스치고

하늘 한가 구름 뜨는곳
희고 푸른 지음을 노래하며
노래 가락은 흔들리고
별은 춥다 얼어붙고
너조차 미친들 어떠랴

「少年에게」에서

섯달에도 보름쎄 달발근밤
압내江 쌩쌩어러 조이든밤에
내가부른 노래는 江건너갓소

江건너 하늘끗에 沙漠도 다은곳
내노래는 제비가티 날러서 갓소

......

가기는 갓지만 어린날개 지치면
그만 어느모래불에 써러져 타서죽겠죠.

......

내가부른 노래는 그밤에 江건너 갓소.

「江건너간노래」 전문

앞에서 인용한 「한개의 별을 노래하자」에서, 노래의 의미와 성격
을 추출해 낼 수 있다. 「한개의 별을 노래하자」에서는 '우리들과 아―

주 親하고 그중빗나는별을 노래하자', '아름다운 未來를 꾸며볼 東方의 큰별을 가지자', '아롱진 서름밖에 잃을것도 없는 낡은이따에서', '한개의새로운 地球를차지할 오늘날의깃븐노래를', '모든 生産의 씨를 우리의손으로 휘뿌려 보자', '앵속처럼 찬란한 열매를 거두는 饗宴엔 / 禮儀에 끄림없는 半醉의 노래라도 불너보자'의 언술로 볼 때, 아롱진 설움밖에 잃을 것도 없는 낡은 이 땅을 구원할 노래며, 오는 날, 未來를 꾸며 볼 노래며 이는 모든 生産의 씨를 우리의 손으로 훌뿌리는 행위다. 그리고 미래의 열매를 거두는 향연에서는 半醉11)의 축제 노래라도 함께 불러 볼 것을 기대하는 노래다.

다음은 「曠野」를 보도록 하자. 「曠野」의 '지금 눈 나리고'란 언술은 '아롱진 서름밖에 잃을것도 없는 낡은이따'에 대응하는 어두운 현실, 고난의 현실을 의미한다. 이 같은 현실을 해결하는 방법은 '千古의 뒤에'라 한 미래에 올 구원자, 超人에 의해 수확될 구원의 씨앗인 '노래의 씨를 뿌려라'이다. 여기서도 노래란 구원을 기원하는 행위인 것이며 미래에 그것을 이룬 기쁨을 구가할 행위인 것이다. 현실의 문제를 해결하기 위한 정성을 가득 담은 기원의 제의며 미래에 있을 축제의 행위다. 그리고 話者는 영감을 받은 예언자이며 영감을 받은 노래하는 자다. 「한개의 별을 노래하자」와 「曠野」가 말해 주고 있는 陸史 詩에 있어서의 '노래'의 의미는 그의 나머지 詩 텍스트에서도 그대로 적용된다.

「나의 뮤-즈」는 뮤-즈와 '밤만을 王者처럼 누리는' 活者와의 만남이 제시되고 있다. 이 만남의 饗宴에서 '외골수로 부르는 노래'란

---

11) 「半醉의 노래는」은 니체의 「醉歌」와 유사한 점을 지닌다. 니체, 앞의 책, pp.401-410 참고.

역시 기원의 노래다.

「少年에게」나 「江건너간 노래」에 나타나는 '노래'란 언표 역시 같은 의미맥락에 놓이며 이 두 텍스트들에서는 '노래'의 기원이 이루어지기 쉽지 않은 현실과 그 불안의 내면을 보여주고 있다.

니체의 『짜라투스트라는 이렇게 말했다』는 시와 산문이 서로 녹아들어가 형성된, 쏟아져 내린 영감의 덩이 같은 문체를 가지고 있다. 여기에 니체는 자주 노래란 말을 사용하여 미래에 올 구원자 超人을 구가하는, 현실을 극복하는 기원의 제의며 축제의 성격을 띠는 노래를 자주 이야기하고 있다.

소제목인 「밤노래」, 「춤노래」, 「무덤의 노래」, 「두번째 춤노래」, 「일곱 개의 봉인 - 혹은 예스와 아멘의 노래」, 「우수의 노래」, 「醉歌」만 보아도 노래의 큰 비중과 쓰임의 잦은 빈도를 짐작할 수 있다. 노래와 관련한 니체의 무수한 말들 중에서 몇몇 예를 들어보도록 한다.

> 짜라투스트라는 말을 마치자마자 자리에서 벌떡 일어났다. 그 모습은……마치 영감을 받은 예언자나 영감을 받은 노래하는 자와 같았다.[12]

> 회복되어 가는 자는 노래를 불러야 하기 때문이다. 노래하라 노래하라……새로운 노래로 그대의 영혼을 치료하라.[13]

> 그대는 격렬한 노래를 불러야 할 것이다. 모든 바다가 조용해져서 그대의 동경에 귀를 기울이게 될 때까지[14]

---

12) 니체, 앞의 책, p.122.
13) 니체, 앞의 책, p.288.
14) 앞의 책. p.292.

그는 그대의 위대한 구원자이며, 미래의 노래만이 그 이름을 찾아 낼 수 있는 이름 지을 수 없는 자이다.……그대의 우수는 이미 미래의 노래의 행복 속에서 조용히 쉬고 있다![15]

'노래부르고 춤추는 데에 있어서, 인간은 자기가 보다 높은 공동체의 일원임을 표명한다'고[16] 생각하기도 한 니체의 위 말을 보면 그가 말하는 노래는 예언가나 영감을 받은 자의 노래며, 고통과 괴로움의 회복과 영혼의 치료를 할 수 있는 노래며 부르는 자의 동경에 귀 기울게 하며 미래에 올 위대한 구원자의 이름을 찾아 낼 수 있는 미래를 위한 노래다. 이는 앞에서 살펴 본 陸史의 노래와 상당히 흡사하다.

그리고 陸史의 詩에는 '미래를 위한 생산의 씨를 뿌리자'는 언술을 발견할 수 있는데 이는 미래를 위한 현재의 노력이다. 이와 관련한 陸史의 詩를 보도록 하자.

> 한개의별 한개의 地球 단단히다저진 그따우에
> 모든 生産의 씨를 우리의손으로 휘뿌려보자
> 앵속처럼 찬란한 열애를 거두는 餐宴엔
> 禮義에 끄림없는 半醉의 노래라도 불너보자

「한개의 별을 노래하자」에서

지금 눈 나리고

---

15) 앞의 책, p.293.
16) 니체, 성동호 옮김, 『비극의 탄생(이 사람을 보라)』, 홍신문화사, 1989, p.28.

梅花香氣 홀로 아득하니
내 여기 가난한 노래의 씨를 뿌려라

「曠野」에서

위와 같이 陸史의 詩는 현재는 어렵지만 미래를 위한 풍요로운 수확을 거둘 씨를 뿌릴 것을 외치는 선구자적 언술을 지닌다.
이 같은 현상은 니체의 경우도 다음과 같이 이야기되고 있다.

지금이야말로 인간이 자기의 목표를 세워야 할 때이다. 지금이야말로 인간이 가장 큰 희망의 씨앗을 뿌려야 할 때이다.[17]

오 형제들이여……그대들은 미래를 잉태하는 자, 미래를 가꾸는 자, 미래의 씨를 뿌리는 자가 되어야 한다.[18]

이처럼 니체의 경우도 미래를 위한 씨앗을 뿌릴 것을 거듭 강조하고 있는데 陸史와 니체의 말은 상당히 근접거리에 있음을 느끼게 한다.

---

17) 니체, 박병덕 옮김, 『짜라투스트라는 이렇게 말했다』, 육문사, 1992, p.41.
18) 니체, 앞의 책, p.267. 이와 같은 의미의 말은 이외에도 p.121, 222, 264, 359에서도 계속되고 있다.

3. 바람, 표류의식

먼저 陸史 詩의 구조를 이루고 있는 '바람'이란 코드를 해독해 보고 니체철학 텍스트를 검토해 보도록 하겠다. '바람'과 관련한 陸史 詩들을 인용하도록 한다.

바람은 밤을 집어삼키고
아득한 까스속을 흘너서가니
거리의 主人公인 해태의 눈깔을
언제나 말가케 푸르러오노

「失題」에서

너는 고 알몸동아리 香氣를
봄바다 바람실은 돗대처럼오라

「鴉片」에서

물새 발톱은 바다를 할퀴고
바다는 바람에 입김을 분다.
여기 바다의 恩寵이 잠자고잇다.

「바다의 마음」에서

절믄이는 젊은이와 쩨목을타고
돈벌로 港口로 흘러간 몇달에

서리ㅅ발 입저도 못오면 바람이분다

「草家」에서

바람 불고 눈보래 치잖으면 못살이라
매운 술을마셔 돌아가는 그림자 발자죄 소리

「子夜曲」에서

비한방울 나리쟌는 그따에도
오히려 꽃츤 밝아케 피지안는가
……
제비떼 까마케 나라오길 가다리나니
마츰내 저버리지못할 約束이며!

한바다 복판 용소슴 치는곤
바람결 따라 타오르는 꽃城에는

「꽃」에서

西風 뺨을 스치고
하늘 한가 구름 뜨는곳
희고 푸른 지음을 노래하며

「少年에게」에서

내여달리고 저은 마음이련만은

바람에 씻은듯 다시 暝想하는 눈동자

「湖水」에서

서리 빛을 함복 띄고
하늘 끝없이 푸른데서 왔다.

江바닥에 깔여 있다가
갈대꽃 하얀우를 스쳐서.

壯士의 큰칼집에 숨어서는
귀향가는 손의 돋대도 불어주고.

젊은 과부의 뺨도 히든날
대밭에 벌레소릴 갓구어놋코.

悔恨을 사시나무 잎처럼 흔드는
네오면 不吉할것같어 좋와라.

「西風」 전문

넌 帝王에 길드린 蛟龍
化石되는 마음에 잇기가 끼여

昇天하는 꿈을 길러준 열수
목이 째지라 울어 예가도

저녁 놀빛을 걷어 올리고
어데 비바람 잇슴즉도 안해라.

「南漢山城」 전문

제발 바람이 세차게 불거든 케케묵은 몬지를 눈보래마냥 날러라 녹
아 나리면 개천에 고놈 살무사들 승천을 할년지

「서울」에서

먼저 텍스트 「失題」를 보면 바람은 구원자의 코드로 사용된다. '거리의 主人公인 해태의 눈쌀'을 '말가케' 그리고 '푸르러오게' 할 수 있는 者이기 때문이다. 「鴉片」의 경우도 기다리고 기다리는 구원자를 싣고 오는 에너지의 의미를 지닌다.

「바다의 마음」을 보면 바다는 바람에 입김을 불고 바람을 일어나게 하며 그것을 바다의 은총으로 이야기하고 있다. 「草家」의 바람도 못 오는 者들을 위한 구원의 바람이다. 「子夜曲」의 '바람불고 눈보래 치잖으면 못살이라'에서 읽을 수 있듯 '바람불고 눈보래 쳐야만' 살 수 있다는 것이며 따라서 바람과 눈보라는 구원자의 코드가 된다.

「꽃」에서는 태워 소멸하게 하는과 불타듯 피어오르게 하는으로의 엠비규어티하고 엠비바렌트한 '타오르는'을 읽을 수 있다. 그러나 문맥으로 보아 불타듯 피어오르게 하는으로의 읽기가 더욱 타당하다. 이렇게 읽으면 불타듯 꽃 피어오르는 꽃城으로 희망적 미래를 확인하는, 바람은 꽃城을 불타듯 피어오르게 하는 긍정적 기호로 읽힌다. 따라서 여기서의 바람도 '回想의 무리들'에게 긍정의 기호로 작용하

 현대시의
기호학

여 구원자적 기호로 쓰인다.

텍스트 「少年에게」와 「湖水」에서의 바람은 깨우침을 주는 바람이다. 「少年에게」의 서풍은 의로운 일을 할 것을 일깨우는 바람으로 읽을 수 있고 「湖水」에서의 바람은 깨우침의 명상을 촉구하는 者이기 때문이다. 「西風」에서 읽을 수 있는 바람은 귀향가는 손의 돛대도 불어주고 / 젊은 과부의 뺨도 히든날 / 대밭에 벌레소릴 갓구어놋코 / 悔恨을 사시나무잎처럼 흔드는 / 不吉할것같아 좋은 바람이다.

이 같은, 바람이 하는 일의 언술은 다이내믹한 서사를 읽어 낼 수 있게 한다. 귀향가는 손이 있고(육사 시 텍스트에서의 손, 손님은 구원자적이고 의로운 일을 하는 자로 읽을 수 있음) 의로운 일에 목숨 바친 자의 아내인지 모를 뺨이 흰 젊은 과부가 있다. 바람은 이들 사이를 오가며, 귀향 가는 손의 돛대도 불어 주고 과부의 수심을 읽기도 한다. 회한을 불러일으키게 하고 不吉함을 예감하게 한다. 얼른 보기에 쉽게 이해되지 않는, '네오면 불길할것같아 좋아라'는 陸史 문학 텍스트에서 낯설지 않은 문법이다. 陸史는 수필 『季節의 五行』에서 다음과 같이 단호한 말을 쏟아 내고 있다.

그것은 果然그러하오이다 나에게는 진정코 最後를 마지할 世界가 머리의 한편에 잇는것입니다. 그것이 타오르는 瞬間 나는 얼마나 깃부고 몸이 가벼우릿가?⋯⋯내가 들개에게 길을 비켜줄 수 잇는 謙讓을 보는 사람이업다고해도 正面으로 달려드는 표범을 겁내서는 한발자욱이라도 물러서지 안흐려는 내길을 사랑할뿐이오. 그럿소이다 내길을 사랑하는마음 그것은 내自身에 犧牲을 要求하는 努力이오.

「季節의 五行」에서

이 같은 陸史의 말을 생각할 때 '네오면 불길할것같아 좋아라'는 의로운 일로 自身을 희생할 기쁜 최후를 전해 주는 바람의 역할을 읽을 수 있게 한다.

그러므로 「西風」에서의 바람은 의로운 일로 고통받는 者들을 돕고 그들의 내부에 의로운 일에 목숨 바칠 열망을 끓어오르게 하고 그들의 역할을 전달하는 者다.

「南漢山城」에서의 '남한산성'은 蛟龍으로 메타퍼된다. 그 교룡은 '化石되는 마음에 잇기가 끼여' 昇天하는 꿈을 길러준 열수가 목이 째지라 울어 예가며 승천할 것을 외쳐도 '저녁 놀빛을 걷어올리고 어데 비바람이 잇슴즉도 안해라'와 같이 비바람이 없어 昇天의 기미는 보이지 않는다. 여기서 비바람은 용의 昇天을 이루게 하는 필수조건이 된다.

살무사가 용이 되어 승천할 것을 기대하는 「서울」에서는 '제발 바람이 세차게 불거든 케케묵은 몬지를 눈보래마냥 날러라 녹아 / 나리면 개천에 고놈 살무사틀 승천을 할넌지 / '와 같이 세찬 바람이 묵은 몬지를 날려보내야만 살무사들의 승천이 가능함을 읽을 수 있다.

따라서 텍스트 「서울」에서도 「南漢山城」에서와 같이 승천의 필수 기본 조건인 바람이 된다. 이들 텍스트에서 말하고 있는 용이 되어 승천함이란 문맥으로 보아 케케묵은 몬지와 같은 부정적 현실문제를 해결할 어떤 상서로운 현상으로 읽을 수 있다.

따라서 바람은 부정적 현실문제를 해결할 상서로운 현상인 승천을 이룰 필수조건의 의미를 가지기도 한다.

그러면 니체가 말하는 바람의 의미는 어떠한가. 이의 논의를 위해 바람과 관련한 그의 말을 몇몇 인용하도록 한다.

깨어있으라, 그리고 귀를 기울이라, 그대 고독한 자들이여! 미래로
부터 바람이 살며시 날개를 치며 불어온다. 그리고 예민한 귀에는 좋
은 소식이 들려온다.[19]

열기를 품은 가슴과 싸늘한 머리, 이 양자가 만나는 곳에, 광풍이,
「구원자」가 생겨난다.[20]

나는 언젠가는 바람처럼 그들 사이를 불어 갈 것이다.……실로 짜라
투스트라는 모든 낮은 지대를 휩쓰는 태풍이다.[21]

그런 곳에서 자기 영혼에게 바람이 불어오게 할 수 있는 사람이 어
디 있겠는가?[22]

……문은 손가락 폭만큼도 열리지 않았다. 그때 일진광풍이 문을 활
짝 열어젖혔다.
　　당신 자신이야말로……죽음의 성문을 활짝 열어젖힌 바람이 아닙니
까?……이제부터는 강한 바람이 죽음의 권태를 향해 끊임없이 그리고
당당하게 불어닥칠 것입니다.[23]

얼음을 녹이는 따뜻한 바람－－－성난 황소이며 성난 뿔로 얼음을
부수는 파괴자이다![24]

---

19) 니체, 앞의 책, p.115.
20) 앞의 책, p.133.
21) 앞의 책, p.141.
22) 앞의 책, p.186.
23) 앞의 책, pp.187－188.
24) 앞의 책, p.265.

나는 그대에게 폭풍처럼 노우라고 말할 권리를 주었으며.……25)

실로 미래의 빛을 밝히고자 하는 자는 짙은 폭풍처럼 오랫동안 산 위에 걸려 있어야 하는 것이다.26)

(바람처럼 행동하라.……이 바람의 발자국 아래에서 바다가 떨면서 뛰어오른다.27)

……그대들의 영혼을 밝게 해 줄 광풍이28)

이상의 예들을 통해 니체가 말하는 바람의 상징의미를 찾아보도록 하자. 여기서의 바람은 구원자며 좋은 소식의 전달자다. 초인을 지향하는 충동이며 현재의 고통과 어둠을 파괴하고 미래를 밝히는 者다. 그리고 영혼을 밝게 해 주는 깨우침의 촉구자다. 이는 앞의 陸史 詩 텍스트들에서의 바람의 의미와 많은 유사성을 지닌다.

다음은 陸史 詩에 드러나고 있는 바다와 배와 관련한 표류의식을 논의하고 니체 텍스트와의 비교분석을 하도록 한다. 먼저 陸史의 詩 텍스트들을 인용하고 논의하도록 하겠다.

목숨이란 마ー치 깨어진 배쪼각
여기저기 흐터저 마을 이 한구죽죽한 漁村보다 어설푸고
삶의 티끌만 오래묵은 布帆처름 달어매였다.

---

25) 앞의 책, p.290.
26) 앞의 책, p.298.
27) 앞의 책, p.375.
28) 앞의 책, p.400.

남들은 깃벗다는 젊은날이였건만
밤마다 내꿈은 西海를 密航하는 「쩡크」와 갓해
소금에 짤고 潮水에 부푸러 올넛다.

항상 흐렷한밤 暗礁를 버서나면 颱風과 싸워가고
傳說에 읽어본 珊瑚島는 구경도 못하는
그곳은 南十字星이 빈저주도 안엇다

쫏기는 마음! 지친 몸이길래
그리운 地平線을 한숨에 기오르면
시궁치는 烈帶植物처름 발목을 오여쌋다.
새벽 밀물에 밀여온 거믜인양
다삭어빠진 소라 깍질에 나는 부터왓다.
머ㅡㄴ 港口의 路程에 흘너간 生活을 드려다보며

「路程記」 전문

그러나 물껼은 끝끝내 보이지 않고 나조차 季節風의 넋이 가치 휩쓸려 정치못 일곱 바다에 밀렷거늘

......

지금 놀이 나려 船窓이 故鄕의 하늘보다 둥글거늘 검은 망토를 두르기는 지나간 世紀의 喪章같애 슬프지 않은가

「邂逅」에서

첫 사랑이 흘러간 港口의 밤
눈물섞어 마신술 피보다 달드라

「年譜」에서

거츠는 海峽마다 흘긴 눈초리
향상 要衝地帶를 노려가다

「狂人의 太陽」에서

돗대보다 놉다란 어깨
얕은 구름쪽 거믜줄 가려
파도나 바람을 귀밑에 듣네
갈멕인양 떠도는 심사
······
오롯한 思念을 旗幅에 흘니네

船窓마다 푸른막 치고
촛불 鄕愁에 찌르르 타면
運河는 밤마다 무지개 지네

「獨白」에서

연기는 돗대처럼 날려 항구에 들고
옛날의 들창마다 눈동자엔 짜운 소금이 저려

「子夜曲」에서

위의 텍스트들에서는 오롯한 思念을 가지고 要衝地帶를 노리고 쫓기며 표류하는 者의 의식이 드러나고 있다. 화자는 암초와 태풍, 발목을 오여 싸 조이는 현실과 싸우며 지칠 대로 지친 표류자지만 오롯한 사념을 지닌 깨어 있는 者다. 이 같은 표류의식은 니체의 경우도 다음과 같이 드러나고 있다.

> 그리하여 〈승리〉를 나의 완성의 표지로 삼으리라! 그때가 올 때까지 나는 미지의 바다를 표류할 것이다.[29]

> 〈인간〉의 대지를 발견한 자는 〈인간의 미래〉의 대지도 또한 발견했다. 이제 그대들은 항해자, 용감하고 인내심 있는 항해자가 되어야 한다!……우리들의 키(舵)는 〈멋 곳으로〉 항해하고 싶어 한다.[30]

> 만일 아직 발견되지 않은 곳을 항해하는 탐험의 기쁨이 나의 내부에 있다면, 그리하여 나의 기쁨 속에 항해자의 기쁨이 있다면, 만일 일찍기 나의 환희가 「해안은 사라졌다 - 이제 내게서 마지막 족쇄가 풀렸다……라고 외쳤다면」[31]

> 자신의 가장 조용한 만에 들어간 배처럼 - 지금 나의 영혼은 오랜 항해와 변덕스러운 바다에 지쳐 대지에 기대어 있다.……그때에는 거미가 그 배에서 육지로 거미줄을 치는 것만으로 충분하다.[32]

니체는 위의 몇몇 예에서와 같이 승리가 올 때까지 미지의 바다를 표류해야 한다고 했고 이 표류는 지칠 대로 지치게 하는 족쇄와 같이 고통스러운 표류다. 따라서 육사 시 텍스트의 話者와 니체의

---

29) 니체, 앞의 책, p.218.
30) 앞의 책, p.280.
31) 앞의 책, p.301.
32) 앞의 책, p.352.

짜라투스트라는 미래의 승리를 향한 오롯한 사념을 지닌 자로 현실
의 고통과 싸워야 하는 깨어 있는 표류자들인 것이다.

4. 찬 넋, 추위·겨울

陸史의 詩 텍스트에 드러나는 話者는 찬 넋의, 찬 얼굴의 소유자
이다. 이 같은 현상은 다음의 언술을 통해서 드러나고 있다.

　　　玉돌보다 찬 넉시 잇서
　　　紅疫이 발반하는 거리로 쏠려

　　　　　　　　「鴉片」에서

　　　雲母처름 히고찬 얼골
　　　그냥 죽엄이 물든줄 아나

　　　　　　　　「獨白」에서

　　　숨막힐 마음속에 어데 강물이 흐르뇨
　　　달은 강을 따르고 나는 차듸찬 강맘에 드리라

　　　　　　　　「子夜曲」에서

陸史 詩에 드러나고 있는 話者는 위의 예에서도 볼 수 있듯, 찬

넋, 히고 찬 얼굴을 가진 자며 차듸찬 강맘을 지향하고 있다. 文面에서 읽을 수 있듯 찬 넋은 그의 詩 텍스트에서 죽엄이나 숨막힘, 현실의 어려움들과 함께 드러나며 찬 넋은 이 같은 현실의 문제들을 해결하기 위한 강한 정신의 표현으로 읽을 수 있다. 현실의 문제를 해결하기 위한 차가움의 정신은 니체의 경우도 다음처럼 중요시하고 있다.

> 열기를 품은 가슴과 싸늘한 머리, 이 양자가 만나는 곳에 광풍이, 「구원자」가 생겨난다.[33)

> 깊은 인식은 차갑게 흐르는 것이다. 정신의 가장 깊은 곳에 있는 샘물은 얼음처럼차다. 그것은 뜨거운 손과 열렬한 행동가에게는 청량제이다![34)

> 나는 가장 차가운 물 속에 뛰어들었다. 머리와 가슴으로 아, 나는 얼마나 자주 붉은 게처럼 발가벗은 채 서 있었던가![35)

위의 글에서 읽을 수 있듯 니체는 싸늘한 머리, 즉 찬 머리, 찬 마음은 열기를 품은 가슴과 함께 어려움을 극복하게 할 구원자가 생겨날 조건으로 보았으며 차가움의 정신이야말로 열렬한 행동가에게는 청량제며 가장 가치로운 정신의 깊은 인식으로 보고 있다. 찬 넋을 지향하는 陸史와 니체 텍스트에 드러나는 인식 역시 상당히 유사하다.

---

33) 앞의 책, p.133.
34) 앞의 책, p.148.
35) 앞의 책, p.349.

　　그리고 陸史의 詩에는 추위와 겨울 이미지가 자주 드러난다. 이는 시련을 의미하며 시련이 더욱 커질수록 시련을 이기고자 하는 話者의 의지는 더욱 강해지며, 크고 강한 시련일수록 희망의 미래를 약속하는 튼튼한 도약의 발판으로 작용하고 있다. 먼저 그의 시를 인용하면 다음과 같다.

　　고무풍선갓흔 첫겨울 달을
　　누구의 입김으로 부너 올렷는지?

　　　　　　「失題」에서

　　서리ㅅ발 입저도 못오면 바람이분다.
　　……
　　곰처럼 어린놈이 北極을 꿈꾸는데
　　늘근이는 늘근이와 싸호는 입김도
　　벽에서려 성애끼는 한겨울 밤은
　　洞里의 密告者인 江물조차 얼붙는다.

　　　　　　「草家」에서

　　섯달에도 보름께 달발근밤
　　압내江 쨍쨍어러 조이든밤에
　　내가부른 노래는 江건너갓소

　　　　　　「江건너간 노래」에서

서리밟고 걸어간 새벽길우에
肝잎만 새하얗게 단풍이들어
……

눈우에 걸어가면 자욱이 지리라고

「年譜」에서

별들 춥다 얼어붙고

「少年에게」에서

서리에 번적이는 네굽
오! 구름을 헷치려는 말
새해에 소리칠 힌말이여!

「말」에서

매운 季節의 챗죽에 갈겨
마츰내 北方으로 휩쓸려오다
……
서리빨 칼날진 그우에서다
……
한발 재겨디딜 곳조차 없다
이러매 눈깜아 생각해볼밖에
겨울은 강철로된 무지갠가보다

「絶頂」에서

지금 눈 나리고
梅花香氣 홀로 아득하니
내 여기 가난한 노래의 씨를 뿌려라
다시 千古의 뒤에
白馬타고 오는 超人이 있어
이 曠野에서 목노아 부르게하리라

「曠野」에서

北쪽 「쓴도라」에도 찬 새벽은
눈속 깁히 꼿 맹아리가 움작어려
제비떼 까마케 나라오길 기다리나니
마츰내 저버리지못할 約束이며!

「꽃」에서

서리 빛을 함복 띄고
하늘 끝없이 푸른데서 왔다.
……
네오면 不吉할것같어 좋아라

「西風」에서

위의 詩 「失題」, 「草家」, 「江건너간 노래」, 「年譜」, 「少年에게」 等에
서는 추위, 겨울을 나타내는 언표들을 통해 시련의 현실을 표현해
주고 있고 「말」, 「絶頂」, 「曠野」, 「꽃」에서는 이 같은 언표들로 시련

을 드러내며 시련 극복에의 강력한 의지, 미래에의 희망이 함께 드러나고 있다.

또한 「西風」에서는 '네오면 不吉할것같어 좋아라'의 언술을 통해 오히려 시련을 기다리고 갈망하는 話者의 내면을 읽을 수 있다. 陸史의 詩에 드러나고 있는, 話者가 갈망하고 있는 시련은 물론 고통받는 많은 사람들을 구원하기 위한 시련이며 그들에게 미래의 행복을 안겨 주기 위한 고통이다. 이는 많은 이들의 구원을 위해 최후를 맞이할 각오가 준비된 悲劇의 '히로우'가 되려는 話者의 의지36)를 읽게 한다.

이 같은 강한 의지를 陸史는 그의 詩 「喬木」에서도 다음과 같이 노래하고 있다.

> 푸른 하늘에 다을드시
> 세월에 불타고 웃둑 남아서서
> 차라리 봄도 꽃피진 말어라
> 끝없는 꿈길에 혼자 설내이는
> 마음은 아예 뉘우침 안이리
>
> 검은 그림자 쓸쓸하면
> 마츰내 湖水속 깊이 겨우러져
> 참아 바람도 흔들진 못해라
>
> 「喬木」 전문

---

36) 바람을 논의한 앞의 글 참고 바람.

　　'세월에 불타고, 날근 거미집 휘두르고, 검은 그림자 쓸쓸하면'에서 읽을 수 있듯 온갖 고난을 겪어도 '푸른하늘에 다을드시, 웃둑 남아서서, 마음은 아예 뉘우침 안이리, 참아 바람도 흔들진 못해라'와 같은 話者의 굳은 의지를 보여주고 있다. 또한 끝없는 꿈길에 설레는 미래에의 꿈을 간직한 話者의 내면을 喬木, 즉 큰 나무에 비유하여 노래하고 있다.

　　니체의 텍스트도 고난과 고통은 겨울, 추위로 표현되며 시련이 심해질수록 시련 극복에의 더욱 강력한 의지가 드러나고 있다. 그리고 오히려 시련을 갈망하며 인간들을 위해 최후를 맞이할 것을 원한다.

　　　이제 겨울은 나의집에 앉아있으므로, 나는 나의 적들을 더욱 철저하게 비웃는다.[37]

　　　나는 추위와 겨울을 갈망했다.[38]

　　　나는 인간들(사이에서) 몰락하기를 원하며, 죽어가면서 그들에게 나의 가장 풍요로운 선물을 주고 싶다![39]

　　　더이상 긍정할 때가 아닌때에 엄숙하게 부정하는 자는 죽음에 대하여 자유롭고 죽음에 직면하여 자유롭다.[40]

---

37) 니체, 앞의 책, pp.230-231.
38) 앞의 책, p.217, 겨울, 추위와 관련한 이 같은 이야기는 p.232, 233, 264, 342, 348 等에서도 계속되고 있다.
39) 앞의 책, p.261.
40) 앞의 책, p.111, 죽음에 대한 이 같은 관점은 p.109, 110, 263, 282, 404, 407, 408에서도 확인된다.

니체의 경우도 이 같은 강력한 의지를 陸史처럼 다음과 같이 나무
에 비유하여 표현하고 있다.

이 나무는 이곳 산 허리에 혼자외롭게 솟아있다.……이 나무가 기다
리는 것은 최초의 번개가 아니겠는가?41)

나무들은……정복하기 어려운 삶의 등대로서……자신을 시험하고 인
식하기 위해 밤과 낮을 지켜야 한다……그리고 그들이 불굴의 의지의
소유자이며……42)

오 짜라투스트라여, 그대처럼 자라 올라가는 자를, 나는 소나무에
비유한다.43)

5. 태양·햇살·날, 수염, 큰 귀, 부끄러움, 날아다님, 별이 되고자 함

陸史의 詩에서 태양, 햇살, 날은 화자의 삶의 근원이라고 말할 수
있는 절대적 가치의 대상으로 읽을 수 있다. 그러므로 이들은 陸史
詩의 절대적 가치의 대상으로 읽을 수 있다. 그러므로 이들은 陸史
詩의 일반적 특성으로 보아 조국으로 읽을 수도 있다. 陸史의 詩 「日

---

41) 앞의 책, p.72. 여기서 번개는 초인을 의미한다.
42) 앞의 책, p.216.
43) 앞의 책, p.357, 나무에 대한 이 같은 비유는 p.83, 215, 217, 248, 249,
237, 351 等에서도 나타나고 있다.

蝕」, 「狂人의 太陽」을 보도록 한다.

> 쟁반에 먹물을 담아 햇살에 비쳐본 어린날
> 불개는 그만 하나밖에 없는 내 날을 먹었다.
> ……
> 마츰내 가슴은 洞窟보다 어두워 설래인고녀
> ……
> 또 어데 다른 하늘을 얻어 이슬 젖은 별빛에 가꾸련다.
>
> 「日蝕」에서

> ……
> 오랜 나달 煙硝에 끄스른
> 얼골을 가리면 슬픈 孔雀扇
>
> 거츠른 海峽마다 흘긴 눈초리
> 항상 要衝地帶를 노려가다
>
> 「狂人의 太陽」에서

「日蝕」의 ②행에서 '하나밖에 없는 내 날'이란 話者에게 절대적 가치의 미로 인식되는 것으로 읽을 수 있고 '불개'는 그 절대적 가치의 대상을 빼앗은 者가 된다. '마츰내……고녀'는 그 큰 슬픔의 내면을 노래한 것이라면 '또~련다'는 절대적 가치의 대상을 다시 획득할 미래에의 기원과 희망을 노래한 것이다.

「狂人의 太陽」은 제목이 시사하는 바와 같이 화자에게 절대적 가치를 가진 잃어버린 대상에 대한 狂的이라 말할 수 있을 만큼의 온 힘을 다 바치는 되찾기의 노력을 읽어 낼 수 있는 텍스트다. 여기서 '狂人'은 니체의 번개와 광기는 자기초극에의 열정을 말하는데 '狂人'의 의미 또한 이 같은 의미가 결부된 것으로 보인다.44)

니체의 경우도 태양은 인식과 삶의 근원을 상징하는 것으로 그의 모든 사상의 통합을 상징한다.45) 니체의 「밤노래」에서는 초인을 위해 자신을 희생하려는 고귀한 의식을 이해받지 못함을 말하면서 '오 나의 태양의 일식(日蝕)이여!'46)라고 말하는데 이는 앞에서 본 陸史의 시 「日蝕」에서의 '날(태양)'의 의미와 '日蝕'의 의미가 상당히 근접거리에 있음을 느끼게 한다.

또한 陸史의 詩 「日蝕」에서 '하나밖에 없는날'을 먹어버린 者가 '불개'란 언표로 드러나고 있는데 『짜라투스트라는 이렇게 말했다』의 「큰 사건들에 대하여」에서도 부정적 의미를 가지는 '불개'가 등장하고 있다.47) 흔히 사용되지 않는 비일반적인 어휘 '불개'가 유사한 의미로 사용되고 있음은 그 영향관계를 시사하는 것으로 보인다.

陸史의 詩에 나타나고 있는 話者는 수염이 있고 보자기만 한 지나치게 큰 불구적 귀의 소유자며 부끄러움을 느끼며 그 부끄러움을 자주 망토로 가리는 자다. 이는 다음의 詩들에서 확인된다.

계집을 사랑커든 수염이 너무 주체스럽다도

---

44) 앞의 책, p.38 각주 24) 참고.
45) 니체, 앞의 책, p.31의 각주 3) 참고. 이 같은 니체의 생각은 p.114, 117, 150, 151, 173, 217, 273, 282, 291, 411 等에서도 발견된다.
46) 앞의 책, p.150.
47) 앞의 책, pp.180－183.

醉하면 행랑 뒤ㅅ골목을 돌아서 단이며
복보다 크고 흰 귀를 자조 망토로 가리오

「나의 뮤-즈」에서

지금 놀이 나려 船窓이 故鄕의 하늘보다 둥글거늘 검은 망토를 두
르기는 지나간 世紀의 喪章같애 슬프지 않은가
차라리 그 고은 손에 흰 수건을 날리렴 虛無의 令水嶺에 앞날의
旗빨을 걸고 너와 나와는 또 흐르자 부끄럽게 흐르자

「邂逅」에서

니체의 짜라투스트라 역시 수염을 가진 자며 불구자 의식을 가지고
있는 자다. 이는 다음의 구절들에서 확인된다.

짜라투스트라는……쾌활해지고 힘을 되찾았다……그는 힘찬 목소리
로 외치고는 수염을 쓰다듬었다.[48]

짜라투스트라……그는 이렇게 말하고는 수염을 쓰다듬었다.[49]

저것은 큰 귀다! 인간만큼 큰 귀다!……나는 그 커다란 귀는 한가지
만을 너무 많이 가지고 있을 뿐, 그 이외의 다른 모든 것들은 거의
없는 거꾸로 된 불구자라는 나의 신념을 계속지켰다……한 사람의 예
견자……다리 위에 있는 한 사람의 불구자, 짜라투스트라는 이 모든
것들이다.[50]

---

48) p.312.
49) pp.412-413.

위의 예문에서처럼 니체의 짜라투스트라는 陸史 詩의 화자와 같이 수염을 가진 자며 지나치게 큰 귀를 가진 불구자다. 그리고 그는 '깨어 있으라 그리고 귀를 기울이라……미래로부터 바람이 살며시 날개를 치며 불어온다, 예민한 귀에는 좋은 소식이 들려온다'고 하며 미래의 예견자로서 구원자며 초인을 지향하는 충동이며 현재의 고통과 어둠을 파괴하고 미래를 밝히는 자인 바람에 귀 기울이는 자가 될 것을 강조하는데 이와 관련한 지나치게 큰 귀를 가진 불구자 의식이라 볼 수 있다. 또한 '그는 고뇌한 자는 고뇌하는 자들 앞에서 스스로 수치를 느낀다'라고 하여 수치심을 가질 것[51]을 강조하며 부끄러움과 수치심을 강하게 느낄 줄 아는 者로 이야기되고 있다.[52] 그리고 니체의 「당나귀의 축제」에서는 숭고함의 외투가 추악함을 가리는 것이 이야기되는데[53] 이 같은 것들은 모두 앞에서 확인한 바와 같이 陸史의 詩에 대단히 유사하게 나타나고 있음을 알 수 있다.

그리고 陸史 詩에 나타나는 話者는 날아다니기도 하며 사복, 즉 별[54]이 되고자 한다. 관련 텍스트를 인용하면 다음과 같다.

그냥 인드라의 領土를 날라도 단인다오.

「나의 뮤-즈」에서

---

50) pp.191−192.
51) 니체, 앞의 책, p.128.
52) 앞의 책, pp.367−337, 수치심과 부끄러움에 대한 것은 p.36, 121, 127, 132, 150, 201, 222, 239, 260, 291, 338−341, 349, 410에도 계속되는 이야기로 니체가 상당히 중요시한 것이다.
53) 앞의 책, p.399.
54) 심원섭, 앞의 책, p.334 참고.

빡쥐같은 날개나 펴면

「獨白」에서

가을 꽃을 하직하는 나비모양 떨어져선 다시 가까이 되돌아 보곤
또 멀어지던 흰 날개우엔 볕ㅅ살도 따겁더라

「邂逅」에서

떠서는 날쟌는 사복이 됨세

「獨白」에서

위의 예에서와 같이 陸史 詩에서의 話者는 날아다니기도 하는 자
며 별이 되고자 한다. 이 같은 현상은 니체의 경우에도 드러나고 있
다. 그 예들을 보도록 한다.

나는 날으는 법을 배웠다……지금 나는 날고 있다.[55]

날아갈 태세를 하고, 초조해 하는 것-그 속에 어찌 새의 본성과
같은 것이 없겠는가![56]

나의 이름을 그들로부터 취한 민족에게는 바람직하면서도 어려운
일로 생각되었다.[57]

---

55) p.70.
56) p.254.

니체의 짜라투스트라도 陸史 詩의 話者와 같이 날아다니며 그의
이름 자체가 어원으로 볼 때 금빛 별이란 뜻을 가졌으며 앞에서 논
의한 바와 같은(1. 초인 참고) 초인의 의미를 가지는 별에의 추구와
지향을 강하게 지닌 者이다.

6. 섬의 거주자, 말, 사자, 어린아이

陸史 詩의 話者는 섬에 거주하는 者며 領主며 말, 사자, 어린아이
의 세계를 추구하며 어린아이가 올 것을 기다리기도 한다. 먼저 이
와 관련한 詩를 인용하였고 논의하도록 하겠다.

> 남생이 둥같이 외로운 이 서-ㅁ 밤을
> ......
> 내 寶庫을 門을 흔드는건 그 누군고?
> 領主인 나의 한마듸 허락도 없이
> ......
> 내 古城엔 밤이 무겁게 깊허가는데
> ......
> 이밤에 날부를이 업거늘! 고이한 소리!
> 曠野를 울니는 불마진 獅子의 呻吟인가?
> 오 소리는 莊嚴한 네 生涯의 마즈막 咆哮!
> 내 孤獨의 매태낀 城廊을 깨뜨려다오!

---

57) p.92, 짜라투스트라는 금빛 별의 뜻을 가진다.

産室을 새어나는 분만의 큰 괴로움!
한밤에 차자올 귀여운 손님을 마지하자
……

巨人의 誕生을 祝福하는 노래의 合奏!
하날에 사모치는 거룩한 깃봄의 소리!

「海潮詞」에서

오! 먼길에 지친말
채죽에 지친 말이여!

서리에 번적이는 네굽
오! 구름을 헷치려는 말
새해에 소리칠 흰말이여!

「말」에서

「海潮詞」에서의 話者는 섬에 거주하며 領主다. 그리고 話者는 海潮소리 속에서 獅子의 呻吟, 즉 莊嚴한 生涯의 마지막 咆哮를 듣고 있다.

또한 '産室을 새어나는 분만의 큰 괴로움'을 듣고 있고 '한밤에찾아올 귀여운 손님', 즉 '巨人의 誕生'을 '祝福하는 노래의 합주를' 듣고 있다. 이는 바로 '하날에 사모치는 거룩한 깃봄의 소리'인 것이다. '獅子'의 마지막은 '巨人'이라고 한 위대한 인물이 어린아이로 탄생하는 것으로 이어진다. 이 같은 어린아이의 탄생이 낳는 기쁨은

‘하날에 사모치는 거룩한 깃붐’으로 예사로운 기쁨이 아니다. 이는 話者가 말하고 있는 사자나 어린아이에 대한 지향성을 지닌 내면을 읽을 수 있고 사자, 어린아이란 언표가 특별한 상징의미를 가진 것으로 추정해 볼 수 있게 한다.

다음으로 「말」을 보도록 한다. 陸史의 詩 「말」은 그의 詩 中 발표 연대가 가장 빠른(1930. 1. 30. 조선일보) 텍스트로 지금까지 그의 자화상으로 읽혀 온 것이다. 여기서의 ‘말’은 陸史의 詩에서 고통과 고난의 코드로 읽히는, 채찍에 지치고 서리를 맞은 말이다. 따라서 고통과 고난을 겪고 있는 말이다.

그러나 그에 좌절하지 않고 구름을 헤치고 새해에 소리칠 강력한 의지를 가진 말이다. 여기서 話者가 가진, 강한 의지의 대상에 대한 이입적 표현을 읽어 낼 수 있다.

니체의 짜라투스트라도 섬에 거주하는 者며 그가 거주하는 곳을 영내, 영토, 왕국 等으로 말하여 자신을 그곳의 領主로 이야기하고 있다.

　　짜라투스트라의 「행복의 섬」으로부터 그다지 멀지 않은 곳에－끊임없이 연기를 내뿜고 있는 섬 하나가 있다.58)
　　짜라투스트라는 행복의 섬과 자기 친구들을 떠난지 나흘째 되는 날, 그는 자기의 모든 고통을 초극했다.59)

　　이곳은 나의 왕국이다……그는 나의 영내에 있다.60)

---

58) 앞의 책, p.100.
59) 앞의 책, p.215.
60) 앞의 책, p.312.

이곳은 나의 집이며 나의 영토이다.61)

위 글과 같이 짜라투스트라도 陸史의 話者처럼 섬에 거주하는 者이며 자신은 영내 영토의 領主임을 말하고 있다. 또한 그는 「중력의 영에 대하여」에서 "나의 발은—말의 발이다. 나는 이 발로 산을 넘고 골짜기를 건너 마구 벌판을 달린다. 그리고 마구 내달릴 때는 나는 기쁨으로 인해 악마에 사로잡힌 듯하다."62)라 하며 자신을 말에 비유하고 있다.

니체는, 인간에게 있어서는 피조물과 조물주가 하나로 통일되어 있다. 인간에게는 재료, 부스러기, 여분, 진흙과 더러운 것, 무의미, 혼돈이 있다 했다. 따라서 사람은 창조물인 동시에 창조자다. 사람은 앞으로 열려 있는 무한한 가능성이다.63)

인간은 초인과 짐승 사이에 매여 있는 밧줄64)이라 한 니체는 인간을 다위니즘적 관점에서 보고 있다 그러므로 위버멘쉬는 돌연변이적인 것이 아니라 길고 힘겨운 진화 과정을 통하여 비로소 도달할 수 있는 이상의 세계다.65) 니체는 「짜라투스트라의설교, 1. 세 단계

---

61) 앞의 책, p.319, 왕국, 영내, 영토 等의 말과 영주 의식은 p.314, 316, 321, 331, 335, 356, 394 等에서도 찾아볼 수 있다.
62) 앞의 책, p.254.
63) Im Menschen ist, Geschöpt Und Schöpter vereint: im Menschen ist Stoff, Bruchstück, Überfuß, Lehm, Kot, Unsinn, Chaos. Jenseits von Gut und Böse, 225. 정동호, "위버멘쉬는 누구인가", 『니이체 철학의 현대적 조영』, 청람논단, 1988, pp.223−224.
64) Der Mensch ist ein Seil, geknüpt zwischen Tier und Übermensch,······ Also sprach Zarathustra, Zarathustras vorrede 3. 정동호, 앞의 글, p.221.
65) 정동호, 앞의 글, p.227.

의 변화에 대하여」에서 "나는 그대들에게 정신의 세 단계 변화에 대
하여 설명하겠다. 즉 정신이 어떻게 낙타가 되고, 낙타가 어떻게 사
자가 되며, 끝으로 사자가 어떻게 어린아이가 되는지를"66)이라 하여
그 진화의 세 단계를 말하고 있다.

　앞에서 살펴본 陸史의 詩「海潮詞」에 나타나고 있는 사자의 마지
막 포효에 이어지는 산고의 끝에 탄생하는 巨人의 어린아이는, 니체
의 사자, 어린아이에 상당히 근접거리에 있다. 후속되고 있는 하늘에
사무치는 큰 기쁨이란 언술 또한 최고의 인간 정신의 세계인 어린아
이의 경지에 이른 초인, 즉 위버멘쉬의 탄생을 의미하는 큰 기쁨으
로 볼 수 있다고 생각된다.「海潮詞」는 陸史의 詩에 자주 드러나고
있는 초인, 즉 위버멘쉬에의 열망이 표층에서 심층 층위까지 포화
상태로 드러나고 있는 텍스트라 할 수 있는 것으로 보인다. 이는 니
체의 『짜라투스트라는 이렇게 말했다』의 「구원을 청하는 고통의 절
규」와 구성상 상당히 유사하다.67)

---

66) 니체, 박병덕 옮김, 『짜라투스트라는 이렇게 말했다』, 육문사, 1992, p.51.
　　여기서 낙타는 전통적 가치, 도덕에의 철저한 복종을 의미하며 사자는
　　낙타의 정신을 가진 자신에 대한, 자기 부정의 정신을 말하며 어린아이
　　는 자유정신, 정신과 육체가 통합을 이룬 인간 정신의 최고의 경지에
　　이른 초인적 정신을 말한다. 각주 Ⅰ 참고.
　　사자에 관한 언급은 p.123, 146, 147, 201, 218, 259, 270, 360, 411,
　　412, 413 等에서 처음부터 끝까지 지속적으로 이루어진다. 그리고
　　p.126에서는 새로 태어난 어린아이가 되기 위해서는 산모의 진통을 참
　　아내야 한다고 말하며 어린아이에 관한 것은 p.33, 169, 174, 188, 201,
　　216, 268, 360, 407, 412 等에서 지속적으로 기술되고 있다.
67) 니체, 앞의 책, pp.310－312.

7. 닭울음, 무지개, 황혼, 인사법

‘닭울음 소리’, 무지개, 황혼, 인사법에 관하여 비교 분석하기 위해
먼저 陸史의 詩를 보도록 한다.

> 닭소래나 들니면 갈랴
> 안개 뽀얗게 나리는 새벽
> 그곳을 가만히 나려서 감세
>
> 「獨白」에서

> 까마득한 날에
> 하늘이 처음 열리고
> 어데 닭 우는 소리 들렷스랴
>
> 「曠野」에서

> 밤도 지진하고 닭소리 들릴 때면
>
> 「나의 뮤—즈」에서

위 글에서와 같이, 陸史의 詩에서 ‘닭울음’은 전령의, 새벽을 알림
의 코드로 사용됨을 문면을 통해서 읽을 수 있다. 니체의 경우도
‘닭울음 소리’의 의미는 다음과 같이 동일한 의미를 생산하는 코드
로 읽히고 있다.

이런 민중들 속에서는, 나는 나 자신의 선구자이며, 어둠을 뚫고 울리는 나 자신의 수탉 울음소리이다.[68]

마침내 그의 다리가 되게 하고 그의 징후가 되게 하고, 전령이 되게 하고 닭울음 소리가 되게 할지도 모른다.[69]

나는 그대의 수탉이며 새벽이다! 깨어나라! 나의 목소리는 닭의 울음소리로서 곧 너를 깨울 것이다.[70]

다음은 '무지개'에 관하여 논의하도록 하겠다.

陸史의 詩 텍스트에서 '무지개'의 언표는 다음의 詩들에서 읽을 수 있다.

어데다 무릎을 꾸러야하나?
한발 재겨디딜 곳조차 없다.

이러매 눈감아 생각해 볼밖에
겨울은 강철로 된 무지갠가 보다

「絶頂」에서

船窓마다 푸른막 치고
촛불 鄕愁에 찌르르 타면

---

68) 앞의 책, p.229.
69) 앞의 책, p.266.
70) 앞의 책, p.283.

運河는 밤마다 무지개지네

떠서는 날쟌는 사복이 됨세

「獨白」에서

무지개가치 恍惚한 삶의 光榮
罪와 겻드려도 삶즉한 누리

「鴉片」에서

그리고 새벽하날 어데 무지개 서면
무지개 밟고 다시 끝없이 헤어지세

「芭蕉」에서

위의 詩 텍스트들 외에 陸史는 수필 『季節의 表情』에서 "담배를 피우면 입술을 조붓하게 오무리고 연기를 천정으로 곱게 부러올리는 것이었다. 거기에서 나는 개인날의 무지개를 그리는 것이었다."라 쓰고 있다. 陸史의 문학 텍스트에 드러나고 있는 '무지개'의 내포적 의미는 대체로 새로운 희망의 의미로 읽을 수 있다. 니체의 경우를 보도록 한다.

나는 창조하는 자들과, 수확하는 자들과, 기뻐하는 자들과 사귀리라, 그리고 그들에게 무지개와 초인에 이르는 계단을 보여주리라.71)

　　나의 형제들이여, 그곳을 보라, 그대들에게는 보이지 않는가 무지개
　와 초인으로 향하는 다리가?72)

　　인간이 복수의 굴레로부터 해방되는 것, 이것이야말로 나의 최고
의 희망에 이르는 다리며, 오랜 폭풍우 뒤에 나타나는 무지개이기
때문이다.73)

　　니체의 경우도 무지개는 폭풍우 같은 오랜 시련 끝에 만나는 희
망의 의미로 쓰인다. 따라서 陸史와 니체의 '무지개'는 같은 의미를
가지는 언표로 풀이될 수 있다.

　　다음은 陸史 詩에서의 '黃昏'의 코드를 분석하도록 하겠다. 다음
의 詩들을 보도록 한다.

　　　　내 골방의 커-텐을 것고
　　　　정성된 맘으로 黃昏을 마저드리노니
　　　　바다의 흰갈메기들 갓치도
　　　　人間은 얼마나 외로운 것이냐

　　　　黃昏아 네 부드러운 손을 힘싯내미라
　　　　내 뜨거운 입술을 맘대로 맛추어 보련다
　　　　그리고 네품안에 안긴 모-든것에
　　　　나의 입술을 보내게 해다오

---

71) 앞의 책, p.49.
72) 앞의 책, p.83. 무지개는 새로운 희망을 뜻한다. p.83의 주 34) 참고.
73) 앞의 책, p.142. 이 같은 의미의 무지개는 p.284, 285 等에서도 이야기
　　되고 있다.

저 十二星座의 반ㅅ작이는 별들에게도
鐘소리 저문 森林속 그윽한 修女들에게도
쎄멘트 장판우 그만흔 囚人들에게도
의지할 가지없는 그들의 心臟이 얼마나 떨고잇슬가

「고비」沙漠을 끈어가는 駱駝탄 行商隊에게나
「아푸리카」線陰속 활쏘는 「인데안」에게라도
黃昏아 네부드러운 품안에안기는 동안이라도
地球의 半쪽만을 나의 타는 입술에 맛겨다오

「黃昏」에서

싹쥐 나래밑에 黃昏이 무쳐오면
草家 집집마다 호롱불이켜지고
故鄕을 그린 墨畵한폭 좀이쳐

「草家」에서

七色 바다를 건너서와도 그냥 눈瞳子에
고향의黃昏을 간직해 서럽지 안뇨

「班描」에서

촛불처럼 타오른 가슴속 思念은
진정 누구를 애끼시는 贖罪라오
발아래 가득히 황혼이 나우리치오

「娥眉－구름의 伯爵夫人」에서

언제나 여름이 오면 황혼의 이뿔따귀 저뿔따귀에 한줄씩 걸처매고
짐짓 창공에 노려대는 거미집이다 령비인.

「서울」에서

위에 인용한 詩들에서 「草家」와 「班描」에서의 황혼은 화자에게 鄕
愁를 불러일으키게 하고 고향에의 사랑을 솟아오르게 하는 대상으로
읽을 수 있다.

그리고 「黃昏」, 「娥眉」, 「서울」에서의 黃昏은 누구를 아끼는 가슴
속 恩念과 열정을 불타오르게 하고, 촉구하게 하는 역할을 한다. 이
같은 현상이 가장 분명하게 제시되는 것이 「黃昏」이다. ① ②행에서
「黃昏」을 맞아들이는 화자의 자세는 하나의 자연현상을 대하는 것
이 아닌 자못 경건함까지도 느끼게 하는 정중한 태도다.

'黃昏아~동안이라도'에 가면 화자가 느끼는 黃昏에 대한 인식이
드러난다. 황혼은－地球를 부드럽게 품안에 안아 주는 者다. 즉 한
없고 부드러운, 인류애가 내포된 地球를 가진 者다. 따라서 '人間
은~것이냐'에서 읽을 수 있듯, 인간애와 연민을 가지고 있는 화자
는 황혼과 동류의식을 가지게 되고 인류애가 투철한 성자를 맞이하
듯 '정성된 맘으로 황혼을 맞아들이고' 있는 것이다. 화자는 황혼의
품과 같이 지구를 부드럽게 안을 수 있는 큰마음을 지향하고 있다.

또한 3연 전체와 4연 ① ②행에서 볼 수 있듯 그가 지향하는 인
류애, 지구애, 우주애는 거의 무한대적으로 그 대상을 확대해 가고
있는 것이다. 별, 수녀, 수인, 행상대, 인데안을 대상으로 지상에서
별에까지 확대되는 수직적 공간 확대와 고비사막, 아프리카까지 수

평공간 확대를 읽을 수 있다.[74]

수평적 공간 확대에서 드러나는 고비사막, 아프리카 等은 자못 이국적인 분위기를 자아내기도 한다. 따라서 지금까지의 논의에 따르면 황혼은 화자에게 인류애가 내포된 地球愛에의 열정을 불타게 하는 대상으로 읽을 수 있다. 그러므로 화자는 '정성된 맘으로 黃昏을 마저드리고' 있고 인류애, 지구애의 무한대적 확대를 보여주고 있는 것이다.

한편, 니체의 경우에 있어 '黃昏'은 어떤 의미로 읽을 수 있는가를 보도록 한다.

> 그대들의 죽음에 처했을 때, 그대들의 덕이 대지를 에워싼 황혼처럼 붉게 타올라야 한다. 그렇지 않으면 그대들의 죽음은 실패한 것이다. 나의 친구인 그대들이 나로 인해 대지를 사랑하게 되도록 하기 위해 나는 그런 죽음을 원한다. 그리고 나는 나를 낳은 대지의 품속에서 평화를 얻을 수 있도록 다시 대지가 되기를 원한다.[75]

> 짜라투스트라여 그대는 아직도 살아있는가? 어찌하여? 무엇 때문에 무엇으로? 어디를 향해? 어디서? 어떻게 해서? 삶을 계속한다는 것은 어리석은 것이 아닌가?

---

74) 이 같은 현상은 金鎭國은 인류애의 보편적 정서가 대지를 환하게 밝히고 있는 세계상을 보여준다고 했고 金賢子는 시적 몽상의 힘으로 시인이 인간들의 존재에 주는 위대한 넓이에의 꿈이며 영속성을 보여주는 것이라 함.
金鎭國, 「李陸史의 黃昏」, 『韓國現代詩作品論』」, 文章社, 1981, p.279.
金賢子, 「〈황혼〉속의 自身도 宇宙化」, 文學思想, 1986. 2, p.65.
75) 니체, 앞의 책, p.111.

……나의 내부에서 이렇게 묻는 것은 황혼이다.[76]

위 글에서의 黃昏은 자연현상에 불과한 것이 아닌, 대지를 에워싼 큰 덕을 가진 者며 대지를 사랑하는 정신으로 죽음을 맞이하는 者며 그런 죽음 자체이기도 하다. 여기서 대지를 에워싼 큰 덕은 陸史의 地球愛, 인류애와 같은 의미로 읽을 수 있고 이는 陸史의 '누구를 아끼는 思念'과 열정을 불러일으키고, 촉구하게 하는 '黃昏'의 의미와 같은 의미선상에 놓인다.

陸史는 "나에게는 진정코 最後를 마지할 세계가 머리의 한편에 잇는것입니다 이것이 타오르는 瞬間 나는 얼마나 깃부고 몸이 가벼우는릿가?"[77]라 했는데 바로 지구애, 인류애를 가득 안고 불타오르는 황혼과 같은 대의적 죽음을 꿈꾸었을 것으로 보인다.

「黃昏」도 그 같은 陸史 정신의 내면을 그대로 토로한 텍스트로 보인다. 따라서 陸史 詩에 드러나는 「黃昏」은 민족애 더 크게 나가면 인류애를 품은 대의적 죽음을 각오한 자의 대상에 대한 대의적 사랑, 열정, 그 같은 죽음을 의미하는 코드로 읽을 수 있다. 그러므로 그의 시 텍스트에서 黃昏은 작게는 고향을 대상으로 하여 크게는 인류, 지구, 우주를 대상으로 하여 이 같은 의미를 부여하고 있다.

이상에서 논의해 본 바와 같이 陸史 詩에서의 黃昏의 의미도 대단히 니체적이려니와 陸史의 詩 텍스트 「黃昏」에서 볼 수 있는 인사법, 친근감의 표현 방법 또한 다분히 니체적이다. 이는 2연 전체와 4연의 '黃昏아~맛겨다오'에서 읽을 수 있는데 여기서 볼 수 있

---

76) 니체, 앞의 책, p.54.
77) 심원섭, 앞의 책, p.213.

는 인사법, 친근감의 표현은 앞의, 수평공간 확대에서 읽을 수 있었
던 것 같은 이국적 분위기를 다분히 자아내고 있다. 또한 서구적일
뿐만 아니라 니체의 짜라투스트라 특유의 인사법이기도 한다. 니체
의 글을 인용하도록 한다.

> 오 짜라투스트라여, 우리는 그대가 우리들에게 손을 내밀어 주고
> 인사하는 태도를 보고, 그대가 짜라투스트라라는 것을 알아차렸다.[78]

> 그들은 짜라투스트라에게 달려가 각기 자기 나름대로 감사하고 경
> 모하고, 애무하고, 그의 손에 키스를 했다.[79]

> 이상의 논의와 같이 陸史 詩에서의 黃昏의 의미와 그의 詩 텍스트
> 「黃昏」은 다분히 니체적 인식의 표현임을 느낄 수 있다.

8. 도시, 연가

陸史의 詩에 드러나고 있는 도시는 부정적이다. 구체적으로 도시
를 노래한 詩 텍스트에는 「失題」와 「서울」이 있다. 먼저 「失題」를
읽고 논의를 계속하도록 한다.

> 고무풍선갓흔 첫겨울 달을

---

78) 니체, 앞의 책, p.356.
79) 니체, 앞의 책, p.402. 이와 비슷한 인사법, 친근감의 표현은 323, 325
  等에서도 읽을 수 있다.

 현대시의
기호학

누구의 입김으로 부러 올렸는지?
그도 반넘어 서쪽에 기우러젓다.

행랑뒤골목 휘젓한 상술집엔
팔녀온 冷害地處女를 둘너싸고
大學生의 지질숙한 눈초리가
思想善導의 염탐밋헤 썰고만잇다.

「라디오」의 修養講話가 씃치낫는지?
마-장 俱樂部 門간은 합흠을 치고
「쎌딩」 돌담에 쏨을그리는 거지색기만
이 都市의 良心을 직히나부다.

바람은 밤을 집어심키고
아득한 까스속을 흘너서가니
거리의 主人公인 해태의 눈깔은
언제나 말가케 푸르러오노

「失題」 전문

달마저 '반넘어 서쪽에 기우러젓'고 오직 '거지 색기만', '都市의 良心을 직히는' 지극히 부정적인 도시가 제시되고 있다. 4연에서는 이 같은 도시를 구원할 수 있는, 구원자 코드인 바람마저도 무심하게 스쳐가고 있다. 그러므로 화자는 이 같은 구원 불가능의 도시를 4연 ③ ④행에서 심히 걱정하고 있다.

이 같은 「失題」와 같이 도시의 부정적 현실을 노래한 것으로 「서울」이 있다.

긴 세월이 맴도는 그판에 고초먹고 뱅—뱅 찔레먹고 뱅—뱅 너머지면
「맘모스」의 骸骨처럼 흐르는 燐光 길다랗게.

개아미 마치 개아미다 젊은놈들 겁이 잔뜩나 참아 참아하는 마음은
널 원망에 비겨 잊을 것이었다. 깍쟁이,

언제나 여름이 오면 황혼이 이뿔따귀 저뿔따귀에 한줄씩 걸쳐매고
짐짓 창공에 노려대는 거미집이다. 령비인.

제발 바람이 세차게 불거든 케케묵은 몬지를 눈보래만냥 왈러라
녹아나리면 개천에 고놈 살무사들 승천을 할넌지

「서울」에서

맘모스의 해골처럼 흐르는 인광, 겁이나 있는 젊은이들, 거미집의
도시인 서울의 현실이 제시되고 있다. 그와 함께 '제발~승천을 할
넌지'의 끝 연에서 읽을 수 있듯 구원자의 코드인 바람에 의해 묵은
먼지를 날려 보내고 살무사가 승천하는, 새롭고 희망찬 도시가 될
것을 기원하고 있는 것이다.

　이와 비슷한 내용을 가진 陸史의 서울에 대한 글을 『季節의 五行』
에서 만날 수 있다. 거리의 가로등을 살아 있는 비애라 했고, 마음에
간직해 온 서울의 자랑을 잃어버렸다고[80] 한다. 부정적 의미로 제시

---

80) 심원섭, 앞의 책, pp.214-215.

된 도시, 서울의 상황을 걱정하고 새롭고 희망찬 서울이 될 것을 간절히 기원한 陸史는 앞의 글 서울이야기 직전에 다음과 같이 쓰고 있다.

> 벌서 내自身은 羅馬에 불을지르고 가만히 안저서 그타오르는 光景을보는 暴君네로인지도 모릅니다.……타오르는 것을 보는 네로의 마음은 얼마나 痛快하오릿가?……
> 草家三間이다타도 그놈 빈대죽는맛이 조타고 하는 사랑의 마음과 가티 痛快하지 안엇슬까?
>
> ……나폴레옹이 우리집을 쳐들어오면 나는 그것을 모스크바가티 불을 지를 집이어늘 그놈의 빈대란 吸血鬼를 全滅한다면 나는 내집에 불을 싸지르고 羅馬를 태워버린 네로가 되오리라.[81]

위 글에서 로마를 불태우는 폭군 네로가 되겠다고 하면서, 陸史 자신의 집에 나폴레옹이 쳐들어오면 모스크바 같이 불을 지르겠다고 했다. 여기서 문면상으로만 본다면 우리 집에 나폴레옹이 쳐들어오면 모스크바처럼 자기 집에 불을 지르겠다 했지만 나폴레옹이 陸史의 집을 쳐들어올 리는 없는 일이므로 일제하였던 당시 상황과 앞뒤 문맥으로 보아 여기서의 '우리집'은 '모스크바'에 대신할 서울을 그렇게 말하고 있는 것으로 추정된다. 즉 서울에 폭군 네로가 로마에 불을 지르듯, 새로운 출발을 위한 불을 지르고 싶다는 것으로 읽을 수 있다. 이 같은 말은 니체의 다음 말과 많이 유사하다.

---

81) 앞의 책, pp.213－214.

이 큰 도시도 나를 구역질나게 한다.……이 큰 도시에 화 있으라!
나는 이 도시를 태워 버릴 불기둥을 당장 보고 싶다! 왜냐하면 그런
불기둥은 위대한 정오 이전에 나타날 것이기 때문이다.[82]

위 글은 짜라투스트라가 민중과 여러 도시를 돌아다니다가 온갖
부정적 요소를 다 가진 큰 도시를 보고 외치는 말이다. 여기서 '위
대한 정오'란 니체가 즐겨 쓰는 말로 희망의 미래를 내다볼 때 인류
최고의 초인이 살게 되는 때[83]를 의미한다.

즉 이 같은 인류 최고의 때가 오기 전의 징후로 불기둥을 이야기하
면서 그때가 올 것을 예견할 수 있는 불기둥을 보고 싶다는 것이다.

陸史가 서울의 비참한 현실을 걱정하고 새롭고 희망찬 서울이 될
것을 간절히 기원하고 로마를 불태운 폭군 네로가 되고 싶다고 한다
든가 나폴레옹이 자기 집을 쳐들어오면 모스크바처럼 불사르겠다 함
은 일제하에서 폐허가 된 서울에 희망찬 미래를 몰고 올 신성의 불
을 지르고 싶었던 내면을 토로한 말로 추정해 볼 수 있다. 그리고
부패하고 더러운 큰 도시에 불기둥이 솟기를 기대한 니체와 로마에
불 지른 폭군 네로가 되고 싶어 한 陸史는 상당히 근접거리에 있고
그 발상이 유사하다.

陸史의 詩 텍스트 중에는 戀歌風 詩에 해당하는 텍스트들이 있
다. 이러한 텍스트로는 「邂逅」, 「鴉片」「나의 뮤-즈」, 「江건너간 노래」,
「꽃」 等을 들 수 있다. 이들을 인용하고 논의를 계속하도록 하겠다.

---

82) 니체, 앞의 책, p.237.
83) 앞의 책, p.364, 위대한 정오에 관해서는 p.117, 229, 253, 282, 289, 413
   等에서도 계속 이야기되고 있다.

　　모든 별들이 翡翠階段을 나리고 풍악소래 바루 조수처럼 부푸러
오르던 그밤 우리는 바다의 殿堂을 떠났다.
　　……
　　머나먼 記憶은 끝없는 나그네의 시름속에 자라나는 너를 간직하고
너도 나를 아껴 항상 단순한 물결에 익었다.
　　……
　　너는 무삼일로 沙漠의 公主같아 연지찍은 붉은 입술을 내 근심에
漂白된 돛대에 거느뇨 오-안타까운 新月

　　때론 너를 불러 꿈마다 눈덮인 내섬속 透明한 玲珞으로 세운 집안
에 머리 푼 알몸을 黃金정침족쇄로 매여두고

　　귀쌤에 우는 구슬과 사슬 끊는 소리 들으며 나는 일흠도 모를 꽃밭
에 물을 뿌리며 머-ㄴ 다음 날을 빌었더니

　　꽃들이 피면 향기에 醉한 나는 잠든 틈을 타 너는 온갖 花辦을 따
서 날개를 붙이고 그만 어데로 날러 갔더냐

「邂逅」에서

거리엔 「노아」의 洪水 넘처나고
위태한 섬우에 빛난 별하나
너는 고 알몸동아리 香氣를
봄바다 바람실은 돛대처럼오라

「鴉片」에서

아주 헛벗을 나의 뮤-즈는
한번도 기야 싶은 날이 없어
사뭇 밤만을 王者처럼 누려 왔소
……

계집을 사랑거든 수염이 너무 주체스럽다도
醉하면 행랑 뒤ㅅ골목을 돌아서 단이며
……

그러나 나와는 몇千劫 동안이나
바루 翡翠가 녹아 나는듯한 돌샘까에
饗宴이 벌어지면 부르는 노래란 목청이 외골수로
밤도 지진하고 닭소래 들릴 때면
그만 그는 별 階段을 성큼성큼 올러가고
나는 초ㅅ불도 꺼져 百合꽃 옷깃이 젓도록 잣소.

「나의 뮤-즈」에서

섯달에도 보름께 달발근밤
압내江 쨍쨍어러 조이든밤에
내가부른 노래는 江건너갓소

江건너 하늘끛에 沙漠도 다든곳
내 노래는 제비가티 날러서 갓소
못이즐 계집애 집조차 업다기에
가기는 갓지만 어린날개 지치면
그만 어느모래불에 써러져 타서죽겠죠.

沙漠은 끚업시 푸른 하늘이 덥혀

눈물 먹은 별들이 조상오는밤

밤은 옛일을 무지개 보다곱게 짜내나니
한가락 여기두고 쏘한가락 어데멘가
내가부른 노래는 그밤에 江건너 갓소

　　　　「江건너간 노래」에서 전문

한 바다 복판 용소슴 치는 곧
바람결 따라 타오르는 꽃城에는
나븨처럼 醉하는 回想의 무리들아
오늘내 여기서 너를 불러보노라

　　　　　　「꽃」에서

　위에 인용한 바와 같이 陸史의 詩에는 戀歌형식을 취한 詩 텍스트들이 있다. 이는 대체로 男性 話者가 女性을 대상으로 하여 부른 노래며 때로는 관능적 디테일(「邂逅」, 「鴉片」)을 보여주기도 한다. 자신이 갈망하는 어떤 대상을 여성으로 의인하여 부른 텍스트들이다.
　한편, 니체의 경우도 이와 유사한 현상을 찾아낼 수 있다. 니체는 하이데거가 힘에의 의지와 가장 밀접한 연관성이 있다고 지적한[84] 영원회귀성을 짜라투스트라의 근본 사상으로, 지적하고 있는데 이는 『이 사람을 보라』에서 밝히고 있다.[85] 그가 이처럼 중요시했던 영원

---

84) M. 하이데거, 김정현 옮김, 『니체 철학강의』, 이상과 현실, 1991, p.29.
85) 정동호 편, 『니이체철학의 현대적 조명』, 청람, 1988, p.193 니이체는 『이 사람을 보라』에서 "나는 이제 짜라투스트라의 이야기를 해야겠다. 이

회귀사상이 「짜라투스트라는 이렇게 말했다」에서는 영원을 사랑하는 여인으로 의인하여 다음과 같이 기술하고 있다.

> 오 어찌 내가 영원을 갈망하지 않을 수 있겠는가! 반지 중에서도 결혼반지를 어찌 갈망하지 않을 수 있겠는가 - 회귀의 순환을! 이제까지 나는 나의 아이를 낳게 하고 싶은 생각이 드는 여자를 본적이 없다. 내가 사랑하는 이 여자를 제외하고는, 왜냐하면 오 영원이여! 나는 그대를 사랑하기 때문이다, 오, 영원이여.86)

이와 같이 의인화한 사랑하는 여인으로 대상을 표현하는 형식의 기술 방법은 니체가 즐겨 사용하는 표현법이기도 하다. 다음은 하늘을 대상으로 하여 이 같은 표현방법을 쓰고 있는 것을 보도록 하겠다. 먼저, 하늘에 대한 기술을 보도록 한다.

> 오, 내 머리위의 하늘이여,……너 빛의 심연이여! 너를 응시하면서 나는 신성한 욕망이 떨고 있다. 너는 오늘 격렬한 바다위로 소리없이 떠올라 내게로 왔으며,……너는 너의 아름다움 속에 가려진 채 아름다운 모습으로 내게 왔으며……너 빛나는 하늘이여!
> 네가 내 주위에 있는 한 나는 축복하는자, 「예스」를 말하는 자이다. ……모든 사물은 영원이라는 샘에서 그리고 선악을 초월하여 세례를 받기 때문이다.……그런데 너는 얼굴을 붉히고 있는가?……네가 얼굴을 붉힌 것은 우리들이 함께 있는 것이 부끄러웠기 때문인가? - 이제

책의 근본 개념인 영원회귀 사상"이라고 쓰고 있다.
86) 니체, 박병덕 옮김, 『짜라투스트라는 이렇게 말했다』, 육문사, 1992, pp.298~302에서 반복 강조하여 말하고 있다.

(날)이 오고 있다고 해서 너는 내게 〈떠나라, 침묵하라〉고 말하고 있는 것인가?

······낮이 다가오고 있다. 이제 작별하기로 하자! 너 해뜨기전의 나의 행복이여! 낮이 다가오고 있다. 작별하기로 하자![87]

위의 "오, 내머리위의 하늘이여~모습으로 내게 왔으며는 陸史詩 『鴉片』의 위대한 섬우에 빛난 별하나 / 너는 고 알몸동아리 香氣를 / 봄바다 바람실은 돛대처럼오라 / 와 유사하다. 또한 위 글은 陸史의 「나의 뮤-즈」와도 유사성을 지닌다. 별이 내리는 밤의 만남이며 닭소리 나는 새벽이 오면 헤어지는 밤의 만남 等이 흡사하다.

니체는 "삶"을 대상으로 하여 이 같은 표현방법을 쓰기도 하며[88]『짜라 투스투라는 이렇게 말했다』의 「사막의 딸들 사이에서」에는 방랑자인 그림자의 노래를 시의 형태로 쓰고 있다. 여기서 방랑자는 이 노래를 아름답고 어린 동양의 사막의 딸들을 위해 지은 후식의 노래라고 소개하는데 이는 陸史의 「江건너간 노래」와 시의 구상이나 전개에서 유사성을 느끼게 한다.[89] 또한 니체는 이 같은 이야기의 중간 중간에 이를 통해 인간은 자기가 보다 높은 공동체의 일원임을 표명한다고 한[90] 노래를 불러야 한다고 하거나 노래형식이 취해지기도 하는데 陸史의 연가풍 詩 中에서 「나의 뮤-즈」나 「江건너간 노래」에는 노래에 관한 이야기가 나오는데 이 또한 유사성이 된다. 따라서 지금까지의 논의에 따르면 陸史 詩 中에서 연가풍의 텍스트들

---

87) 니체, 박병덕 옮김, 앞의 책, pp.219~222.
88) 앞의 책, pp.293~298.
89) 앞의 책, pp.293~298.
90) 니체, 성동호 옮김, 「비극의 탄생」, 홍신문화사, 1989, p.28.

은 니체적임을 느낄 수 있다.

Ⅲ. 맺음말

현재까지 陸史의 詩精神 읽기는 대부분 유교적 선비정신에 바탕을 두고 이루어져 왔으나 이것이 陸史 詩精神 읽기의 유일한 방법은 아니다.

인간은 복합성의 존재자다. 육사 또한 예외는 아닐 것이며 복합성의 존재인 그의 詩精神 또한 유일성과 절대성을 거부할 것이기 때문이다.

陸史는 중국, 일본을 두루 다니며 동서양문물에 비교적 폭넓게 영향을 받아 온 엘리트였으며 서구문학, 철학에 대한 해박한 지식을 소유한 시인이었다. 그리고 니체의 詩를 애송했다는 기록을 남기고 있다. 이 같은 그의 행동 범주나 독서 영역으로 보아 구체적 기록은 남기고 있지는 않으나 중국어나 일어로 번역된 니체 철학서를 읽었을 가능성을 충분히 가지고 있다.

또한 陸史는 일제하에 놓인 민족의 고통을 극복하기 위해 구국의 의지로 일관된 생을 살다간 시인으로, 신의 죽음과 존재의 무의미, 니힐리즘의 확인 속에서 초인을 향한 의지의 철학을 부르짖은 니체의 철학텍스트가 그에게 친밀감을 가지고 다가왔을 가능성을 가진다.

이 같은 관점하에서 육사와 니체의 텍스트들을 세분화하여 비교분석해 보았다. 超人, 노래, 씨 뿌리기, 바람, 표류의식, 찬 넋, 추위·겨울, 태양·햇살·날, 수염, 큰 귀, 부끄러움, 날아다님, 별이 되고자 함, 섬의 거주자, 말, 사자, 어린아이, 닭울음, 무지개, 황혼, 인사법, 도시, 연가 等으로 세분화하여 실증적 비교 검토를 해 본 결과 두 텍스트들이 가지는 유사성을 구체적으로 발견할 수 있었다.

이 같은 발견은 陸史가 서양철학사상 그가 살던 시대에 가장 예민하게 반용하고 그 시대의 고통을 함께하며 적극적 해결을 모색한 니체처럼 일제하에서의 민족의 고통을 함께하며 니체적 초인철학으로 시대적 고통에 대결한 시인이었을 가능성을 확인하게 한다.

니체의 의지는 무엇에 대한 의지(Wille Von etwas)며 이는 의욕하는 대상을 갖는다는 뜻이고 의욕된 대상은 아직 성취되지 않은 어떤 것일 수밖에 없으므로 결핍된 상태다.[91] 따라서 의지는 결핍된 상태를 넘어서서 다른 상태로 이행하는 긴장 속에 자신을 보존한다.[92] 그의 본질을 힘에의 의지로 깨달은 사람은 모든 고통과 비극을 자신의 필연적 운명으로 받아들이고 강력한 사랑으로 받아들인다.[93] 이 같은 힘에의 의지를 자신의 본질로 깨달은 사람이 超人(Übermensch)이다.[94]

陸史는 그가 의욕하는 대상이 부재하는 결핍의 시대인 일제하를

---

91) 李英浩, 「神·人間·世界-F. Nietsche의 思想에 있어서」, 박준택 박사 환력 기념논문집 간행회, 『니이체 思想과 哲學의 만남』, 박영사, 1988, p.14.
92) 앞의 책, p.15.
93) 앞의 책, p.21.
94) 앞의 책, p.22.

살면서 의지의 긴장 속에 자신을 보존하고, 고통과 비극을 자신의 운명으로 받아들이고 강력히 사랑한 비극의 히로우였으며 니체적 초인을 추구한 초인적 시인이었다고 생각된다.

김수영의
「新歸去來 3. 등나무」 분석

김수영의 「新歸去來 3. 등나무」 분석

Ⅰ. 머리말

•••**문학적** 언술은 다중의 메시지를 도착지인 독자에게 전달하는 수많은 약호들로 구성된 길이다. 이는 질서와 체계로 이루어진 정교한 길이다. 본 연구에서 대상으로 삼고 있는 김수영의 「新歸去來 3. 등나무」는 직선의 길을 가진 텍스트는 아니다. 가다가 길의 끝이 끊기기도 하고 때로는 거기서 수많은 길을 만나게 한다.

또한 숲으로 숨어드는 아름다운 산책길에서 생각의 가장 가운데로 흐르는 차가운 시간을 감각하게 한다. 다중의 소리 속에서 아리아를 듣고 웅장한 합창에 빠져들게 한다. 생각의 음파가 메시지들을 실어 나르는 가벼운 날개다.

이 같은 「등나무」를 읽는 방법은 다른 어떤 텍스트보다도 읽는 자에 따라 훨씬 다양하게 만들어질 수 있다. 이는 텍스트 자체가 가지는 복합성의 구조가 주는 복수형의 의미구조 그리고 텐션을 가진 외형, 기법이 주는 선물이기도 하다.

본고에서는 「등나무」의 분석을 위해 머리말에 이어 Ⅱ. 3分法과

 현대시의
기호학

무한의 구조, Ⅲ. 대립과 역동성, Ⅳ. 신화의 모델링 체계, Ⅴ. 맺음
말의 말하기 외곽을 설정한다.
　구체적 분석에 앞서 텍스트 전문을 읽도록 한다.

　　　두 줄기로 뻗어올라가던 놈이
　　　한 줄기가 더 생긴 것이 며칠 전이었나
　　　등나무

　　　밤사이에 이슬을 마신 놈이
　　　지금 나의 魂을 마신다
　　　無休의 怠慢의 魂을 마신다
　　　등나무 등나무 등나무 등나무

　　　얇상한 잎
　　　그것이 이슬을 마셨다고 어찌 신용하랴
　　　나의 魂, 목욕을 중지한 詩人의 魂을 마셨다고
　　　炎天의 魂을 마셨다고 어찌 신용하랴
　　　등나무? 등나무? 등나무? 등나무?

　　　그의 주위를 몇번이고 돌고 돌고 돌고
　　　또 도는 조름같은 날개의 날것들과
　　　甲蟲과 쉬파리떼
　　　그리고 진드기

　　　「엄마 안 가? 엄마 안 가?」
　　　「안 가 엄마! 안 가 엄마! 엄마가 어디를 가니?」

「안 가유?」
「안 가유! 하⋯⋯」
「으흐흐⋯⋯」

두 줄기로 뻗어 올라가던 놈이
한 줄기가 더 생긴 것이 며칠 전이었나
난간 아래 등나무
넝쿨장미 위의 등나무

등꽃 위의 등나무
우물 옆의 등나무
우물 옆의 등나무
우물 옆의 등꽃과 활련
그리고 철자법을 틀린 詩
철자법을 틀린 人生
이슬, 이슬의 合唱이다

등나무여 指揮하라 부끄러움 고만 타고
이제는 指揮하라 이카루스의 날개처럼
쑥잎보다 훨씬 얇은
너의 앞은 指揮하라
베적삼, 옥양목, 데드롱, 인조견, 항라,
모시치마 냄새난다 냄새난다
냄새여 指揮하라
연기여 指揮하라
등나무 등나무 등나무 등나무

우물이 말을 한다
어제의 말을 한다
「똥, 땡, 똥, 땡, 찡, 찡, 찡……」
「엄 마 안 가?」
「엄마 안 가?」
「엄 마 가?」
「엄 마 가?」

등나무 등나무 등나무 등나무
「야, 영희야, 메리의 밥을 아무거나 주지 마라,
밥통을 좀 부셔주지?」

등나무? 등나무? 등나무? 등나무?
「아이스 캔디! 아이스 캔디!」
「꼬오, 꼬, 꼬, 꼬, 꼬오, 꼬, 꼬, 꼬, 꼬」
두 줄기로 뻗어올라가던 놈이
한 줄기가 더 생긴 것이 며칠 전이었나

「등나무」 전문

Ⅱ. 3分法과 무한의 구조

등나무의 구조는 다양한 분절을 할 수 있겠지만 외형상으로 볼 때 3分法의 구조로 읽을 수 있다. 텍스트와의 첫 대면에서 읽을 수 있는 두 줄기로 뻗어 올라가던 놈이 / 한 줄기가 더 생긴 것이 며칠 전이었나 / 는 「등나무」의 핵심 모티프며 이는 사유의 모노로그 양상을 가진다.

이는 ①행에서는 두 줄기로 뻗어 올라가는 상황의 지속을 읽을 수 있고 ②행에서는 변화를, 즉 한 줄기의 더 생김을 읽을 수 있는 디스코스다. 따라서 이는 지속 / 변화의 대립구조 속에서 형성되는 존재의 변화와 그 변화의 숙명 속에 자리한 유한성을 환기하고 있는 언술이다.

이는 물론 사전적 의미로 보면 이어지는 ③행의 짤막한 언표 "등나무"에서 읽을 수 있듯 등나무의 지속과 변화와 유한성을 말하는 것이지만 부분에서 전체를 향해 가는 존재 상황의 상동성 속에서 메아리치는 말이다. 그리고 ① ②행의 언술에서 무게중심의 위치는 ② 행이며 그 변화성의 끝에 놓인 존재 전체의 유한성을 부가의미적 내포의 세계로 가진다. 문제는 상황의 지속에 있는 것이 아니라 그 변화에 있는 것이다.

이 같은 첫 번째 언술은 1연, 6연의 첫대목과 9연의 마지막에 세 번 반복적으로 놓여 있다. 1연에서는 이것이 말하고 싶은 핵심 언술인 것임을 강조하듯 더 이상의 언술로 이어지지 않는다. 오직 데마 모티프의 제시로 여타의 말을 줄이고 있다. 화자가 혼자 중얼거리듯 하는 한 마디의 말이 1연 전체를 가득 채우고 있다.

이 같은 1연의 언술은 시의 시작을 알리고 있고 2, 3, 4, 5연을 따라오게 하는데 그중 5연의 외적 양상은 1, 2, 3, 4연과 사뭇 다르다. 이는 모노로그가 아닌 대화의 양상을 띤다. 5연을 통해 들려오는 대화는 아이 / 엄마의 대화며 소설인 듯, 연극 대사인 듯, 수필인 듯한 또는 영화의 한 장면인 듯한 서사문체의 파격이 흘러들어 와 있다. 여기까지가 하나의 분절 부분이 된다.

이는 6연의 첫 ① ②행에서 다시 반복되는 동일 언술의 출현으로 하여 5연까지가 한 분절 부분의 묶음임을 확인하게 한다. 6연의 ① ②행에 따라오는 화자의 모노로그적 언술은 조용조용 6연을 만들어 가다가 7연에서는 앞의 어디에서도 발견할 수 없는 강한 어조로 지휘하듯 명령한다. 7연에 이어지는 8연은 우물이 말을 한다 / 어제의 말을 한다 / 로 시작되고 있다. 물은 무엇인가? 모든 존재의 형체와 모습들과 경계들이 떨어져 나가 없어진 뒤 그 형체의 진액들이 사이 좋게 모여 응집된 한 물체가 아닌가 그 안엔 모든 과거의 존재들이 있는 복합성을 내포한 한 결집이다.

그뿐 아니라 이는 또한 순환한다. 물은 본 텍스트에서 읽을 수 있는 우물 외에 하늘의 구름, 비, 눈, 시내, 강물, 바다 얼마나 많이 순환하며 살고 있는가. 그는 오래 살면서 영속하면서 어제의 말을 한다. 이 같은 영속성 언표의 물의 말을 의성어로 읽은 3행을 제시하고 다시 앞의 5연에서 읽은 아이와 엄마의 대화가 연결된다. 이 같은 구조의 8연이 3分法 읽기의 두 번째 마디의 끝이 된다.

세 번째 분절 부분은 단일 연으로 이루어졌다. 9연이 그 전부며 이는 앞의 첫 번째와 두 번째 분절 부분의 구조를 뒤집어 놓고 있다. 아이 / 엄마의 대화 대신으로 쓰인, ○와 영희의, 사람들끼리의 말이 묶음의 끝이 아닌 맨 먼저 놓이며 반복적 모티프로 쓰인 '두 줄기로~며칠전이었나'는 단연으로 한 분절의 묶음이 되는 9연의 맨 끝에 위치하고 있다.

또한 ①행의 등나무 등나무 등나무 등나무 / 는 첫 번째 묶음 2연의 언술을 그대로 가져왔고 9연 ④행의 등나무? 등나무? 등나무? 등나무?는 첫 번째 묶음인 3연의 끝 언술을 그대로 가져온 것이다. ‘이는 두 줄기~전이었나’의 핵심 모티프 언술과 함께 앞의 언술을 종합하는 9연의 성격을 보여주고 있다. 이에 ‘아이스 캔디? 아이스 캔디?’의 언술로 구성된 5행과 ‘꼬오, 꼬, 꼬, 꼬, 꼬오, 꼬, 꼬, 꼬, 꼬’ 하는 ⑥행의 닭의 말이 첨가되고 있다. 이는 앞에서 보여준 주로 집 안 사람들의 말에 ⑤행에 의해 집 밖의 사람 말을 첨가하고 또한 닭의 말을 첨가하고 있는데 이는 첨가에 의한 범주의 확장을 보여 주고 있다.

따라서 9연을 단연으로 세 번째 분절 부분이 되면서 앞의 묶음에 대한 뒤집기, 첨가에 의한 범주 확장, 종합의 구조를 가진다. 이 같은 특징 중에서 특히 뒤집기적 구조의 배열은 텍스트의 맨 첫 번째 언술로 다시 환원되면서 말을 맺는, 원형 위에 놓인 순환의 질서를 구조로 가지게 한다.

이 같은 순환의 질서는 다만 텍스트의 외적 구조만을 말하는 것은 아니다. 의미체계와 관계의 망을 형성하면서 반복적 핵심 모티프와 연결되어 고리를 형성하고 있다. 반복적 모티프에서 보여 주고 있는 존재의 항상성에 대립한 변화와 유한성의 거대한 우주의 순환적 질서 속에 놓여 있음을 말하고 있다. 크게 보면 유한도 무한도 없는 거대한 순환의 질서 속에 놓이는 개체의 유한이며 변화임을 보여 준다. 또한 개체의 유한은 무한이며 또한 무한으로 가는 통로의 한 부분임을 보여 주고 있는 것이다.

반복과 순환은 유한과 무한의 존재상황을 인식하게 하는 끝없이

말하는 구조며 이는 끝없이 사는 유한을 넘는 무한의 존재 구조를
캐고 있는, 무한적 메시지를 가진, 끝나지 않는 텍스트다.

Ⅲ. 대립과 역동성

　「등나무」는 첫 번째 디스코스에서부터 대립소들에 의해 짜인 대립
항 이어 놓기를 시 쓰기의 내적 문법으로 사용하고 있다. 텍스트의
첫 번째 언술이며 텍스트 전체의 핵심 모티프로 사용되는 ① ②행은
앞의 분석에서와 같이 지속 / 변화의 대립을 환기하면서 철학적 명제
로 현전되고 있다. 이는 물론 텍스트의 전면에 드러나지 못한 비현
전의 모든 존재자의 지속 / 변화를 대표하는 하나의 드러난 언술로
읽힌다. 이는 ①행의 지속 반대편에 놓인 ②행의 변화를 초점으로
하여 독자의 시선을 모으는 장치다.
　모노로그적 의문 형식을 가진, 이 같은 대립구조의 첫 연은 서술
형 체계의 2연에 이어진다. 2연을 만들어 내는 구성의 원리 또한 대
립의 규범이다. ①~③행의 밤사이에 이슬을 마신 놈이 / 지금 나의
혼을 마신다 / 無休의 怠慢의 魂을 마신다 / 에서 우선 시간의 대립을
읽어 낼 수 있다.
　①행에서는 '밤사이에'라고 시간을 명시하고 있고 ②행에서는 '지
금'이라는 시간의 언표를 쓰고 있어 시간의 구체화를 보여 주지 않
는다. 그러나 문맥으로 보아 ②행의 '지금'은 ①행의 '밤'이라는 시

간 현전 코드의 비현전 코드인 낮의 대체 언표로 읽을 수 있다. 따라서 '지금'은 낮으로 읽을 수 있고 ① ②행의 언술에서 밤 / 낮의 시간의 대립쌍을 추출할 수 있다.

또한 ① ②행에서 공간 확장의 대립을 읽을 수 있다. 먼저, ①행에서는 밤의 시간 속에서 행해지고 있는 수직적 공간 확장과 교감을 읽을 수 있다. 밤의 시간 속에 행해지는 주고받기를 찾아 낼 수 있다. ①행에서 읽을 수 있는 언표 '이슬'은 하늘물이다. 밤에 지상으로 내린 하늘이 짜낸 성수인 이슬을 지상의 존재인 등나무가 마셨다는 것이다. 이는 밤의 시간 속에 이루어진 땅과 하늘의 공간 열기와 확장 속에 이루어진 주고받기의 읽기다.

② ③행에서는 ①의 수직적 공간 확장과 주고받기에 이어 행해지는 또 하나의 주고받기가 서술되고 있다. ③행에서 부연 설명하고 있는 '無休의 怠慢이 魂', 즉 창조적 태만을 잉태하고 있는 ②행의 '나의 魂을 등나무가 마시고 있다' 이는 앞의 주고받기와 달리 수평적 존재자들끼리의 주고받기며 수평공간 확장을 읽을 수 있다. 따라서 ①~③행의 디스코스에서는 밤 / 낮의 시간대립과 수직공간 확장 / 수평공간 확장의 대립을 읽을 수 있다.

그리고 3연은 2연과 긍정 / 의문의 대립 체계를 보여 주고 있다. 2연에서 말하고 있는 서술형 구조 속에서의 일반적 인식질서를 따른 긍정의 언술에 낱낱이 물음표를 달고 있다. ①~④행의 얇상한 잎 / 그것이 이슬을 마셨다고 어찌 신용하랴 / 나의 혼, 목욕을 중지한 詩人의 행을 마셨다고 / 炎天의 魂을 마셨다고 어찌 신용하랴? / 는 일반적 인식의 질서에 의문 부호를 달아 놓고 있다.

밤의 시간 속에 행해진 이슬 마시기도 의문 부호를 달아 놓고 있

고 나의 魂, 無休의 魂, 목욕을 중지한 詩人의 魂과 동치성(Isotopy)
의 언표로 읽히는 화자의 혼의 마심에도 의문 부호를 달아 둔다. 또
한 2연의 '지금'을 밖으로 하여 숨어 있는 비현전의 기표 낮과 동치
성의 기표로 읽히는 '炎天의 魂'(이는 앞에서 읽은 '지금'의 낮으로
의 비현전 읽기에 기여하는 언표다)을 마심에도 물음을 보낸다.

그러므로 2연 ①행의 긍정에 대한 물음이 3연 ②행이며 2연 ②
③행의 긍정에 대한 물음이 3연 ③ ④행이다. 그러니까 ②연의 '지
금'에서 따온 시간의 개념에 하나의 의문을 덧붙여 두 개의 긍정항
에 세 개의 의문항을 붙여 만든 구조다.

이와 아울러 2연의 ④행에 드러나는 '등나무 등나무 등나무 등나
무'의 네 번 반복되는 존재인식의 긍정은 3연 ⑤행의 '등나무? 등나
무? 등나무? 등나무?'에서 네 번 의문에 의해 깨진다. 이는 등나무라
는 자동화된 인식에 의문을 보내는 언술이다. 이것이 정말 등나무인
가라는 물음은 1연과 2연에서 읽어 오던 자동화된 인식 체계에 의
한 긍정적 대상 읽기의 본체를 흔드는 물음이다. 대립에 대립을 이
어가는 시 만들기 내적 문법의 과정에서 만나는 이 같은 긍정 / 의문
의 대립 구조는 대립에 의한 역동적 구조 만들기의 효과를 체험하게
한다. 동일유형의 구조 연속에서는 생산될 수 없는 텐션을 만들고
있고 연속적 동일항 제시에서는 얻을 수 없는 전달의 방법을 만들
수 있다.

4연에서도 대립구조를 찾아 낼 수 있다. 그의 주위를 몇 번이고
돌고 돌고 돌고 / 또 도는 조름같은 날개의 날 것들과 / 甲蟲과 쉬파
리떼 / 그리고 진드기 / 로 이루어진 4연은 1, 2, 3연에서 마음대로 돌
아다닐 수 없는 식물, 등나무에 관한 언술을 읽을 수 있는 반면에

움직이는 것 돌아다닐 수 있는 미물들을 말하고 있어 대립구조를 가지고 있다.

또한 5연에서는 1, 2, 3, 4연과 5연 사이의 문체의 대립을 읽을 수 있다. 1, 2, 3, 4연－운문체 / 5연－산문체의 대립이다. 이는 김수영의 시적 문체가 가지는 시적 문체와 반시적 문체의 대립현상이며 큐비스트들에 의해 행해진, 꼴라쥬 기법과 관계되는 몽타주 기법을 읽게 한다.

그리고 5연에서 읽을 수 있는 대화적 언술은 8연에서 반복 강조되는데 이는 삽입 언술이면서 전체 구조에서 대단히 중요한 기능을 가지는 것으로 읽힌다. 이 같은 5연의 1, 2행은 혈족관계인 엄마와 아이의 대화다. 여기서 엄마 / 아이, 어른 / 아이, 부모세대 / 아이세대의 대립관계를 읽을 수 있다. 이 같은 관계 속에서 엄마에게 어디로인가 가자고 칭얼대며 조르는 아이와 그에 대해 어디를 가느냐고 반문하는 엄마의 대화가 이루어진다. 아이는 다분히 감성적이며 엄마는 이성적 언술을 말하고 있다. 그리고 아이는 탈중심지향적 언술을 말하며 어머니는 중심지향적 언술을 말하고 있다. 따라서 이들은 감성적 / 이성적, 탈중심적 지향적 / 중심지향적의 대립관계로 묶인다.

또한 여기까지의 내용을 볼 때 1, 2, 3, 4연은 식물, 곤충 등의 비인간을 대상으로 하며 5연은 인간을 그 대상으로 하고 있다. 따라서 1, 2, 3, 4연과 5연은 비인간 / 인간의 대립관계를 가진다. 이 같은 대립관계에 놓여 있는 비인간, 인간, 즉 식물, 곤충 그리고 인간을 대상으로 하여 현존과 현존에의 물음을 보여 주고 있다.

6연의 ① ②행에서는 1연에서 분석한 지속과 변화의 대립관계를 반복 모티프 속에서 제시하고 있다. 이와 함께 시각을 달리한 등나무 말하기의 구조가 계열체를 이루고 있고 단순한 통사적 차원의 구조를 가진 ③~⑥행은 등나무의 묘사다. ⑦행은 ③~⑥행과 수식어＋명사로 된 피수식어의 동일한 통사구조 패턴을 가지고 있지만 ③~⑥행이 등나무라는 단일 주체를 가진 반면 ⑦행은 등꽃과 활련의 복합 주체를 가진다.

수식어＋명사로 된 피수식어의 동일 통사 패턴을 가진 ⑧ ⑨행은 각각 詩와 人生의 단일 주체를 가진다. 그러므로 동일 통사구조의 계열체로 묶이는 ③~⑨행 중에서 주체로 볼 때 ③ ④ ⑤ ⑥ ⑦ ⑧ ⑨행은 ⑦행과 단수 주체／복수 주체의 대립관계를 가진다. 이 같은 대립구조 속에서 ⑦행은 일종의 일탈(deviation) 효과를 거두기도 한다.

그리고 피수식어들인 주체를 놓고 볼 때 6연의 ①~⑨는 ①~⑦행은 식물, ⑧행은 詩, ⑨행은 人生을 각각 주체로 하고 있어 식물／詩／人生의 대립을 보이고 있다.

또한 ①~⑦행을 보면 공간대립을 읽을 수 있다. 먼저 ①행의 뻗어 올라가던에서 수직공간 확장을 읽을 수 있고 ②행의 한 줄기가 더 생긴 것이에서는 수평공간 확장을 읽을 수 있다.

③~⑤행에 오면 아래, 위의라는 언표들을 발견할 수 있고 수직공간 확장을 읽을 수 있다. ⑥ ⑦행에서는 옆의라는 언표를 통해 수평공간 확장을 드러내고 있다. 따라서 ①~⑦행의 언술에서는 ① ③~⑤행의 수직공간 확장을／② ⑥ ⑦행의 수평공간 확장의 대립관계를 찾아낼 수 있다.

이와 아울러 6연 전체의 언술을 보면 ①~⑨행은 낱낱을 따로따로 인식하는 대립적 인식을 그 질서로 하고 있다면 ⑩행은 각각의 대립적 인식 대상체를 하나로 묶어 이슬, 이슬의 合唱으로 보고 있는데 이는 해체적 인식의 질서를 따르고 있다. 그러므로 ①~⑨행과

⑩행은 대립적 인식 / 해체적 인식으로의 대립관계를 가진다.

그리고 ⑩행의 이슬이란 언표는 결합하는 구조의 성질에 따라 의미가 결정되는 부가의미적 언표다. 이는 문맥을 따라 읽으면 유한성, 순간성, 허무를 환기하는 언표로 ③～⑨행의 맨 끝에 놓아 텍스트에 함축미를 생산해 내는 명사의 언표들을 하나로 표현한 존재 규정이다. 이는 등나무, 등꽃, 활련, 詩, 人生 等의 유한적 존재를 규정하는 언표로 2, 3연에서 읽을 수 있는 사전적 의미의 이슬과는 사전적 의미체 / 부가의미체로 대립관계에 놓인다.

7연은 돈호법과 명령법을 주축으로 하여 이루어진 구조다. 먼저 ① ②행에서 제시된 부끄러움 고만타고 / 이제는 指揮하라에서 부끄러움 타기와 指揮하기는 서로 대립적 관계에 놓인다. 문맥으로 보아 부끄러움 타기는 소극적·수동적 자세라면 지휘하기는 적극적, 능동적 의미의 언표로 읽히기 때문이다. 또한 6연에서는 존재 확인을 청각적 구조에 의해 하며 7연에서는 후각적 감각에 의해하고 있다. 이는 6연의 合唱이란 언표와 7연의 냄새, 연기란 언표에서 각각 읽을 수 있다.

8연에서는 우물이 하는 어제의 말과 아이, 즉 인간이 하는 말을 들려주고 있는데 우물의 말은 영원성을 환기하는 말로 인간, 아이가 하는 말은 순간성을 환기하는 말로 읽히며 우울과 아이는 영원성과 순간성을 각각 드러내는 언표로 읽혀 이들은 대립적 언표가 된다.

9연은 6연에서 읽을 수 있는 존재에 대한 정의적 언술, ‘이슬의 합창’에 대한 상세한 보여주기다. 그리고 각각의 말들로 노래하는 합창의 실제를 들을 수 있다. 이슬들의 합창이 변화의 무대에서 울려 퍼지고 있다.

9연은 이 같은 이슬의 합창 속에서 대립항들을 찾아 낼 수 있게 한다. 먼저 ①행과 ④행은 대립구조다. 존재에의 긍정을 보여 주는 ①행과 그에 대한 물음을 드러내는 ④행은 긍정 / 의문으로 존재 읽기의 태도에 있어 대립적이다.

또한 ②행에서는 영희라는 이름을 가진 아이와 미지의 인물인 어른의 대립을 읽을 수 있다. 그리고 ② ③행은 집 안의 인물이 하는 말이며 ⑤행은 집 밖의 인물이 하는 말로 대립관계가 된다. 이와 함께 ②~⑤행은 사람들의 말이며 ⑥행은 닭들의 말로 대립관계에 놓이며 ⑦ ⑧행에서는 텍스트의 맨 처음에서 읽을 수 있었던 지속 / 변화의 대립을 읽을 수 있다.

이상의 분석에서와 같은 대립항 이어 놓기는 「등나무」의 시 쓰기에 있어 내적 문법으로 작용하고 있고 이는 역동적 구조와 시적 언술의 텐션을 생산하기도 한다.

Ⅳ. 신화의 모델링 체계

텍스트는 시작으로 복귀하는 것이다. 끝으로 복귀하는 것은 아니다. 근본적인 문제는 그것이 어떻게 끝났는가가 아니라 그것이 어디서 기원하는가이다. 현상을 설명하는 것은 그 기원을 지적하는 것이다. 모든 후손들의 범죄는 창시자들의 죄들을 확대한다.[1]

고대신화는 자주 서유럽문학에 의해 다시 이용되어 왔거나 부가의

미화되어 왔다. 이러한 신화 체계를 제대로 알지 못하면 많은 부가의미들을 제대로 인지할 수 없다.2)

「등나무」는 신화적 언술의 성격을 가진다. 이 같은 특징은 7연에서 확연히 드러난다. 등나무여 指揮하라. / 부끄러움 고만 타고 / 이제는 指揮하라 이카루스의 날개처럼 // 쑥잎보다 훨씬 얇은 / 너의 잎은 指揮하라 / 베적삼,……항라 / 모시치마 냄새난다 냄새난다 / 냄새여 指揮하라 / 연기여 指揮하라 / 등나무……등나무 / 의 언술로 구성된 7연은 신화의 부가의미를 생산한다. 이는 텍스트 내부의 의미를 신화의 모델링 체계 안에서 읽어야 함을 알려주고 있다.

7연 ②행에서 읽을 수 있는 이카루스라는 언표는 이 같은 읽기에의 친절한 안내자다. 이카루스는 그리스·로마 신화에 나오는 인물이다. 그는 미노스 왕을 위해 미궁을 만든 건축가 다이달로스(Daidalos)의 아들이다. 미궁을 만들어 미노스에게 바친 다이달로스는 왕의 총애를 잃고 아들 이카루스와 함께 미로에 갇힌다. 다이달로스는 아들과의 탈출을 위해 새의 날개와 밀초로 날개를 만든다.

날개를 완성한 다이달로스는 탈출 전 아들에게 너무 낮게 날아 습기로 날개가 굳어 버리게 하거나 너무 높이 날아 태양열에 날개가 녹지 않도록 할 것을 주의시킨다. 그러나 이카루스는 다이달로스의 이 같은 주의를 듣지 아니한다. 너무 높이 날아 태양열로 밀초가 녹고 날개가 부서져 바다 속으로 떨어져 죽는다.3)

---

1) 유리 로트만 著, 유재천 옮김, 『예술텍스트의 구조』, 고려원, 1991, p.322.
2) 위르겐링크 지음, 고규진 외 옮김, 『기호와 문학』, 민음사, 1994, p.119.
3) 이디스 해밀튼 지음, 이재호, 유철준 옮김, 『그리스·로마신화』, 탐구당, 1995, pp.221－222와 토마스 볼핀치 지음, 김숙희 옮김, 『그리스 로마 신화』, 도서출판 우래, 1993, p.186－189 참고.

현대시의
기호학

이 같은 다이달로스와 그의 아들 이카루스의 미궁 탈출 신화는 그리스·로마 신화들 중 대모험의 이야기다. 이 대모험의 이야기는 「등나무」를 전경화하며 「등나무」는 이를 후경화한다. 신화적 의미 동일체와의 결합이다. 이 대모험의 이야기는 「등나무」 읽기에서 부가의미를 읽게 한다. 미궁에 갇힘은 신화 속의 다이달로스와 이카루스에게 가해진 형벌만은 아니고 모든 존재는 존재의 미궁 속에 철저히 갇혀 있다. 다이달로스의 미궁처럼, 처음과 끝도 알 수 없는 완벽한 미궁에 갇혀 있다.

이 완벽한 존재의 미궁에 갇힌 존재자의 대표 격인 등나무에 다이달로스와 이카루스와 같이 '이카루스의 날개처럼……너의 잎을 指揮하라' 함은 신화 속의 두 인물처럼 너도 존재의 미궁을 탈출할 것을 권유하는 것이다.

7연에서 읽을 수 있는 등나무를 향한 강력한 명령어는 指揮하라다. 이 강력한 명령의 언술은 이카루스처럼 그리고 쑥잎보다 훨씬 얇은 너의 잎을 이카루스의 날개처럼 타고 존재의 미궁을 탈출하라는 것이다. 이 같은 명령어 指揮하라는 7연의 ① ② ④ ⑦ ⑧행에 걸쳐 다섯 번의 반복을 보여 준다.

다섯 번에 걸친 반복은 ②행에서 읽을 수 있는 '이제는'을 시간의 경계로 하여 부끄러움 타는 수동적 미궁의 존재자로부터 나와 자신의 존재를 능동적으로 지휘하는 미궁의 존재자로부터의 탈출 권유를 강변하고 있는 것이다. 본 텍스트의 존재의 창인 등나무는 자연의 법칙에 순응하며 존재의 미궁에 착실하게 갇힌 수동적 상징체다. 이 같은 순응적 존재자에게 그로부터의 탈출을 권유하고 있다. 비활동적 수신자로부터 떠나서 행동하는 주체자가 될 것을 요청하고 있다.

그리고 ① ② ④ ⑦행에 쓰인 탈출 권유의 언술은 결구 반복의 구조로 드러난다. 이들 명령의 언술에 쓰인 결구인 指揮하라는 완벽한 일치의 결구 반복으로 쓰인다. 그러나 화자의 명령을 받는 대상체[4]에서는 기표의 변이가 드러난다. ①행에서는 등나무라는 명사에 감탄호격조사어를 붙여 대상체를 부르고 있고 ②행은 ①행과 동일한 대상체를 향한 반복적 명령이다.

그러나 ④행에서는 너의라는 언표를 통해 대상체인 등나무가 신화적 의인화를 이룬다. 신화적 2인칭 의인화의 언표로 불리던 등나무는 ⑦행에 오면 냄새로 불린다. 등나무를 은유한 술어가 주어로 자리바꿈한 언표인 냄새로의 변이를 보이고 있다. 이 같은 변이는 ⑧행에서 등나무를 은유한 또 하나의 언표인 연기로의 변이로 이어진다. 그러므로 명령어를 받는 대상체의 변이는 다분히 다층적이다. 그리고 이들 다층적 언표인 등나무, 너, 냄새, 연기는 상동성과 동치성의 시리즈가 된다.

이들 동치성의 시리즈 중 냄새, 연기로의 등나무 환기는 화자의 대상 원기에서 낯설지 않은 문법이다. 선행 언술인 6연에서 이미 존재자 모두를 이슬이란 언표로 읽어 두었기 때문이다. 등나무와……활련,……詩, 人生 등의 모든 존재자를 이슬로 인식하기 때문이다.

7연에서 발생된 등나무＝냄새＝연기의 의미구조는 6연의 등나무＝이슬에 연결되어 등나무＝이슬＝냄새＝연기의 동치성의 시리즈를 만들 수 있다. 이슬, 냄새, 연기란 언표는 모두 유한성과 순간성을 환기한다. 강력한 증발성과 휘발성을 지니는, 영원의 반대항에 놓인 기

---

4) 영국의 수사학자 ogden과 Richards는 물체를 대상체라 한다. Jürgen, T, *Elemente der Semiotik*, C.H.Beck München, 1976, p.26.

표들이다. 이들은 씨니피앙의 연속적 드러나기에 있어 그 순간성 보여주기에의 서럽도록 극명한 언표들이다.

이 같은 동치성의 시리즈에 놓인 등나무란 언표는 다만 등나무만의 고정적 제한적 의미 영역만을 가지는 언표는 아니다. 등나무는 6연에서 명시하였듯 모든 존재자와 동일체이며 등나무는 존재의 현재를 낱낱이 보여주는 참으로 밝은 창이다.

축소와 확대의 양대 의미 축 위를 펼쳐 보이는 언표다. 따라서 이 같은 다층의 변이항에 의한 존재의 대표자 등나무에의 존재미궁으로부터의 탈출 명령은 존재 모두를 향한 명령이며 권유다. 이는 또한 화자 내부에 사는 내부 존재적 씨니피앙을 향한 명령이며 권유며 존재 탈출에의 몸부림적 욕구다.

그리고 날개란 언표는 4연의, 그의 주위를 몇 번이고 돌고 돌고 돌고 / 또 도는 조름같은 날개의 날것들과 / 에서도 읽을 수 있다. 여기서의 날개는 몇 번이고 돌고 돌고 돌고 또 도는 조름 같은 날개다. 존재의 미궁 밖으로 그 갇힘의 밖으로 날아갈 수 없는 미궁을 순환할 뿐인 나약한 날개다. 그러므로 이 같은 수동적인 나약한 날개를 가졌을 뿐인 존재자의 대표인 등나무에 미궁의 밖으로 빠져나갈 수 있는 이카루스의 날개를 가질 것을 권유하는 것이다.

그리고 겉 읽기에서 5, 8, 9연은 총체적 의미구조로 볼 때 확실한 의미 동일체 없는 암호와 같은 개별체(Idiolekte)로 보인다. 전체적 의미구조의 통일성을 결여한 영화의 컷 같은 몽타주(montage) 기법, 단절적 기법을 확인하게 한다. 시적 언어와 대화적·산문적 언술 사이의 텐션이 다양한 말하기의 문체적 충격을 준다.

그러나 면밀한 분석적 읽기를 하면 5, 8연은 의미 층위로 볼 때 7

연과 동일한 기능단위의 연으로 묶여짐을 확인할 수 있다. 따라서 5, 8연의 언술들은 다만 기법의 현란함을 보여 주는 개별체적 장치로만 쓰인 것은 아니다.

먼저 5연을 보면 ① ②행은 교차배열법을 취하면서 아이와 엄마의 대화가 이루어지고 있다. 직접화법의 대화가 이루어지고 있다. 「엄마 안 가? 엄마 안 가?」/「안 가 엄마! 안 가 엄마! 엄마가 어디를 가니?」/「안 가유?」/「안 가유! 하……」/「으흐흐……」/ 의 5연 전체 언술은 아이가 엄마에게 어디론가 가자고 조르는, 결국 칭얼칭얼 울고 마는 담화다. 여기서 주축을 이루고 있는 언술은 어린이의 구어체적 말하기며 그것 속에서도 가다는 5연의 키워드가 된다.

가다의 의미는 문맥에 따라 읽으면 목적한 곳을 향하여 움직이다, 떠나다로 읽힌다. 주어진 현재의 장소와 현재의 상황에서 떠나 자기가 원하는 목적하는 곳을 향하여 가는 것을 의미한다. 그러므로 가자고 조르는 아이와 엄마의 직접화법의 언술은 미궁적 존재상황으로부터의 탈출을 암시한다고 읽을 수 있다.

따라서 5연은 다이달로스와 이카루스의 신화를 후경화하여 그의 모델링 체계로 읽히는 아버지와 아들의 미궁으로부터의 탈출을 읽을 수 있는 7연과 동일한 기능을 하는 단위로 읽을 수 있다. 이는 아버지와 아들의 미궁으로부터의 탈출과 상동성의 위치에 놓이는 어머니와 아이의 존재 미궁으로부터의 탈출을 환기하고 있다.

이 같은 5연의 언술은 8연에서 다시 한 번 반복되고 있다. 따라서 5연, 7연, 8연은 모두 존재상황의 미궁으로부터의 탈출과 그를 향한 갈망을 말하는 기능 단위로 묶인다.

현대시의
기호학

Ⅴ. 맺음말

이상으로 김수영의 「新歸去來 3. 등나무」를 분석해 보았다.

Ⅱ. 3分法과 무한의 구조에서는 1~5연, 6~8연, 9연의 3分法으로 구조를 분석해 보았다. 세 번째 분절 부분인 9연은 앞의 분절 부분에 대한 뒤집기, 첨가에 의한 범주 확장, 종합의 구조를 가진다. 특히 뒤집기 구조는 텍스트의 맨 끝 언술이 최초의 언술로 복귀하면서 무한의 순환적 고리를 형성하게 한다. 이는 순환적 무한의 존재구조를 캐고 있는 텍스트의 의미구조와 하나 되어 끝나지 않는 무한의 메시지를 생산한다.

그리고 Ⅲ. 대립과 역동성에서는 본 텍스트에 있어 시 쓰기의 내적 문법으로 사용되고 있는 대립항들을 분석해 보았다. 이는 구성의 원리로 작용하면서 역동적 구조 만들기와 텐션을 산출해 내고 있다.

또한 Ⅳ.에서는 먼저, 7연을 중심으로 하여 신화의 모델링 체계를 분석해 보았다. 그리고 7연과 5, 8연을 의미 층위로 보아 동일한 기능단위로 묶어 분석하였고 5, 7, 8연이 모두 존재상황의 미궁으로부터의 탈출과 그를 향한 갈망을 말하고 있음도 분석해 보았다.

이상의 분석은 텍스트 구조가 가지는 구조와 결, 체계 읽기를 통한 또 하나의 새로운 읽기 방법이 될 것이며 이는 쉽게 읽히기의 거부를 드러내는 텍스트의 내면으로 가는 하나의 길이 될 수 있을 것이다.

김춘수의
「처용단장」 분석

김춘수의 「처용단장」 분석

Ⅰ. 머리말

•••문학 텍스트 읽기는 텍스트에 드러나는 세계 읽기와 말하기의 질서와 체계를 읽는 것이다. 세계 읽기란 세계에 대한 생각이고 존재 방법이며 말하기란 그 생각과 존재 방법의 보여주기다. 따라서 텍스트 읽기는 거기에 나타나는 세계에 대한 독법과 화법을 찾아내는 일이기도 하다.

이 글은 處容斷章 1부에 나타나는 세계에 대한 독법과 화법을 분석적 읽기를 통해 찾아내는 데 그 목적을 두고 있다.

1부의 표제는 눈, 바다, 山茶花다. 개념의 기호며, 언어 밖의 사물을 일정한 의미 자질로 묶어 놓는 기능을 하는 명사1)로 표제를 삼고 있다. 또한 이들은 모두 자연을 나타내는 언표로 구성되어 있다. Ⅱ에서는 이 같은 눈, 바다, 山茶花의 표제 코드들을 분석하고자 한다. 그리고 Ⅲ에서는 텍스트의 전편에 흐르고 있는 해체적 독법과

---

1) 이남석, "언어기호와 세계인식", 『현대사회와 기호』, 한국기호학회, 문학과지성사, 1996, p.106.

실제와 현실의 미메시스적 말하기의 거부와 변형의 현상을 구체적으로 분석하고자 한다.

Ⅱ. 표제어

1. 눈

표제의 언표인 눈, 바다, 산다화는 우선 내용과 유기적 관계를 가지는 것으로 읽힌다. 현대시에 드러나고 있는 표제와 내용의 괴리현상이나 그것에 의한 판독의 혼란주기는 보이지 않는다. 이들은 텍스트 내부에서 말하고 있는 언술의 대표적 코드로 쓰이면서 전통적 표제 붙이기의 관습을 그대로 지키고 있다.

먼저 표제에 쓰인 순서에 따라 눈을 분석하기로 한다.

처용단장 1부에서의 눈이란 코드는 삶을 형성하고 있는 안과 밖, 자연과 인간 等을 보여주는 삶의 예술적 렌즈 역할을 한다.

1의 4연, 잠자는 내 어깨 위 / 그해의 새눈이 내리고 있었다. / 에서는 눈은 잠자는 화자의 어깨를 보여주는 렌즈의 역할을 한다. 2에서는 3월에도 눈이 오고 있었다. / 눈은 / 라이락의 새순을 적시고 / 피어나는 山茶花를 적시고 있었다. / ……3월에 오는 눈은 송이가 크고 / 깊은 수렁에서처럼 / 피어나는 산다화의 / 보얀 목덜미를 적시고 있었다. / 에서 읽을 수 있듯이 라일락 새순, 피어나는 山茶花를 보여 주고 있다.

그리고 3에서는 주님 생일날 밤에는 / 눈이 내리고 / 내 눈썹과 눈썹 사이 보이지 않는 하늘을 / 나비가 날고 있었다 / 한 마리 두 마리 / 라 하여 눈은 주님 생일날 밤을 맞은 땅과 보이지 않는 하늘을 보여주는 렌즈의 역할을 한다.

5에서는 아침에 내린 / 복동이의 눈과 수동이의 눈은 / 두 마리의 금송아지가 되어 / 하늘로 갔다가 / 해질 무렵 / 저희 아버지의 외발 달구지에 실려 / 금간 쇠방울 소리를 내며 / 돌아오곤 하였다. / 한밤에 내린 / 복동이의 눈과 수동이의 눈은 또 / 잠자는 내 닫힌 눈꺼풀을 / 차운 물로 적시고 또 적시다가 / 동이 트기 전 / 저희 아버지의 외발 달구지에 실려 / 금간 쇠방울 소리를 내며 / 돌아가곤 하였다. / 라 하여 생사의 경계를 넘어선 인간의 삶과(이에 관해서는 후술하겠음) 하늘과 땅, 낮과 밤의 경계를 넘어선 인간의 삶을 보여 주고 있다.

또한 5에서는 눈이 내리고 있었다. / 눈은 아침을 뭉개고 / 바다를 뭉개고 있었다 / 먼저 핀 산다화 한 송이가 / 시들고 있었다. / 눈이 내리고 있었다. / 아이들이 서넛 둘러앉아 / 불을 지피고 있었다. / 아이들의 목덜미에도 불속으로도 / 내리고 있었다. / 처럼 눈은 아침, 바다, 시드는 산다화, 불 지피는 아이들, 아이들 목덜미, 불을 보여 주고 있다.

이 같은 현상은 10과 12에서도 읽을 수 있다 10에서는……얼룩 암소가 아이를 낳고 있었다. / 아이를 낳으면서 / 얼룩 암소도 새벽까지 울고 있었다. / 그 해 겨울은 눈이 / 그 언저리에만 오고 있었다. / 의 언술을 통해 눈은 아이를 낳으면서 새벽까지 울고 있는 얼룩암소를 보여 주는 렌즈가 되고 있다. 그 해 겨울은 눈이 / 그 언저리에만 오고 있었다 / 는 강조하기 위한 영화의 크로즈업 기법을 읽게 하는, 확대된 렌즈를 느끼게 한다.

그리고 12에서는 겨울이 다 가도록 / 아이들의 목덜미는 모두 / 눈에 덮인 가파른 비탈이었다와 같이 눈은 아이들의 목덜미를 보여주는 렌즈의 역할을 한다.

이상에서와 같이 눈은 잠자는 화자의 어깨를 보여 주고, 라일락 새순, 피어나는 산다화, 삶 생 / 사와 하늘 / 땅, 밤 / 낮의 경계를 넘어선 인간의 삶, 아침, 바다, 시드는 산다화, 불 지피는 아이들, 아이들의 목덜미, 불, 아이를 낳으면서 새벽까지 울고 있는 얼룩 암소 等 자연, 짐승, 인간을 고루 보여 주는 렌즈로의 역할을 한다. 따라서 처용단장 1부에서의 눈은 자연, 짐승, 인간의 삶의 모든 것과 그 과정들을 보여주는 렌즈며 존재의 나타남을 부여하는 어떤 것이 된다.

또한 눈은, 경계를 무너지게 하는 해체적 코드로 읽힌다. 1의 4연에서는 잠자는 내 어깨 위 / 그해의 새눈이 내리고 있었다. / 어둠의 한쪽이 조금 열리고 / 개동백의 붉은 열매가 익고 있었다. / 잠을 자면서도 나는 / 내리는 그 / 희디흰 눈발을 보고 있었다 / 라 했는데 여기서 눈은 어둠의 닫힘을 조금 열게 하는 존재로 읽힌다. 또한 눈은 잠을 자면서도 볼 수 있는 존재로 깨어 있음과 잠듦의 경계를 넘나들며 볼 수 있는 존재며 경계를 넘나들며 존재하는 자연물로 읽힌다.

이 같은 현상은 3의 앞서 인용한 부분에서도 읽을 수 있다.

주님 생일날 밤에 지상에 내리는 눈은 보이지 않는 천상의 세계로 공간 확장을 부여하고 있다. 지상 / 천상의 경계를 무너뜨리는 해체적 존재로 읽힌다. 그러하여 눈이 내리는 주님 생일날은 평소는 느끼지 못하는 하늘을 느끼게 한다. 그 하늘을 나는 나비인 눈으로 하여 경계가 무너지고 내리는 눈은 지상과 천상으로 연결하는 나비와 같은 형상의, 하늘에서 땅으로 나 있는 길인 것이다.

눈이 해체적 코드로 읽힘은 5에서 더욱 분명해진다. 앞의 인용 부분을 다시 보면, ① ②행에서 눈이란 언표는 양가(ambivalent)적 코드로 읽힌다. 즉 복동이의 눈(眼)과 수동이의 눈(眼)의 인간 육신의 눈(眼)의 의미와 하늘에서 내라는 눈(雪)의 이중적 의미로 읽을 수 있고 이는 애매모호성(ambiguity)을 드러내고 있다. 여기서 복동이와 수동이는 이승에 없는 죽은 자들로 읽힌다. 죽은 복동이와 수동이의 육신은 자연으로 돌아가 그들 육신의 눈(眼)이 눈(雪)이 되어 내리는 것이다.

따라서 복동이와 수동이의 눈(眼) → 내리는 눈(雪)으로 하강 → 금송아지가 되어 하늘로 상승했다가 해질 무렵에 저희 아버지의 외발쇠달구지에 실려 금 간 쇠방울 소리를 내며 돌아오곤 하는 다단계의 윤회적 변형을 읽을 수 있다. 이는 인간 육신에서 자연현상의 눈으로, 다시 금송아지로의 변형을 읽을 수 있으며 사람과 자연현상의 눈, 동물의 경계를 넘어 상승과 하강의 하늘과 땅을 넘나드는 윤회적, 해체적 존재인식을 읽을 수 있다.

또한 죽은 복동이와 수동이의 눈(眼)은 다단계의 변형을 거쳐 금송아지가 되고 살아 있는 아버지의 외발달구지에 실려 금 간 쇠방울 소리를 내며 돌아오곤 할 수 있다. 이는 사람과 자연현상, 동물, 삶과 죽음의 경계가 무너진 해체적 세계인식을 읽을 수 있게 한다. 그리고 기표에 대한 기표의 반복, 형상에 형상을 몰고 나타나는 형상의 반복, 비종결적 잠재성의 환유적 기표의 끝없는 차연의 산종현상을 읽을 수 있다.

　그리고 5연 ⑨~⑯행의 한밤에 내린 / ……돌아가곤 하였다 / 에서는 죽은 복동이의 눈(眼)과 수동이의 눈(眼)이 눈(雪) 되어 한밤에 내려서는 잠자고 있는 화자와 만나고 있다. 여기서는 잠을 통과하여 복동이와 수동이 그리고 화자가 만나고 있다. 그러므로 산 자 / 죽은 자, 잠듦 / 깨어 있음의 경계를 넘나드는 언표다.

　지상의 존재인 복동이와 수동이의 눈(眼)이 天上의 존재인 눈(雪)이 되어 아침에 지상으로 하강하고 두 마리의 금송아지로 되어 天上으로 갔다가 해 질 무렵 다시 地上의 존재인 저희 아버지의 외발쇠달구지에 실려 돌아오므로 낮 동안은 천상과 지상을 오가며 변형하고 있다. 해 질 무렵엔 죽은 자인 복동이와 수동이가 산 자인 아버지의 쇠달구지에 실려 돌아오며 산 자와 죽은 자의 만남이 이루어진다.

　그리고 5의 ⑰~⑲행의 눈은 아침을 뭉개고 바다를 뭉개고 있다. 아침은 시간성을 의미하는 언표며 바다는 공간성을 띤 언표다. 그러므로 아침을 뭉개고 바다를 뭉갠다는 말은 시간의 경계와 공간의 경계를 뭉갠다는 말이며 시간과 공간의 모든 경계를 무너뜨린다는 말이 된다. 또한 ⑳~㉑행에서 읽을 수 있는 눈 내림 속에서의 먼저 핀 山茶花의 시듦은 피다 / 지다의 경계 무너짐을 말하고 있다. 따라서 눈은 산다화를 시들게 하여 피다 / 지다의 경계 무너짐에 작용하는 언표다.

　지금까지의 분석을 정리하면 눈은 어둠과 / 밝음, 깨어 있음 / 잠듦의 경계를 무너지게 하며 경계들을 넘나드는 언표로 읽힌다. 또한 눈은 天上 / 地上의 경계를 없애는 천상과 지상의 통로며 生 / 死, 동물 / 인간 / 무생물의 경계와 시간의 경계와 공간의 경계, 피다 / 지다

의 경계를 무너지게 하는 해체적 코드로 읽힌다

2. 바다

　바다는 앞에서 분석해 본 눈과 함께 處容斷章 1부의 대표적 언표다. 3의 1연 ⑧~⑫행에서는 내 곁에는 / 바다가 잠을 자고 있었다. 잠자는 바다를 보면 / 바다는 또 제 품에 / 숭어 새끼를 한 마리 잠재우고 있었다. / 라 하여 화자와 바다가 밀착되어 있다. 이러한 현상은 3의 2연, 다시 또 잠을 자기 위하여 나는 / 검고 긴 / 한밤의 망토 속으로 들어가곤 하였다. / 바다를 품에 안고 / 한 마리 숭어 새끼와 함께 나는 / 다시 또 잠이 들곤 하였다. / 에서도 계속되고 있다. 화자는 다음 그림과 같이 밤의 망토 속에서 바다와 바다에 안긴 숭어새끼를 안고 잠자고 있다.

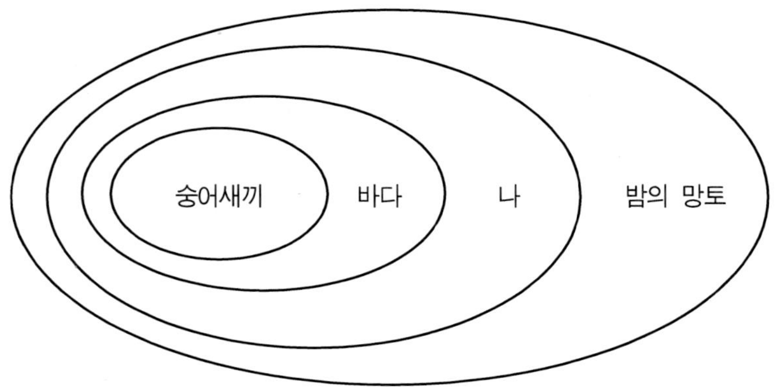

이같이 바다와 함께 잠잘 뿐 아니라 8의 내 손바닥에 고인 바다 / 그때의 어리디어린 바다는 밤의 깃을 치고 있었다. / 봄이 가고 여름이 오는 동안 / 바다는 많이 자라서 / 허리까지 가슴까지 내 살을 적시고 / 살에 테 굵은 얼룩을 지우곤 하였다. / 바다에 젖은 / 바다의 새하얀 모래톱을 달릴 때 / 즐겁고도 슬픈 빛나는 노래를 / 나는 혼자서만 부르고 있었다 / 와 같이 화자의 손바닥에 바다가 고이고 허리까지 그의 살을 적시고 그의 살에 테 굵은 얼룩을 지우기도 한다.

8에서의 바다와 화자는 각각의 존재가 아니라 분리되지 않는 하나의 존재인 양 말해지고 있다. 바다와 화자는 함께 자라며 성장하는 존재며 바다는 화자를 성장하게 하는 터전이 된다. 바다는 이처럼 화자와 함께 잠들고 그와 분리되지 않는 일체이기도 하며 그를 키우는 터전이 된다.

또한 그뿐 아니라 바다의 눈뜸을 통해서 아침이 오고 하루가 열리며 시간이 가고 있다. 1, 2에서는 바다의 눈뜸을 통해 세상을 볼 수 있는 듯 말하고 있다. 그리고 바다의 왼종일의 눈뜸을 통해 세상의 왼종일 열리듯 말하고 있다. 바다가 왼종일 / 새앙쥐 같은 눈을 뜨고 있었다. / 이따금 / 바람은 한려수도에서 불어오고 / 느릅나무 어린 잎들이 / 가늘게 몸을 흔들곤 하였다. / 의 1의 ①~⑥행은 마치 바다가 왼종일 눈뜨고 있어 보이는 듯 말하고 있다. 모든 것이 이 같은 1의 1연을 지나 1의 2연에 이어지는 밤의 모든 것도 바다의 눈뜸에 의해 열리는 하루의 보임이다. 날이 저물자 / 내 극골과 늑골 사이 / 홈을 파고 / 거머리가 우는 소리를 나는 들었다 / 베고니아의 / 붉고 붉은 꽃잎이 지고 있었다. / 의 거머리 우는 소리, 베고니아 꽃잎의 짐이 그러하다.

이 같은 현상은 1의 3연에서도 그대로 이어진다. 그런가 하면 다시 뜬 아침이 오고 / 바다가 또 한 번 / 새앙쥐 같은 눈을 뜨고 있었다. / 뚝 뚝 뚝, 천의 사과알이 / 하늘로 깊숙이 떨어지고 있었다. / 의 1의 3연 전체 언술에서 바다의 눈뜸에 의해 보이는 하늘로 깊숙이 떨어지는 사과알을 볼 수 있다. 여기서 3연 ①②행의 다시 또 아침이 오고 / 바다가 또 한 번 새앙쥐 같은 눈을 뜨고 있었다 / 는 비단 단 일회적 반복을 의미하지 않는다. 무한으로 계속되는 아침과 생쥐 같은 바다 눈뜨기의 반복을 말하는 것이다. 따라서 무수한 반복의 아침과 생쥐 같은 바다의 눈뜸은 지속되는 세상의 삶 속에서 모든 것을 보여 주는 렌즈 열기를 의미한다.

바다의 이 같은 코드 의미는 2의 미처 벗지 못한 겨울 털옷 속의 / 일찍 눈을 뜨는 남쪽 바다, / 그날 밤 잠들기 전에 / 물개의 수컷이 우는 소리를 나는 들었다. / ……에서도 계속된다.

바다를 통해 시간의 흐름을 알고 그를 통해 삶과 세상의 모든 것을 앎은 위의 1, 2에서뿐 아니라 處容斷章 전체에서 읽을 수 있다. 그 중에서도 특히 바다를 통해 삶의 가장 큰 경계인 죽음과 죽음 이후의 재생을 보여주는 현상은 자주 드러난다. 4의 ⑥～⑧행, 여름에 본 물새는 / 죽어 있었다 / 물새는 죽은 다음에도 울고 있었다. / 한결 어른이 된 소리로 울고 있었다. / 에서는 죽음과 죽음 이후에도 生의 경우와 마찬가지로 성장을 보여 주고 있다. 바다를 통한 죽음 읽기는 8의 ⑫～⑭행의 여름이 다한 어느날이던가 나는 / 커다란 해바라기가 한 송이 / 다 자란 바다의 가장 살찐 곳에 떨어져 / 점점점 바다를 덮는 것을 보았다 / 에서도 읽을 수 있다.

또한 12의 ⑥～⑯행 끝까지의 산토끼의 바보 / ……너는 거짓말처럼 죽어 있었다. / ……겨울에 죽은 네 무르팍의 피를 / 바다가 씻어 주고 있었다. / ……너는 죽어 바다로 가서 / 밝은 날 햇살 퍼지는 / 내 조그마한 눈웃음이 되고 있었다. / 에서는 죽음과 재생을 보여 주고 있다. 이러한 바다의 죽음과 재생 보여 주기는 11의 ②～⑤행에서도 확인된다. 그리고 이와 함께 9에서는 팔다리를 뽑힌 게가 한 마리 / 길게 파인 수렁을 가고 있었다. / ……등에 업힌 듯한 그 / 두 개의 눈이 한없이 무겁게만 보였다. / 라 하여 바다의 게를 통해 삶의 고통을 보기도 한다.

지금까지의 논의를 정리하면 바다는 화자와 함께 잠자고 자라며 화자를 기르는 모성적 존재며 그와 분리되지 않는 하나의 존재로 읽힌다. 또한 바다의 눈뜸을 통해 아침이 오고 하루가 열리며 시간이 가고 있다. 그뿐 아니라 바다는 삶의 모든 것과 세상의 모든 것을 보여 주는 렌즈의 역할을 하는 코드며 특히 죽음, 죽음과 재생의 문제를 보여주는 렌즈의 코드다.

이상과 같은 의미의 언표인 바다는 눈과 같이 해체적 코드로 읽힌다. 이는 특히 12의 ⑥행～끝에서 선명하게 드러난다. 산토끼의 바보, / 무르팍에 피를 조금 흘리고 그때 / 너는 거짓말처럼 죽어 있었다. / 봄이 와서 / 바람은 또 한 번 한려수도에서 불어오고 / 겨울에 죽은 네 무르팍의 피를 / 바다가 씻어 주고 있었다. / 산토끼의 바보, / 너는 죽어 바다로 가서 / 밝은날 햇살 퍼지는 / 내 조그한 눈웃음이 되고 있었다. / 에서 산토끼의 죽음은 바다의 피 씻어 주기의 과정을 거쳐 내 조그만 눈웃음으로 재생하고 있다. 죽음 / 삶의 대립적 경계를 없애는 공간이 된다. 바다의 이 같은 코드 의미는 11의 ②～⑤행에 보이는 山茶花가 바다로 지고 있었다. / 꽃잎 하나로 바다는 가리워지고 / 바다는 비로소 / 밝은 날의 제살을 드러내고 있었다 / 에서도 읽을 수 있다.

3. 산다화

위에서 분석한 눈, 바다처럼 산다화의 쓰임은 빈번하지 못하다. 또한 그 의미의 다층화도 보이지 않는다.

산다화는 2의 눈은 / 라일락의 새순을 적시고 / 피어나는 山茶花를 적시고 있었다 / 와 11의 앞에서 인용한 ②~⑤행의 부분에서 읽을 수 있고 ②행이 11의 맨 끝 행에서 반복되면서 언표가 쓰이고 있다. 이들 언술에서의 산다화가 가지는 의미는 한 생명체의 표징으로 읽힌다.

지금까지 표제어로 쓰인 눈, 바다, 산다화를 분석해 보았다. 이는 현대시의 표제 붙이기에서 보이는 내용과 유기적 관계를 갖지 않는 표제 붙이기 책략은 보이지 않는다. 표제어 눈, 바다, 山茶花는 내용과 유기적 관계를 가지는 언표다. 따라서 이들은 텍스트 판독에 있어 중요한 의미를 부여하며 이의 분석은 텍스트 읽기에 기여하는 작업이 된다.

이상의 표제어 분석을 정리하면 눈은 자연, 짐승, 인간의 삶의 모든 것, 과정들을 보여주는 렌즈며 어둠 / 밝음, 깨어 있음 / 잠의 경계를 없애며 그 경계를 넘나드는 코드로 읽힌다. 또한 눈은 天上 / 地上의 경계를 없애며 生 / 死 동물 / 인간 / 무생물의 경계와, 시간의 경계와 피다 / 지다의 경계를 무너지게 하는 해체적 코드로 읽힌다. 그리고 바다는 화자와 함께 잠자고 화자와 분리할 수 없는 하나의 존재며 그를 성장하게 하는 모성적 터전이다. 또한 바다는 삶의 모든 것과 세상의 모든 것을 보여주는 렌즈의 역할을 하는 코드며 특히 죽음, 재생의 문제를 보여주는 렌즈며, 해체적 코드다.

따라서 이들 표제어 중 눈, 바다는 화자에게 삶을 보여주는 렌즈의 역할을 하는 해체적 코드다. 그리고 처용단장 1부의 모든 언술들은 눈과 바다의 해체적 카메라 앵글에 잡힌 피사체다. 그러므로 처용단장 1부의 모든 언술들은 하나같이 눈과 바다의 색채를 띠고 있다.

처용단장의 1~13은 모두 바다＋눈의 이중적 색채를 띠거나 눈 또는 바다 하나의 색채를 띤다. 그리고 산다화는 이 같은 해체적 의미의 렌즈에 비추어진 피사체의 대표적 표징이다. 따라서 이들 표제어, 눈, 바다는 산다화와 렌즈 / 피사체의 관계에 놓인다.

Ⅲ. 해체와 변형

표제어 분석에 의하면 處容斷章 1부의 표제어 중 눈, 바다는 화자에게 사물을 보여주는 렌즈의 성격을 지니며 해체적 코드로 읽힌다. 따라서 이 같은 해체적 렌즈로 보는 처용단장 1부의 언술 또한 해체적 성격을 가질 것으로 보인다. 여기서는 해체적 인식과 그에 따른 현실의 변형을 드러내는 대표적 현상들을 좀 더 구체적으로 분석해 보고자 한다.

먼저 1의 ①~②행을 보면, 바다가 왼종일 / 새앙쥐 같은 눈을 뜨고 있었다 / 란 언술을 읽을 수 있다. 바다는 작은 자연물이 아니다.

우리가 지칭하는 물의 흐름들인 시내, 강, 호수 等의 언표 중에서 가장 큰 물의 흐름을 나타내는 언표인 것이다. 따라서 바다가 왼종일 새앙쥐 같은 눈을 뜨고 있었다란 언술은 크다 / 작다의 대립적 질서를 해체하는 인식 체계 속에서의 독법이며 화법임을 알 수 있다. 이는 바다는 크고 시내는 작다는 일반적 인식의 질서를 해체하고 있다.

이 같은 첫 문장에 담겨 있는 인식의 문법으로 해체적 탈중심 지향정신, 다원성의 지향성을 읽어 낼 수 있다. 이는 본 텍스트가 가지고 있는 세계에의 독법과 그에 대한 화법이 고전적 전통시에서 읽을 수 있는 자동적 인식의 체계에 놓여 있지 않음을 알 수 있게 한다. 현대시의 대표적 표현 전략인 현실과 실제의 왜곡과 변형의 현상을 발견할 수 있다. 이 같은 1의 ① ②행 언술은 1의 3연 ② ③행에서 반복되고 있다. 그렇게 하여 1연 전체 구조의 균형과 질서를 만들어 내고 있다.

그리고 1의 3연 ④ ⑤행에서는……천의 사과알이 / 하늘로 깊숙이 떨어지고 있었다 / 고 했는데 높이 / 깊이 하늘 / 땅 떨어지다 / 날다의 경계가 없어지는 해체적 인식을 읽을 수 있다. 사과는 하늘로 나는 것이 아닌 땅으로 떨어져야 할 것이다. 또한 하늘로는 떨어진다고 하지 아니하고 난다고 하는 것이 일반적 인식 체계에 놓인 문법이기 때문이다. 사과가 하늘로 깊숙이 떨어지는 것은 마치 꿈속의 장면인 양 느껴지며 꿈의 작업, 꿈의 왜곡 같은 현상을 읽을 수 있다.

1의 4연 ①행의 '가을이 가고 또 밤이 와서'에서는 계절인 가을 다음에 올 겨울이 아닌 밤이란 언표가 대신 자리하고 있다. 이는 봄, 여름, 가을, 겨울 / 밤, 낮의, 1년의 계절 구분 언표 / 하루의 밤, 낮 구분언표의 대립을 해체하고 있다.

3의 경우도 ①행부터 이 같은 현상을 읽을 수 있다. ①행의 벽이 걸어오고 있었다 / 의 언술에서 걷는 것은 벽이다. 사람이나 동물이 아닌 벽을 걸어 다니게 하고 있다. 이는 무생명체 / 동물 사이의 변별적 대립의 질서를 무너뜨리고 있다. 이 같은 경계 해체는 ②행의 늙은 홰나무가 걸어오고 있었다와 / ④~⑦행의 회랑의 벽에 걸린 청동시계가 / 겨울도 다 갔는데 / 길고긴 망토를 입고 걸어오고 있었다. / 에서도 읽을 수 있다. ②행에서는 식물 / 동물의 경계 해체를 읽을 수 있고 ④~⑦)행에서는 무생물 / 인간의 경계가 무너지고 있다.

3의 1연 ⑧~⑫행의 내곁에는 / 바다가 잠을 자고 있었다. / 잠자는 바다를 보면 / 바다는 또 제품에 / 숭어 새끼를 한 마리 잠재우고 있었다. / 를 보면 화자와 바다가 서로 바로 곁에 있다. 그리고 3의 2연, 다시 또 잠을 자기 위하여 나는 / 길고 긴 / 한밤의 망토 속으로 들어가곤 하였다. / 바다를 품에 안고 / 한 마리 숭어 새끼와 함께 나는 / 다시 또 잠이 들곤 하였다. / 에서는 한밤이라는 시간이 공간성을 띠는 한밤의 망토가 되고 있다. 밤의 망토 속에서 바다를 품에 안고 숭어새끼와 함께 잠든다. 이때 밤은 바다와 바다에 사는 숭어 새끼와 나를 공간성을 지니는 밤의 망토라는 하나의 공간에 잠들게 하는 언표다. 그리하여 바다 / 육지, 화자인 인간 / 숭어새끼의 경계가 없어진다. 따라서 밤은 공간을 해체하고 인간 / 숭어새끼의 경계가 없어지게 한다.

다음은 3의 3연 ①~③행을 보도록 한다. 호주 선교사네 집에는 / 호주에서 가지고 온 해와 바람이 / 따로 또 있었다. / 란 언술에서는 가지고 다닐 수 있는 것 / 가지고 다닐 수 없는 것의 변별적 경계가 없어지고 있다.

4에서는 ⑥~⑨의 여름에 본 물새는 / 죽어 있었다. / 물새는 죽은 다음에도 울고 있어다. / 한결 어른이 된 소리로 울고 있었다. / 에서 죽다 / 살다의 해체적 인식을 읽을 수 있다. 물새는 죽은 후에도 성장할 수 있기 때문이다.

또한 4의 ⑭~⑮행의 한 사나이가 이리로 오고 있었다. 한쪽손에 죽은 바다를 들고 있었다. / 는 3의 3연같이 들 수 있는 것 / 들 수 없는 것의 경계가 없다. 그리고 바다가 마치 손에 들 수 있는 작은 물건처럼 표현되고 있어 크다 / 작다의 대립의 질서를 거부하고 있다.

6을 보면 ⑦~⑨행에서 크다 / 작다의 인식의 대립적 질서를 거부하고 있음을 읽을 수 있다. 어항에는 크낙한 바다가 / 저물고 있었다는 / 자동적 인식의 질서에서 작다의 개념에 적합한 어항에서 크낙한 바다를 읽고 있다.

이는 앞에서 분석한 1의 1연 ① ②행과 3연 ② ③행에서 읽을 수 있는 바다가 왼종일 / 새앙쥐 같은 눈을 뜨고 있었다. / 나 4의 맨 끝행, 한쪽 손에 죽은 바다를 들고 있었다와 같은 인식의 문법이 발견된다. 자동화된 인식의 질서에서 크다 개념으로 읽힐 바다를 작다로 읽고 있는 것과 같이 탈자동화된 질서며 거꾸로 읽기다. 또한 해체적 읽기다. 따라서 바다는 작고 어항은 큰 뒤집기의 질서가 질서로 존재한다.

7의 ① ②행의 "새장에서 새똥 냄새도 오히려 향긋한" / 에서는 악취 / 향기의 해체적 인식을 읽을 수 있다. 또한 ③ ④행의 잡혀 온 산새의 눈은 / 꿈을 꾸고 있었다. / 에서는 잡힌 새의 불안 / 꿈꾸기의 인식의 질서가 뒤집혀 있다.

8의 ①~⑤행, 내 손바닥에 고인 바다, / 그 때의 어리디어린 바다는 밤이었다. / 새끼 무수리가 처음의 깃을 치고 있었다. / 봄이 가고 여름이 오는 동안 / 바다는 많이 자라서 / 에서는 앞에서 본 바와 같이 큰 바다가 작다의 개념으로 인식되고 있고 바다가 자라고 있어 생명체 / 무생명체의 경계가 무너지고 있다. 또한 바다와 화자 새끼무수리는 공동체적 존재로 바다 / 화자 / 새끼 무수리의 경계가 없고 바다 / 육지, 바다의 존재 / 육지의 존재 사이에 경계가 없다.

그리고 10에서는 ⑧~⑩행에서 기쁨 / 슬픔의 경계가 무너지고 있음을 읽을 수 있다. 얼룩 암소가 아이를 낳고 있었다. / 아이를 낳으면서 / 얼룩 암소는 새벽까지 울고 있었다. / 에서 자기 새끼의 탄생을 탄생 읽기의 일반적 문법인 기쁨으로 인식하지 아니하고 슬픔으로 인식하며 울고 있기 때문이다.

13에서도 해체적 존재인식은 화자의 대상 읽기에 있어 기본문법이 된다. 이는 ⑦~⑩행에서 읽을 수 있다. "느린 햇발의 땅거미가 지고 있었다. / 탱자나무 울이 있었고 / 탱자나무 가시에 찔린 / 서녘 하늘이 내 옆구리에 / 아프디아픈 새 발톱의 피를 흘리고 있었다. / " 에서 '탱자나무 가시에 찔린~흘리고 있었다'라 함은 탱자나무 가시를 꿰뚫어 비추고 또한 화자의 옆구리를 비추고 있는 해 질 녘의 서녘 하늘 핏빛 햇살을 표현하는 언술로 읽을 수 있다.

따라서 서녘 하늘의 햇살은 서녘 하늘 / 탱자나무 가시 / 내 옆구리를 하나로 꿰어 공간을 해체하고 있다. 그러므로 서녘 하늘의 해 질 녘 핏빛 햇살은 天上의 서녘 하늘과 地上의 탱자나무 울에 있는 탱자나무 가시, 그리고 화자의 옆구리의 공간을 해체하는 코드로 읽힌다. 서녘 하늘의 핏빛 햇살은 천상과 지상의 수직공간을 꿰뚫고 수평의 벽인 탱자나무 울의 탱자나무 가시를 꿰뚫고 화자의 체표의 벽인 옆구리를 비추고 있다. 서녘 하늘의 핏빛 햇살에 꿰여 하나가 된다.

지금까지 처용단장 1부의 해체적 존재인식을 분석해 보았다. 이상의 분석에 따르면 크다 / 작다, 높이 / 깊이, 계절 / 밤낮, 식물 / 동물의 경계가 무너진다. 또한 무생물 / 인간, 바다 / 육지, 가지고 다닐 수 있는 것 / 가지고 다닐 수 없는 것, 땅 / 하늘, 죽다 / 살다, 악취 / 향기, 잡힌 새의 불안 / 꿈꾸기, 생명체 / 무생명체, 바다의 존재 / 육지의 존재, 기쁨 / 슬픔, 서녘 하늘 / 땅의 탱자나무 가시 / 화자의 옆구리 等의 모든 자동적 인식의 체계 속에 존재하는 경계가 부재한다.

이상의 분석에 의하면 처용단장 1부에서 읽을 수 있는 대상 읽기와 그에 의한 화법의 기본 문법은 철저히 해체적임을 확인할 수 있다. 따라서 우주에 존재하는 모든 것은 대립적 둘이 아닌 무한의 다수를 내포한 하나로 묶이며 우주의 모든 것은 그 안에 있는 것으로 인식하는 세계인식을 읽을 수 있다. 이는 또한 니체의 영원 회귀적,2) 윤회적, 순환적 세계인식이기도 하다. 그리고 데리다가 말하는 차연적3) 성격의, 탈중심지향의 세계인식이며 기표에 대한 기표의 반복, 형상에 형상을 이어 나타나는 형상의 반복, 비종결적 잠재성의 끝없는 있음, 환유적 기표의 끝없는 자리바꿈, 다중성과 다원성을 읽을 수 있다. 이는 처용단장 1부의 세계를 읽는 독법이며 그를 말하는 화법이고 시적 언술을 이끌어 가는 시 쓰기의 전략이다. 꿈의 대표적 작업인 왜곡과 변형을 느낄 수 있게 하며 이는 또한 현대시의 대표적 표현 전략인 현실의 강력한 변형을 보여 주는 것이다.

---

2) 성진기, 니이체의 영원회귀사상에 관한 고찰, 성동호 편, 『니이체철학의 현대적 조명』, 청람, 1988, pp.191−213.
3) 자크 데리다, 김보현 편역, 『해체』, 문예출판사, 1996, pp.118−159.

Ⅳ. 맺음말

처용단장 1부에 쓰인 표제어 눈, 바다, 산다화는 텍스트의 내용과 유기적 관계를 가지는 언표다. 이들 중 눈은 자연, 짐승, 인간 등의 삶의 모든 것을 보여 주는 렌즈며 모든 경계를 무너지게 하는 해체적 코드로 읽힌다. 그리고 바다는 화자와 분리할 수 없는 하나의 존재며 눈과 같이 세상을 보여 주는 렌즈며 해체적 코드다. 따라서 처용단장 1부는 눈과 바다의 렌즈로 본 것들을 내용으로 하며 눈과 바다의 해체적 카메라 앵글에 잡힌 피사체다. 그러므로 그들은 눈의 색채와 바다의 색채를 지니고 있다. 그리고 산다화는 눈, 바다의 렌즈에 비추어진 피사체의 대표적 코드다. 따라서 이들 눈, 바다는 산다화와 렌즈 / 피사체의 관계에 놓인다.

그리고 이 같은 해체적 렌즈로 본 대상 읽기인 텍스트의 내용을 구체적으로 분석해 보았는데 이는 철저히 해체적임을 알 수 있었다. 이 같은 해체적 인식은 세계 읽기의 독법이며 그를 말하는 화법이며 시 쓰기의 전략이다. 또한 이는 현실과 실제의 변형이며 현대시의 대표적 표현 전략이기도 하다.

처용단장 1부는 해체적 독법으로 세상과 삶을 말하면서 영원회귀적 기표들의 반복 속에서 하나의 기표로 존재하고 있다. 온갖 존재의 고통을 말하고 보면서 울지 말자고 외치고 있다. 그리고 굴러가는 기표들의 수레바퀴 속에서 슬퍼하지 않는, 울지 않는 기표, 초월한 기표, 초월자가 될 것을 말하고 있다.

「처용단장」의 울음
계열체와 구조

Ⅰ. 머리말

•••김춘수는 첫 시집 『구름과 장미』(1948)를 간행하면서 본격적으로 문단 활동을 시작한다. 1950년대에는 주로 형이상학적 존재 탐구에 깊은 관심을 보였고 「꽃」,「꽃을 위한 서시」,「꽃의 소묘」 等의 텍스트가 이에 속한다. 60년대 들면서 이미지를 서술적으로 쓰는 이미지 중심의 시를 쓰기 시작했고 「겨울밤의 꿈」,「인동잎」 等의 텍스트들이 이에 해당한다.

「처용단장」 1부도 이의 연장선상에 놓여 있다. 서술적 이미지로 만들어진 개성이 인식한 한 개체로서의 독특한 대상이 일반화된 틀의 관념을 거부한 채 드러나 있다. 가끔씩 역동적 상상력이 강력하게 개입된 일상의 자연물, 인물들이 처음 본 어떤 것처럼 드러나며 습관적 인식의 질서를 파괴하기도 한다. 이러한 대상의 재구성, 개인적 논리와 날카로운 자유연상의 개입 등이 강화되면 될수록 현실은 왜곡되고 강력한 변형을 겪게 된다. 처용단장 2부에서는 이 같은 경향이 드러나는 무의미 시를 만날 수 있다. 또한 3, 4부에서는 포스트모더니즘적인 현대시적 표현기법을 만날 수 있다.

이와 같이 현대시적 기법을 강하게 보여 주고 있는 처용단장은 애상의 정조를 띤, 순수서정시에서 자주 쓰이는 대표적 언표들인 울다, 눈물 等의 울음 계열체 언표들의 사용이 대단히 빈번하다. 본고에서는 이 같은 '울음' 계열체를 분석하고, 전체 구조와의 관계를 분석해 보고자 한다.

Ⅱ. 1부의 울음 계열체와 구조

처용단장 1부의 구조를 이루고 있는 체계 중 중요한 역할을 하는 계열체의 하나로 울음 계열체를 찾아 낼 수 있다. 먼저 1에서는 2연에서 거머리의 우는 소리를 들을 수 있다. 이는 '날이 저물자 / 내 늑골과 늑골 사이 / 홈을 파고 / 거머리가 우는 소리를 나는 들었다.'에서 읽을 수 있듯, 밤에 듣는 우는 소리다. 또한 미물인 거머리의 울음이 화자의 '늑골을 파고 운다'에서 느낄 수 있듯 화자의 내면에 깊이깊이 들려오는 소리다. 이는 밤에 주고받는 존재자들끼리의 자기 알림이며 있음의 슬픔 보여 주기며 그것의 확인 행위다.

이 같은 울기는 2에서도 찾을 수 있다. 이는 '그날 밤 잠들기 전에 / 물개의 수컷이 우는 소리를 나는 들었다'에서 확인된다. 여기서도 역시 시간은 밤이다. 밤의 시간 속에 물개의 수컷이 울고 있다.

이는 수컷이란 언표를 구체화한 것을 볼 때 암컷, 이성에 대한 그리움이 주는 존재의 있음과 있음의 영위 속에 들어 있는 그리움의 슬픔을 울음의 소리로 보여 주고 있다.

4에서는 물새의 울음을 들을 수 있다. '물새는 죽은 다음에도 울고 있었다. / 한결 어른이 된 소리로 울고 있었다.'가 그것이다. 여기서 물새의 울음은 죽음을 슬퍼하는 존재자의 슬픈 울음이며 삶과 죽음의 경계가 해체된 해체적 인식 속에서의 지금은 없는 있었던 자의 슬픔의 울음이다.

5에서는 '금간 쇠방울 소리'를 들을 수 있다. '금간 쇠방울 소리'는 '금간'이란 언표를 통해 내거티브한 의미 영역을 시사하고 있음을 알 수 있다. 먼저 텍스트의 언술에 귀 기울여 보자.

> 아침에 내린
> 복동이의 눈과 수동이의 눈은
> 두 마리의 금송아지가 되어
> 하늘로 갔다가
> 해질 무렵
> 저희 아버지의 외발 달구지에 실려
> 금간 쇠방울 소리를 내며
> 돌아오곤 하였다.
> 한밤에 내린
> 복동이의 눈과 수동이의 눈은 또
> 잠자는 내 닫힌 눈꺼풀을
> 차운 물로 적시고 또 적시다가
> 동이 트기 전

저희 아버지의 외발 달구지에 실려
금간 쇠방울 소리를 내며
돌아가곤 하였다.
......

위의 언표들은 로만 야콥슨의 등가성(equivalence)의 원리를 구성의 기본 원리로 하고 있다.1) '아침에 내린~돌아오곤하였다'와 '해질 무렵~돌아가곤 하였다'는 등가성의 관계에 놓이며 변주적 반복의 관계가 된다.

여기서 '금간 쇠방울 소리'의 의미를 읽기 위해서는 '복동이의 눈'과 '수동이의 눈'이라는 언술부터 읽어야 한다. '복동이의 눈'과 '수동이의 눈'이라는 코드는 애매모호성(ambiguity)을 가지는 코드다. 양의적 코드로 읽을 수 있다. '눈'은 복동이와 수동이의 육신의 한 부분인 눈으로 읽을 수 있고 하늘에서 펄펄 내리는 '눈'으로도 읽을 수 있다. 따라서 '눈'은 양가적(ambivalent) 코드가 된다. 이 같은 양가적 코드 '눈'의 사용에 의해 '아침에 내린 / 복동이의 눈과 수동이의 눈은'이라는 언술은 무한대의 의미를 지향하는 시적 언표로 드러나며 시적 언어의 마력을 발산한다.

이 같은 '눈'의 이중적 의미 읽기를 통해 보면 '아침에 내린 / 복동이의 눈과 수동이의 눈은' 시인의 역동적 상상력이 동원된 산물임을 느낄 수 있다. '아침에 내린 / 복동이의 눈과 수동이의 눈은' 죽은 복동이와 수동이의 육신의 눈이 하얀 눈으로 하늘에서 내린 눈으로 윤

---

1) Roman Jakobson, "Closing Statement: Linguistics and poetics", ed, T. A. Sebeok, *Style in Language*, the M. I. T. Press, 1960. p.358.

회 변형하여 내린 눈을 말하고 있다고 읽을 수 있다. 따라서 눈은 그냥 물질적 눈이 아니라 내가 알았던 죽은 복동이와 수동이라는 사람의 눈이 눈 되어 내리는 눈이다. 지금은 없는 복동이와 수동이의 육신의 눈이 하늘에서 내리는 흰 눈이 되어 내리고 이는 다시 '두 마리의 금송아지가 되어 / 하늘로 갔다가 / 해질 무렵 / 저희 아버지의 외발 달구지에 실려 / 금간 쇠방울 소리를 내며 / 돌아오곤' 하는 것이다.

또한 '한밤에 내린 / 복동이의 눈은 또 / 잠자는 내 닫힌 눈까풀을 / 차운 물로 적시고 또 적시다가 / 동이 트기 전 / 저희 아버지의 외발 달구지에 실려 / 금간 쇠방울 소리를 내며 / 돌아가곤 하였다'에서 읽을 수 있듯 죽은 복동이와 수동이의 눈(眼)은 한밤에 내린 눈(雪)이 된다. 그리고 살아 있는 화자를 눈물 속에 만나고 동이 트기 전 살아 있는 저희 아버지의 외발 달구지에 실려 / 금간 쇠방울 소리를 내며 / 돌아가곤 한다.

여기서도 삶과 죽음의 경계와 인간과 자연현상, 동물의 경계가 없는 존재의 변형적 있음과 그 끝없는 관계들의 끝없음을 확인할 수 있다. 이 같은 존재의식 속에 다단계의 변형을 거치는 있음의 소리인 '금간 쇠방울 소리'는 복동이와 수동이의 소리며 내리는 눈의 소리며 금송아지의 소리다. 그러나 이는 살아 있었던 지금은 없는 복동이와 수동이의 삶의 경계를 넘어 들려오는 있음의 소리며 '금간 쇠방울 소리'인 것이다.

따라서 '금간 쇠방울 소리'는 슬픔의 소리며 울음의 소리며 금간 쇠방울 소리는 '울다' 계열체의 언표다. 그러므로 5에서 읽을 수 있는 소리인 '금간 쇠방울 소리' 역시 삶과 죽음을 포함한 모든 경계를 넘어서 들려오는 있음을 알리는 소리며 인간의 가장 큰 슬픔을 터뜨리게 하는 벽인 죽음을 넘어 들려오는 슬픔의 울음소리인 것이다.

이 같은 '금간 쇠방울 소리'는 죽음을 건드려 있음의 슬픔을 시사하는 측면에서 4의 죽은 물새 울음소리와 동일한 코드로 읽힌다. 또한 '금간 쇠방울 소리'는 앞의 소리들과 같이 빛과 시각의 시간인 낮을 통해 울리는 소리가 아니고 소리의 시간인 밤을 통해 울리는 울음소리며 밤을 통해 존재를 알리고 그 죽음의 슬픔을 알리는 소리다. 이는 '해질 무렵'과 '동이 트기 전'의 어둠의 시간, 밤의 시간에 들려오는 울음소리다.

6에서도 역시 다음과 같이 울음소리를 들을 수 있다.

> 모과나무 그늘로
> 느린 햇발의 땅거미가 지고 있었다
> 지는 석양을 받은
> 적은 비탈 위
> 구기자 몇 알이 올리브 빛으로 타고 있었다.
> 금붕어의 지느러미를 쉬게 하는
> 어항에는 크낙한 바다가
> 저물고 있었다.
> Vou 하고 뱃고동이 두 번 울었다.
> 모과나무 그늘로
> 느린 햇발의 땅거미가 지고 있었다.
> ......

6에서 들려오는 소리는 vou 하는 뱃고동의 두 번 울림이다. 여기서의 뱃고동 소리 역시 저물고 있는 시간, 땅거미가 지고 있는 시간에 들려오는 소리다. 낮의 하루를 이별하는 시간에 들려오는 슬픔을 느끼게 하는 뱃고동 소리다. 이는 이별을 슬퍼하는 울다 계열체의 울음소리다.

7에서는 다음과 같이 노랫소리를 들을 수 있다.

> 새장에서 새똥 냄새도 오히려 향긋한
> 저녁이 오고 있었다.
> ......
> 한 계집아이는 고운 목소리로
> 산토끼 토끼야를 부르면서
> 잡목림 너머 보리밭 위에 깔린
> 노을 속으로 사라지고 있었다.
> 거짓말처럼 사라지고 있었다.

7에서는 한 계집아이의 동요를 부르는 노랫소리를 들을 수 있다. 이 역시 저녁 시간, 노을이 지는 시간에 듣는 소리다. 이 노래는 한 계집아이가 어둠이 오는 저녁노을 속으로 거짓말처럼 사라지면서 부르는 노래다. 거짓말같이 있음(삶)과 거짓말같이 없음(죽음)의 사이에 존재하는, 특히 거짓말같이 사라짐(죽음)을 숙명으로 가진 존재의 있음을, 존재를 알리는 노래다. 그러므로 이때의 노래는 노래이긴 하나 울음과 가까운 죽음을 가진 존재자의 슬픔을 노래하는 울음의 노래다. 따라서 노래란 언표는 울다와 의미론적으로 볼 때 상동적 언표며 노래의 울음이며 울음 계열체의 언표다.

8에서도 7과 같이 다음과 같은 울음 계열체의 노랫소리를 들을 수 있다.

내 손바닥에 고인 바다
그때의 어려디어린 바다는 밤이었다.
……
바다에 젖은
바다의 새하얀 모래톱을 달릴 때
즐겁고도 슬픈 빛나는 노래를
나는 혼자서만 부르고 있었다.
……
커다란 해바라기가 한 송이
다 자란 바다의 가장 살찐 곳에 떨어져
점점점 바다를 덮는 것을 보았다.

위에서의 노래는 삶의 기쁨과 슬픔을 혼자서 배우고 있는 성장기인 유년기의 성장의 외로움과 슬픔이 섞인 노래다. 노래이긴 하나 기쁨을 노래하는 노래가 아닌 성장의 아픔과 외로움, 삶이 주는 슬픔을 배우는 노래다. 따라서 7, 8의 노래는 노래면서 울음인 노래며 한 생명체인 성장기의 인간이 혼자서 삶의 슬픔을 배워 가는 외로움과 슬픔의 노래다. 그러므로 7, 8의 노래는 앞에서 본 다양한 형태의 울음과 같은 의미를 가지는 존재의 있음 속에 느끼는 슬픔을 우는 울음이다.

10에서는 두 가지의 울음을 들을 수 있다.

은종이 천사는
울고 있었다.
누가 코밑 수염을 달아 주었기 때문이다.

......
얼룩 암소가 아이를 낳고 있었다.
아이를 낳으면서
얼룩 암소도 새벽까지 울고 있었다.
......

　여기서는 은종이 천사의 울음과 얼룩 암소의 울음을 들을 수 있다. 은종이 천사는 누가 코밑수염을 달아 주었기 때문에 울고 있다. 즉 늙음에로의 변형 때문에 울고 있다. 이는 생명의 존재가 가지는 늙음의 슬픔을 울고 있는 것이다. 또한 아이를 낳는 얼룩 암소도 울고 있다. 탄생을 기뻐하는 노래가 아닌 울음을 울고 있다. 생명의 존재에 실릴 죽음 등과 같은 피할 수 없는 슬픔 때문에 울고 있다고 볼 수 있다. 여기서도 시간은 '새벽까지 울고 있었다'에서 알 수 있듯이 밤이다.

　이상에서 살펴 본 울음 계열체를 요약 정리하면 1에서는 화자의 내면 깊이 전달되는 존재를 알리는 울음, 2에서는 물개의 수컷이 이성에 대한 그리움이 주는 존재의 슬픔을 우는 울음을 확인할 수 있다. 4에서는 죽음의 슬픔을 우는 죽은 물새의 울음을 분석해 보았고 5에서는 죽은 복동이와 수동이의 다단계의 변형과 생사의 경계를 넘어 들려오는 존재자의 죽음을 슬퍼하는 금 간 쇠방울 소리의 울음을 분석해 보았다.

　또한 6에서는 하루를 이별하는 이별의 슬픔을 소리 내는 뱃고동의 울음소리를 추출해 보았으며 7, 8에서는 거짓말같이 사라지는 죽음을 숙명으로 가진 존재자의 슬픔과, 혼자서 삶의 슬픔을 배워 가는 외로움과 슬픔을 노래하는 유년기 노래의 울음을 분석해 보았다. 그리고 10에서는 늙음의 변형이 주는 슬픔을 우는 은종이 천사의 울음과 아이 낳는 얼룩 암소의 죽음 등의 고통을 내포한 존재자를 탄생하게 하는 얼룩 암소의 탄생의 슬픔을 우는 울음을 분석해 보았다.

이 같은 울음의 계열체들은 1, 2, 4, 6, 10에서는 '울다'란 언표로 드러나며 7, 8에서는 노래란 언표로 드러나고 5에서는 '금간 쇠방울 소리'의 언표로 드러난다. 따라서 이 같은 울음 계열체를 대표하는 언표는 '울다'가 되며 7, 8의 노래, 5의 금 간 쇠방울 소리도 모두 앞의 분석에서와 같이 울음의 노래며 울음의 금 간 쇠방울 소리다.

이 같은 울음 계열체는 4, 5, 7에서 볼 수 있는 죽음과 관련한 슬픔을 드러내는 것이 가장 대표적 역할이며 그 외에 이성에 대한 그리움의 슬픔, 늙음, 이별 그리고 죽음 등의 고통을 탄생하게 하는 탄생의 슬픔 등이 있다. 이 같은 울음 계열체는 크게 볼 때, 존재자가 짊어져야 할 슬픔, 특히 죽음과 관련한 슬픔을 드러내는 체계로 읽힌다. 이 같은 울음 계열체는 1~10까지의 텍스트를 끌고 가는 동력이 된다.

11연에서는 텍스트를 끌고 왔던 존재의 슬픔을 우는 울음을 멈추자고 한다.

울지 말자,
山茶花가 바다로 지고 있었다.
꽃잎 하나로 바다는 가리워지고
바다는 비로소

밝은 날의 제살을 드러내고 있었다.
발가벗은 바다를 바라보면
겨울도 아니고 봄도 아닌
雪晴의 하늘 깊이
울지 말자,
산다화가 바다로 지고 있었다.

위에서 볼 수 있는 온갖 형태의 울음으로 드러나던, 존재의 슬픔을 울던 울음을 멈추자고 권유한다. 서두와 끝에서 순환적 구조를 가지며 반복 강조하여 울지 말 것을 말한다. 이 같은 권유의 이유는 '꽃잎~드러내고 있었다'에서 찾아 낼 수 있다. 이는 11에서 생명의 코드로 쓰인 산다화가 바다로 져 꽃의 생을 마치는 것은 바다로 하여금 비로소 밝은 날의 제 살을 드러내게 하는 결과의 원인이 됨을 말하고 있다.

산다화의 짐 또는 죽음은 지는 것, 죽음으로 끝나는 것이 아니라 바다로 하여금 비로소 밝은 날의 제 살을 드러낼 수 있게 하는 원인이 되는 것을 말하고 있다. 따라서 지는 것, 죽음은 끝이 아니라 또 다른 형태의 재생을 위한 전 단계임을 시사하고 있고 존재자에게 주어지는 가장 큰 슬픔인 죽음마저도 죽음으로 끝나는 것이 아니라 새로운 재생을 준비하는 원인이 됨을 환기하고 있다.

12에서는 11에서 제시한 울지 말 것의 권유에 대한 이유를 반복 제시하고 있다. 그리고 여기서는 11의 변이형에 해당하는 언술을 읽을 수 있다.

......

산토끼의 바보,
무르팍에 피를 조금 흘리고 그 때
너는 거짓말처럼 죽어 있었다.
봄이 와서
바람은 또 한려수도에서 불어오고
겨울에 죽은 네 무르팍의 피를
바다가 씻어 주고 있었다.
산토끼의 바보,
너는 죽어서 바다로 가서
밝은 날 햇살 퍼지는
내 조그마한 눈웃음이 되고 있었다.
......

12에서 읽어야 할 것은 거짓말처럼 죽은 네가 죽어 바다로 가서 밝은 날 햇살 퍼지는 내 조그마한 눈웃음이 되어 새롭게 탄생하는 것이다. 너의 죽음은 죽음으로 끝나는 것이 아니라 바다를 통과하여 다시 나의 조그마한 눈웃음으로 다시 태어나는 것이다.

그러므로 11, 12는 반복적 변이를 통해 존재자의 가장 큰 슬픔인 죽음마저도 그것은 슬픔이 아니고 끝이 아닌 새로운 탄생을 위한 전 단계임을 윤회적 관념 속에서 말하고 있다. 그러니까 존재자는 존재자 어깨에 실린 죽음의 슬픔마저도 슬퍼하여 슬픔의 울음을 울지 말라는 것이다. 이 같은 관점 속에서는 죽음 이하의 어떤 존재자의 슬픔도 슬픔으로 끝나지 아니하며 또 다른 형태의 긍정항을 생산하기 위한 과정이 되며 슬픔 / 기쁨의 대립마저도 성립하지 아니한다. 존재의 슬픔도 존재하지 않고 그 슬픔을 슬퍼하는 온갖 울음은 더 이상 있을 수 없다.

그리고 3과 9는 1~10 중에서 울음 계열체를 가지지 않는 예외적 항들이다. 3에서는 '주님 생일날 밤에는 / 눈이 내리고 / 내 눈썹과 눈썹 사이 보이지 않는 하늘을 나비가 날고 있었다'에서 읽을 수 있는 천상에의 초월 지향과 그에 대한 갈구를 보이는 바 이는 한 존재자의 존재상황이 가지는 슬픔과 고통을 간접적으로 보여 주고 있다 할 것이다.

그리고 9는 '팔다리가 뽑힌 게가 한 마리 / 길게 파인 수렁을 가고 있었다. / ……우스꽝스런 몸짓으로 가고 있었다. / 등에 업힌 듯한 그 / 두 개의 눈이 한없이 무겁게만 보였다.'에서 존재자의 한없는 고통과 슬픔을 말하고 있다. 따라서 3과 9는 울음의 계열체에 속하지 않는 예외적 부분이나 존재자의 슬픔을 말하고 있는 1~10에 묶인다.

그러므로 처용단장 1부는 1~10은 존재의 슬픔을 말하는 첫 번째 부분, 11~12는 그에 대한 반전과 그 이유 제시, 13은 결에 해당한다.

그리고 이상의 분석에 따르면 1부 구조의 뿌리와 줄기는 울음 계열체며 이는 텍스트 구조 형성의 근본 에너지다.

그리고 결에 해당하는 13은 비어 있으면 채우고 채우면 비우는 해체적 우주의 법칙과 질서를 보여 주며 하늘과 땅의 수직 수평의 경계 해체를 보여 주는 언술을 제시하여 한 존재자의 슬픔은 슬픔이 아니며 죽음도 끝이 아닌 초월적·해체적 인식을 보여 주고 있다.

Ⅲ. 2부의 울음 계열체와 구조

처용단장 2부는 첫 번째 언표가 '울고'다. 이는 텍스트 구성에 있어 울음 계열체의 역할이 중요함을 시사하고 있는 것이다. 2부도 1부와 같이 독자로 하여금 그의 언술을 읽으면서 귀로는 쉼 없이 들려오는 울음을 듣게 한다. 2부에서는 울음 계열체가 그 구조에서 어떤 역할을 하는가를 분석해 보기 위해 먼저 서시를 읽어 보자.

울고 간 새와
울지 않는 새가
만나고 있다.

구름 위 어디선가 만나고 있다.
기쁜 노래 부르던
눈물 한 방울,
모든 새의 혓바닥을 적시고 있다.

서시의 언술은 서술형으로 되어 있다. 서술형의 언술 속에 화자의 철학적 관념의 세계를 간접 암시하고 있다. 이는 1부의 '있었다'의 11~13에서 볼 수 있었던 표현 방법이다. 그러나 서술형의 시제가 과거형으로 되어 있던 1부와는 달리 '있다'의 현재형을 쓰고 있는 점이 상이하다.

그리고 서시의 ①, ③에서는 울고 간 새와 울지 않는 새의 만남이 제시되고 있다. 만남의 장소는 ④행에서 제시되듯 구름 위 어디다. 이 만남에서 울고 간 새 / 울지 않는 새의 대립이 무너진다. 그리고 ⑤~⑥행에서 읽을 수 있듯 노래 / 울다의 대립이 없어진다(앞의 1부에서도 분석하였던 노래 / 울다는 대립적 관계가 아닌 동위소적 코드다).

또한 ⑤~⑦행에서는 과거의 새가 흘린 노래 또는 울음의 눈물 한 방울은 모든 새의 혓바닥을 적시므로 ①~②행의 울고 간 새(과거) / 울지 않는 새(현재)의 대립이 없어짐의 이유에 대한 구체화를 보여주고 있다. 즉 울고 간 새 / 울지 않는 새의 대립은 울고 간 과거의 새가 흘린 눈물 한 방울이 현재의 모든 새의 혓바닥을 적셔 울게 하고 모든 새는 우는 새가 된다.

그리고 울고 간 새든 울지 않는 새든 구름 위의 어디에선가의 만남에 의해 과거에 울고 간 새의 눈물 한 방울이 모든 새의 혓바닥으로 흘러 그를 적시고 울게 한다. 따라서 모든 새는 운다가 된다. 새는 여기서 존재자의 대표적 코드로 볼 때 모든 존재는 운다가 된다. 즉 서시에서는 모든 존재는 존재의 슬픔을 운다는 화자의 관념적 사고를 추출해 낼 수 있다.

이 같은 울음 계열체는 4에서도 볼 수 있다.

애꾸눈이는 울어다오
성한 한 눈으로 울어다오.
달나라에 달이 없고
인형이 탈장하고
말이 자라서 사전이 되고
기중기가 올라갔다 내려오고 올라갔다 내려오고

올라갔다 내려온다고
애꾸눈이가 애꾸눈이라고
울어다오, 성한 한 눈으로 울어다오.

　①, ②행과 ⑧, ⑨행은 애꾸눈이에게 애꾸눈이라고, 그 슬픔을 울어 달라고 청한다. 즉 애꾸눈이의 슬픔을 울라고 청하고 있다. 또한 ③~⑦행에서 볼 수 있듯 애꾸눈이의 슬픔뿐만 아니라 존재의 주변을 싸고 있는 슬픔을 존재의 대표인 양 울어 달라고 한다.
　이 같은 울음의 계열체는 7에서도 읽을 수 있다.

새야 파랑새야,
울어다오.
로비비아 꽃필 때에 울어다오.
녹두낡에 꽃필 때에 울어다오.
바람아 하늬바람아,
울어다오, 머리 풀고 다리 뻗고
3분 10초만 울어다오.
울어다오,
……

　7에서는 파랑새와 바람에 울어 줄 것을 청하고 있다. 1부에서 발견할 수 없던 무생명체인 바람의 울기도 청하고 있는데 이는 꽃이 지는 슬픔을 내포한 피는 슬픔을 울라는 것이다. 이는 1부의 10에서 볼 수 있었던 죽음을 내포한 한 생명체인 아이를 낳는 얼룩 암소의 울음과 같다.

　이 같은 울음의 계열체는 2부의 맨 끝 부분인 8에서도 읽을 수 있다.

> ……
> 호밀 밭에 떨군
> 나귀의 눈물,
> 딱나무가 젖고
> 뭇 별들이 젖는다.
> 지렁이가 울고
> 네가래풀이 운다.
> 개밥순채,
> 물달개비가 운다.
> 하늘가재가 하늘에서 운다.
> 갠 날에도 울고 흐린 날에도 운다.

　8의 울음 계열체는 서술형으로 다중의 변이체를 형성한다. 호밀 밭에서 우는 나귀가 있고 지렁이가 울고 네가래풀, 개밥순채, 물달개비, 하늘가재가 운다. 짐승, 곤충, 벌레뿐만 아니라 1부에서는 드러나지 않던 풀 等의 식물마저도 울고 있다. 따라서 2부의 울음 계열체는 1부와 같이 존재의 슬픔을 표현하면서 다양한 변이체를 형성하고 있는 유사점을 가지며 1부에서 보이지 않던 무생명체인 바람, 풀 等의 울기까지를 제시하는 상이점을 지닌다.
　그리고 8의 다음 언술에서는 한 존재의 파괴를 의미하는 죽다와 한 존재의 탄생 사이 경계가 무너진다.

잊어다오
어제는 노을이 죽고
오늘은 애기메꽃이 핀다.
잊어다오 늪에 빠진
그대의 아미,
휘파람새의 짧은 휘파람
......

　노을의 죽음과 애기메꽃의 피어남이 제시되고 있다. 죽음과 태어남, 즉 탄생의 경계가 없어지며 죽음은 탄생의 예비 단계임을 말하고 있다. 그러므로 늪에 빠진 아미와 휘파람새의 짧은 휘파람과 같은 잃어버린 모든 것을 잊어 달라는 것이며 그 잃어버림, 빼앗김, 파괴, 죽음을 슬퍼하지 말라는 것이다.
　이 같은 언술은 1부의 11에서 볼 수 있었던 꽃잎의 짐이 바다의 밝은 제 살을 드러내게 하는 예비가 되며 에너지가 되고 1부 12의 너의 죽음이 나의 조그마한 눈웃음이 되어 새롭게 탄생하는 것과 같다. 2부 8에 나타나는 잊어다오란 언표는 1부 11의 울지 말자와 상동적 언표며 잊어다오란 언표는 죽음 따위의 존재의 슬픔을 슬퍼하여 울지 말라는 것이다. 그러므로 2부의 8은 1부의 11, 12와 13의 기능을 함께하는, 반전과 맺음의 기능을 하는 기능단위에 해당한다.
　지금까지의, 2부에 드러나는 울음 계열체 분석을 정리하면 서시에서는 새의 울음을 말하면서 모든 존재는 운다는 것을 서술형의 형태로 말하고 있다.
　그리고 4에서는 애꾸눈이에게 존재의 슬픔을 울어 달라고 청하고

7에서는 파랑새와 바람에 울어 달라고 청하는 언술로 드러난다. 그리고 8에서는 죽음과 탄생의 경계 없음을 제시하며 죽음을 비롯한 존재의 슬픔은 슬픔이 아니니 잊어 달라는 반전의 언술을 제시하며 슬퍼할 것이 없으니 울지 말 것을 시사하고 있다. 그리고 다시 8의 끝 부분에서는 서시와 같은 서술형의 울음 계열체가 병렬형의 변이형으로 제시되면서 텍스트를 마무리하고 있다.

이와 같은 울음 계열체는 1부에서와 같이 텍스트의 구조를 형성하는 핵심 계열체로서의 역할을 하고 있다. 이 같은 울음 계열체와 함께 1에서는 돌려다오의 계열체, 2에서는 보여다오의 계열체, 3에서는 살려다오의 계열체, 4와 7에서는 울어다오의 계열체, 5에서는 불러다오의 계열체, 6에서는 앉아다오의 계열체, 8에서는 잊어다오의 계열체 등 다오의 계열체를 내포하고 있다.

다오란 대상에게 무엇을 청하는 말이다. 돌려다오는 모든 빼앗아 간 것을 돌려 달라는 것이요, 보여다오는 모든 있다고 하는 것을 보여 달라는 것이요, 살려다오는 모든 죽은 것을 살려 달라는 것이다. 또한 울어다오는 모든 존재는 존재의 슬픔을 울어 달라는 것이다. 불러다오는 모든 있는 것, 즉 존재를 불러 달라는 것이며 앉아다오는 모든 존재들에게 그들의 있음을 확인할 수 있도록 피부를 느끼게 하여 앉아 달라는 것이다. 또한 잊어다오는 존재에게 존재의 슬픔을 잊어 달라는 것이다.

이들 다오의 계열체 중 돌려다오, 살려다오는 모든 존재를 운영하는 절대자에게 향한 언술이며 불러다오도 또한 절대자를 향해 청하는 말이다.

그리고 울어다오, 앉아다오, 잊어다오는 존재자를 향해 청하는 말이다. 또한 보여다오는 절대자 또는 존재자를 향해 청하는 말로 중의적 언표가 되며 존재의 확인을 위해 보여 달라는 것이다. 이들 다오 계열체는 존재자와 절대자를 향한 언술이며 존재의 확인과 그 탐구를 향한 갈망을 보여 주는 절규의 외마디 소리다.

결국 처용단장 2부의 구조는 '울음' 계열체를 주축으로 하고 다오의 계열체를 첨가하여 짜여 있다. 그리고 존재에 수반하는 죽음 등의 모든 슬픔은 슬픔으로 끝나는 것이 아니므로 존재의 슬픔을 슬퍼하여 울지 말 것과 존재의 확인과 그 탐구를 향한 갈망을 말하고 있다.

이와 같은 처용단장 2부는 서시가 텍스트의 첫 번째 단락이 되며 모든 존재는 존재의 슬픔을 운다를 말하고 있고 1~7은 존재자의 슬픔과 존재 확인과 탐구에의 갈구를 말하고 있는 두 번째 단락이며 8은 세 번째 단락으로 죽음은 새로운 탄생을 준비하는 전 단계이며 모든 존재의 슬픔은 슬픔으로 끝나는 것이 아니니 슬픔의 울음을 울지 말 것을 암시적으로 말하고 있다.

이와 같은 2부는 소리 있는 울음의 세계인 1부와는 달리 소리 없는 울음의 세계가 많이 드러나고 있다. 대부분 울다의 언표로 쓰이고 있고 상동적 변이형의 언표로 노래, 눈물도 쓰이고 있다.

Ⅳ. 3, 4부의 울음 계열체와 구조

처용단장 3부는 1, 2부에서와는 달리 '울다'란 언표보다 울다의 변이형인 눈물이란 언표를 더 많이 쓰고 있다. 그리고 3부에서는 1부와 같은 소리 있는 울음의 세계보다 2부와 같은 소리 없는 울음의 세계를 주로 이야기하고 있다. 눈물, 울다의 언표 외에 변이형의 상동적 계열체로 소리(빗소리, 뱃고동, 무당의 쇠방울 소리 等)의 언표들이 쓰이고 있고 21, 26 等에서는 노래를 울음 계열체 언표로 쓰고 있다. 이들을 통해 죽음을 내포한 인간 존재의 공분모적 고통, 슬픔 等과 역사적, 현실적 상황이 주는 고통 등을 말하고 있고 1, 2부와는 달리 3부는 현실적 상황이 구체화되어 표현되고 있다.

울음 계열체는 1, 3, 6, 8, 9, 10, 11, 15, 16, 17, 18, 20, 21, 25, 26, 27, 28, 31, 32, 33, 36, 44, 45, 46, 47, 48 等에서 읽을 수 있고 이들 중 8, 11, 21, 26, 44, 45, 46 等은 존재의, 죽음을 내포한 슬픔을 말하고 있다. 또한 3, 4, 9, 17, 20, 25, 30, 39, 46, 48 等은 주로 역사와 시대적 상황이 주는 고통을 울음 계열체에 의해 표현하고 있다.

그리고 2, 5, 7, 12, 13, 14, 22, 23, 24, 28, 30, 34, 35, 37, 38, 39, 40, 41, 42, 43 等은 울다, 눈물, 소리 等의 울음 계열체를 쓰지 아니하고 삶의 고통을 리얼하게 그대로 보여 주고 있다.

이 같은 분석에 따르면 3부도 존재의 슬픔과 고통을 표현하는 데 울음 계열체의 기여하는 바가 크다. 그러나 3부는 1, 2부와 달리 인간의 고통과 슬픔을 반전의 과정을 거쳐 초월적 세계로 끌고 가려는

의식적 지향도 어떤 과정도 없다. 따라서 3부의 모든 언술들은 1부
터 48까지 모든 존재의 슬픔과 고통을 말하는 것에 바치고 있다. 따
라서 1~48의 전편은 병렬적 구조로 짜여 있는 슬픔과 고통의 변이
항들의 집합이다.

　4부에는 울음 계열체의 쓰임이 비교적 적다. 그러나 1, 2 等에서
는 노래, 3에서는 죽음과 관련된 울다의 언표를, 9, 12, 17 等에서는
소리의 울음 계열체 언표들을 발견할 수 있다. 그러나 3부와는 달리
눈물이란 언표는 직접 쓰지 아니하고 있다. 그리고 4부도 3부와 같
이 1, 2부에서 찾아볼 수 있는 반전을 통한 인간적 삶의 고통과 슬
픔의 초월적 인식에의 지향은 보이지 않는다. 3부와 같이 슬픔의 변
이항들을 병렬적 구조로 말하고 있을 뿐이다.

V. 맺음말

　처용단장은 현대시적 기법을 지향하는 대표적 텍스트다. 이 같은
특성을 가지는 처용단장에서는 애조의 전통적 순수시에서 자주 만날
수 있는 울음 계열체의 울다, 눈물 등의 언표들을 빈번하게 볼 수
있다. 본고에서는 이들 울음 계열체를 분석하고 전체 구조에서의 역
할을 분석해 보았다.

　1부의 울음 계열체는 1, 2, 4, 6, 10에서는 울다란 언표로 7, 8에

서는 노래란 언표로 5에서는 금간 쇠방울 소리로 드러난다. 대표적 언표는 울다였고 노래의 울음이며 울음의 금간 쇠방울 소리였다. 그리움, 늙음, 이별, 죽음, 탄생 등 존재자의 슬픔을 드러내는 울음의 계열체는 죽음의 슬픔을 가장 많이 드러낸다.

이와 같은 울음 계열체는 텍스트의 구조를 끌고 가는 동력으로 작용한다. 3과 9를 제외한 1~10은 모두 울음 계열체로 존재자의 슬픔을 말하고 있다. 11은 서두에서 울지 말 것을 권유하며 그 이유를 제시한다. 즉 생명 가진 존재자의 가장 큰 슬픔인 죽음마저도 그것은 슬픔이 아니며 재생을 위한 전 단계임을 말하고 있다. 12는 11의 변이형, 반복적 구조로 죽음은 끝이 아니며 재생을 위한 한 과정이며 죽음 等의 어떤 슬픔도 없음을 보여준다. 13은 그에 대한 맺음의 단계로 비어 있으면 채우고 채워지면 비우는 우주의 법칙을 말해 주는 존재자의 고통에 대한 초월적 인식을 읽을 수 있다.

따라서 처용단장 1부는 (울음의 계열체에 속하지 않으나 존재자의 고통을 말해 주는 3, 9를 포함하여) 1~10은 존재자의 슬픔을 말하며 11~12는 그에 대한 반전과 이유 제시, 13은 결에 해당한다. 그리고 존재자의 슬픔과 그에 대한 초월적 인식을 주제로 하는 처용단장 1부의 텍스트 구조를 끌고 가는 동력은 울음 계열체며 이는 구조의 근간이 되고 있다.

처용단장 2부는 울음 계열체를 첫 번째 시어로 하여 서두를 시작한다. 이 같은 서시에서 모든 존재는 존재의 슬픔을 운다는 것을 제시한다. 서시에 이어 4에서는 애꾸눈이에게, 7에서는 파랑새와 바람에 존재의 슬픔을 울어 달라고 요청한다. 그리고 8에서는 죽음과 탄생의 초월적 인식이 드러나며 죽음을 비롯한 모든 존재의 슬픔은 슬품이 아니니 슬픔을 잊어 달라는 암시적 반전의 언술을 말한다. 또한 슬퍼할 것 없으니 울지 말 것을 암시적으로 권유한다. 그리고 다시 울음의 계열체가 병렬형의 변이형으로 제시되면서 텍스트를 마무리한다. 처용단장 2부는 이 같은 울음 계열체를 주축으로 하고 존재의 탐구와 그를 향한 갈망을 외마디 소리같이 쏟아 내는 다오 계열체를 첨가하여 텍스트를 구성하고 있다.

이 같은 처용단장 2부는 존재의 슬픔은 슬픔으로 끝나는 것이 아님과 존재의 확인과 그 탐구를 향한 갈망을 테마로 하며 서시가 그 첫 번째 단락이고 1~7은 존재자의 슬픔과 존재확인과 탐구에의 갈구를 말하는 두 번째 단락이다. 그리고 슬픔의 울음을 울지 말 것을 암시적으로 말하고 있는 세 번째 단락이다. 또한 이 같은 2부는 대부분 울다란 언표를 쓰고 있고 노래, 눈물도 쓰고 있다.

처용단장 3부는 1, 2부에서와 달리 울음 계열체 중에서 울다란 언표보다 눈물이란 언표를 많이 쓰며 눈물, 울다, 소리의 언표들 노래 等의 울음 계열체를 찾아낼 수 있고 존재자의 슬픔 중 1, 2부와는 달리 현실적 상황이 구체화되어 표현되고 있다. 3부도 존재자의 슬픔과 고통을 표현하는데 울음 계열체의 기여하는 바가 크다. 그러나 3부는 1, 2부와는 달리 반전의 과정을 거쳐 초월적 세계로 끌고 가는 의식적 지향이 없다. 따라서 1~48은 모두 슬픔과 고통의 변이항들의 병렬적 집합일 뿐이다.

4부는 울음 계열체의 쓰임이 가장 적다. 그러나 노래, 죽음과 관련한 울다의 언표, 소리의 울음 계열체들을 발견할 수 있고 3부와는 달리 눈물이란 언표는 보이지 아니한다. 그리고 1, 2부와 같은 반전의 단락이 없이 3부와 같은 존재자의 슬픔의 변이항들을 병렬적 구조로 보여 주고 있다.

　이상의 분석에 따르면 현대시적 경향을 드러내는 대표적 텍스트인 처용단장에서의 전통적 비애의 정조를 보여 주는 서정시 텍스트에서 선호하는 울음 계열체의 구조에의 기여는 지대하다. 이는 아이러니한 일면도 있다.

이승훈의
「암호」 분석

이승훈의 「암호」 분석

Ⅰ. 머리말

•••이승훈 시인은 『한국 현대시 새롭게 읽기』에서 자신이 아끼고 싶은 작품 가운데 하나로 「암호」를 제시하고 해설을 겸한 분석을 하고 있다. 이는 1974년에 『현대문학』에 발표한 텍스트로 억압된 현대인의 내면과 꿈의 세계가 표출된 초기 텍스트의 대표작이다.

이 글에서는 초기 시의 대표작인 「암호」와 『밝은 방』의 텍스트들과의 상호 텍스트적 읽기를 통해 「암호」를 분석하고 그의 시가 가지는 원형의 한 패턴을 분석해 보도록 하겠다.

Ⅱ. 대체와 반복

먼저 「암호」 전문을 보도록 한다.

　환상이라는 이름의 역은 동해안에 있습니다. 눈 내리는 겨울바다ㅡ
거기 하나의 암호처럼 서 있습니다. 아무도 가본 사람은 없습니다. 당
신이 거기 닿을 때, 그 역은 총에 맞아 경련합니다. 경련 오오 존재.
커다란 하냐의 돌이 파묻힐 때, 물들은 몸부림칩니다. 물들의 연소 속
에서 당신도 당신의 몸부림을 봅니다. 존재는 끝끝내 몸부림 속에 있
습니다. 아무도 가본 사람은 없습니다. 푸른 파편처럼, 바람부는 밤에
환상이라는 이름의 역이 보입니다.

　하나의 텍스트를 내적으로 결속시키어 완성된 텍스트로 구성하는
구성 요소 중에서 가장 중요한 것의 하나는 의미소들이 지시대명사
로 대체되는 것이다. 「암호」의 경우 지시대명사의 대체는 텍스트 구
성에 있어 중요한 요소로 작용한다. 첫 번째 지시대명사인 '거기'는
'눈 내리는 겨울바다'란 언술에 대체된 것이다. 이에 이어서 지시대
명사 거기가 한 번 더 사용되는데 거기가 환기하는 것은 '환상이라
는 이름의 역'이며 이는 '환상이라는 이름의 역'의 대체 코드로 사용
된 언표다. 따라서 나란히 대체된 두 개의 '거기'는 의미 영역이 다
른 동음이의어적 언표다.
　다음으로 찾아 볼 수 있는 지시대명사의 대체는 '그'에서 읽을 수
있다. 이는 직전의 '거기'와 동일하게 환상이라는 이름의 역을 환기
하는 대체 지시대명사다. 그러므로 「암호」는 텍스트 내적 구성의 요
소로 지시대명사의 대체를 적절히 사용하고 있는 텍스트다.
　이와 아울러 「암호」에서 찾아 낼 수 있는 텍스트 구성상의 특징은
동일 요소들의 회귀적 반복이다. 먼저 표제로 쓰인 '암호'가 '암호처럼
서있습니다'에서 다시 한 번 반복되고 있다. 다음은 '환상이라는 이름
의 역'이란 언술이 텍스트의 처음과 끝에 반복 사용되었고 '하나의',

‘아무도 가본 사람은 없습니다’, ‘당신’, ‘경련’, ‘존재’, ‘몸부림’ 等이 반복의 코드로 사용되고 있다. 이와 함께 ‘있습니다’의 세 번에 걸친 반복, ‘없습니다’의 두 번 반복도 반복의 범주 안에서 찾아 볼 수 있다.

　이 같은 반복은 텍스트 「암호」의 각 요소 사이에서 결합적 관계를 성립하게 한다. 또한 반복의 코드들이 가지는 의미 영역으로 볼 때 이들은 강력한 존재론적 물음을 반복적으로 투사하는 기능을 하고 있다. 이 같은 반복은 이들 코드를 사용하여 보다 깊은 이차적 의미를 찾으라는 해석에의 권유가 된다. 따라서 이들은 해석을 유도하는 중요한 지표들인 것이다.

Ⅲ. 열쇠어

　‘암호’, ‘환상이라는 이름의 역’에서의 ‘환상’, ‘역’ 그리고 ‘경련’, ‘몸부림’은 「암호」 해독의 관건이 되는 코드가 된다고 생각된다. 이 같은 코드의 해독은 『밝은 방』과의 상호 텍스트적 읽기에서 효과적으로 이루어 낼 수 있다고 본다. 『밝은 방』은 초기의 애매모호성을 지향하는 추상시들과는 달리 명료성의 의미선상에 놓이는 독자에게의 친절한 다가가기가 현저하게 눈에 뜨이는 텍스트이기 때문이다. 또한 이와 함께 「암호」가 가진 열쇠어인 ‘환상’에 대한 추구와 현실과의 거리가 『밝은 방』 속에 깊은 상처처럼 드러나 있기 때문이다.

이 같은 작업은 「암호」의 텍스트 해독뿐 아니라 초기시의 대표작인 「암호」와 최근작 사이의 관계와 거리를 측정해 볼 수 있는 결과를 얻을 수 있다고 생각된다.

텍스트의 표제로 쓰였으며 반복적으로 쓰이는 '암호'는 삶은 하나의 암호라는 생각에서 사용한 코드라는 시인 자신의 설명을 참고하면 「암호」란 텍스트가 결국 인간 존재의 삶을 시적 담화로 말하려는 것임을 의미하며 이는 특별한 설명이 필요 없이 표층 읽기만 해도 쉽게 느낄 수 있다. 시인 이승훈은 그의 시 쓰기 작업은 '「나」를 찾기 위한 여행'이라고 『밝은 방』의 自序에서 밝힌 바 있는데 「나」를 찾기란 메타시적 자아탐구며 삶과 존재에의 규명과 확인이며 물음인 것이다. 그러므로 이 같은 시 쓰기 작업의 여행 속에 놓인 대표적 여정인 「암호」 역시 존재에의 울음, 삶을 향한 물음, 존재에의 규명, 확인의 범주 안에 놓여 있음은 당연한 일이라 할 것이다.

환상이란 언표는 이승훈 시의 총체에 있어 열쇠라 말할 수 있다. 그의 대표적 시집 중에서도 『환상의 다리』(1976), 『너라는 환상』(1991) 等의 제목을 찾아 낼 수 있고 최근작 시집인 『밝은 방』에서도 「그녀의 이름은 환상이다」란 텍스트를 찾아 볼 수 있다. 『밝은 방』에 수록된 텍스트들 중에서 환상이란 코드가 어떤 의미로 쓰였나를 찾아 보기 위해 관련 언술들을 몇몇 인용하도록 한다.

> 반달이 그리웠지 모두가 환상이지만 환상이
> 진리야 제발 너만은 정신병자라고 하지마!

　　　　　　「반달」에서

바람이 불면 아직도 마음이 아프다는 건 우스운 일이다.
......
도대체 희망이 있다는 건 치욕이다. 제발 환상에 젖지마시오
......

「첨단」에서

그녀의 이름은 환상이다. 그는 그녀의 기둥서방.
......
......그녀의 기둥서방인 그는 학생때 고독했고
결혼한 다음 우울증에 시달렸고, 30대에 방황죄를
지었으며 지금도 방황죄를 짓는다. 모두가 그녀를
사랑하기 때문이다. 그녀의 이름은 환상이다 그는
오늘도 비틀대며 그녀를 찾아간다.

「그녀의 이름은 환상이다」에서

난 그런 당신이 좋아 비 내리는 밤이면
가방을 들고 환상역을 찾아가는 당신
......
내 기둥 서방인 당신 난 당신이 좋아

「떠도는 당신」에서

위의 인용에 의하면 환상은 희망과 꿈과 동일의미며 현실의 반대
편에 있는 어떤 세계로 드러난다. 또한 화자는 그녀라고 지칭한 환

상의 기둥서방이며 환상은 그를 좋아하는 그녀가 된다. 그뿐 아니라 학생 때의 고독, 결혼 후의 우울, 30대 이후의 오랜 방황은 모두 환상을 사랑하기 때문이라고 했다. 「그녀의 이름은 환상이다」의 '오늘도 비틀대며 그녀를 찾아간다'에서 읽을 수 있듯 그리고 「떠도는 당신」의 '밤이면 가방을 들고 환상역을 찾아가는 당신'에서 볼 수 있듯 '환상에 젖기'는 화자의 생활과 시에 깊이 밀착된 어떤 것이다.

또한 위에서 밝힌 바와 같이 그녀라 호칭하고 화자가 기둥서방의 관계라고 말하고 있는 환상은 2인칭의 호칭 너의 실체로 읽히기도 한다. 또한 『밝은 방』에 드러나는 일련의 연가류는 환상을 그 대상으로 하는 텍스트들이라고 읽을 수 있다. 「반달」, 「그녀의 방」, 「너를 위한 초상」, 「그녀의 이름은 환상이다」, 「떠도는 당신」, 「시간이 없는 집」, 「네가 사는 나라」, 「황혼의 책」, 「달빛 속에 있던 너」, 「사랑노래」 等은 이 같은 환상의 코드 해독을 위한 필수불가결의 텍스트들이다.

다음으로 '역'을 보도록 한다. 역은 물론 사람들과 모든 탈것들의 출발과 도착의 장소다. '환상'과 같이 이승훈 시 텍스트에서의 '역'의 사용빈도는 대단히 높다. '역'은 모든 탈것들과 인접하여 사용되면서 환상 세계로의 '환상 여행'을 돕는, 그의 시 텍스트 속에서의 끝없이 달려가는 길이다. 『밝은 방』에서 이와 관련한 몇몇 언술들을 보도록 한다.

깊은밤 나는 정거장에 닿았지,
그러나 내가 닿았을 때 정거장은
갑자기 사라졌어.
......

그럼 정거장은 처음부터 없었던 건가?

「정거장」에서

시집이 있다는 건 위안이야
베케트도 있고 추억도 있고
조그만 역도 있고……

「술 마시는 이승훈씨」에서

……오늘은 하루종일 흐리고
나는 정거장에 대해 생각했습니다.
정거장은 없습니다……

「펜」에서

급행열차는 하루에 두번 지나간다. 작은
읍에는 작은 역이 있다……
그러나 누군가 내릴 것이다.
……작은 역을
바라보는 이승훈씨가 불쌍하다(?)

「작은 읍」에서

「정거장」에서 '정거장'은 결국 역의 다른 말이다. 역이란 탈것들의
정거장이기 때문이다. 「정거장」에서의 '정거장'의 의미는 「암호」에서
의 역의 의미와 동일하다. 깊은 밤 나는 정거장에 닿았지 / 그러나

내가 닿았을 때 정거장은 / 갑자기 사라졌어 / ……그럼 정거장은 없었던 건가? / 란 언술은 「암호」의 암호처럼 서있습니다. / 당신이 거기 닿을 때, 그 역은 총에 맞아 경련합니다. / ……. 아무도 가 본 사람이 없습니다와 의미상 다른 바가 없다. 차이가 있다면 「암호」의 경우보다 「정거장」에서의 '역'(정거장)의 의미가 좀 더 구체적 설명을 부여한 기호로 사용되었을 뿐이다. 「암호」가 엠비규어티를 지향하는 텍스트라면 그에 비해 「정거장」은 클리어리티를 지향하는 텍스트이기 때문에 생산되는 차이일 뿐이다. 이들 두 텍스트가 말하고 있는 '역'의 의미는 실제로는 없는, 그래서 아무도 가본 사람이 없는 암호 같은 어떤 대상이며 거기에 닿았을 때, 도착했을 때 / 총에 맞아 경련하는 / 사라져 버리는 대상으로 읽힌다.

「술 마시는 이승훈씨」에서는 '역'은 위안의 대상이며 「펜」에서는 없는 것으로 드러나며 「작은 읍」에서는 올 것 같지 않은 대상에 대한 기다림을 불러일으키게 하는 것이다. 따라서 「암호」나 『밝은 방』에서 드러나고 있는 역의 의미는 실제로 없는, 아무도 가본 사람이 없는 암호 같은 것이며 거기에 닿았을 때 경련하며 사라져 버리는 위안을 주기도 하며, 내면적 갈구를 불러일으키게 하는 대상으로 해독된다.

『밝은 방』의 연가류 중에서 환상을 대상으로 하여 '너'로 지칭하고 있는 「너를 위한 초상」에서는 너는 따뜻한 이끼, 꿀의 파편, 빵으로 뒤덮인 / 작은 역이다. 나는 떠난다. 이 바람부는 서울에서 / 다른 세상으로 떠난다. 너는 꿈의 현실 / 날개의 공기, 달콤한 소금, 이제 모래투성이의 / 날들은 사라지리라.…… / 의 언술을 읽을 수 있는데 여기서의 환상과 역은 동격이 된다. 따뜻한 이끼며 꿀의 파편이며 꿈의 현실이며 날개의 공기이며 달콤함 소금인 환상은 바람 부는 서울, 모래투성이의 날들의 현실에 대한 대립항이며 환상은 또한 그곳으로 떠날 수 있는 역이 되기도 한다.

이렇게 볼 때 '환상'이나 '역'은 떨어져 있는 개별의 의미를 생산하기보다는 결국은 동일 의미를 환기하는 코드로 읽어 볼 수 있다. 환상과 역, 역과 환상 그리고 정거장은 모두 바람 불고 모래투성이인 현실과 대립되는 꿈과 희망의 동일항들인 것이다.

그리고 『밝은 방』에는 시집 제목부터 그렇고 '방'과 의자에 대한 추구가 계속 드러나는데 이는 환상, 역, 정거장의 하위구조를 읽을 수 있다. 「그가 최후로 도착한 의자」의 그가 최후로 도착하는 곳은 의자다. 의자에 / 도착하려고 30년 동안이나 헤맨 셈이군 / ……방은 없지만 의자는 있다.……사는 게 너무 피곤했으므로 작은 의자를 / 그대라 부른다. 그대는 최후의 땅이며 믿음이며 횃불이다. 그대가 그를 지켜준다 / 라는 언술이나 「말라버린 핏자국에 대한 보충설명」의……그를 향해 총을 쏘았다. / ……그는 방에 대해 시를 쓰고 있었다 / 라는 언술에서는 그의 방에 대한 끊임없는 추구를 읽어 낼 수 있다. 방은 그가 추구하는 최고의 안락을 주는 어떤 대상이며 '의자'는 '방'과 같은 큰 위안을 주지는 못하지만 위안을 주는 언표로 드러난다.

따라서 편안과 위안을 주는 방과 의자에 대한 이 같은 추구는 피안의 세계로 읽히는 환상, 역, 정거장의 의미구조 속에 들어 있는 하부구조로 읽을 수 있고 이들은 결핍을 보충하고 치유하는 의미의 코드로 작용한다. 이 같은 '방'과 '의자'에 대한 코드는 「그가 최후로 도착한 의자」, 「말라버린 핏자국에 대한 보충설명」 외에 「한 남자가 있는 풍경」, 「1995년의 편지」, 「노을」 等의 텍스트에서도 읽을 수 있다.

　지금까지 읽어 본 바와 같은 동일 의미의 코드인 환상, 역, 정거장의 코드와 인접해 있는 코드로 탈것들을 들 수 있다. 『밝은 방』의 텍스트들에서 추출할 수 있는 사용빈도가 높은 열차, 쏘나타, 자전거, 비행기들이 그것이다. 이들은 모두 바람 불고 모래 투성이인 현재에서 환상이란 코드로 대표되는 피안으로 갈 수 있게 돕는 자로의 코드인 것이다.

　네 / 가 사는 나라 차를 몰고 가면 / ……아니 삼천 년이 걸려도 네가 사는 나라엔 닿 / 을 수가 없더라 삼십대의 비행기를 타고 떠나야 하리 삼십 / 대의 비행기엔 삼십 명의 내가 타고 있겠지…… / ……으스스한 봄날 저녁 누더기를 걸치고 삼백 명의 / 내가 너를 찾아 떠나리라 / 라고 말하는 「네가 사는 나라」의 언술을 보면 네가 사는 나라, 환상의 나라는 삼천 년이 걸려도 닿을 수 없는 곳이며(삼십 대의 비행기에 삼십 명의 내가 아닌 삼백 명의 내가 표징하는 바처럼) 절절한 열망에의 대상이 된다. 또한 여기서의 차, 비행기는 물론 환상의 나라로 가는 것을 돕는 자들이다. 「네가 사는 나라」에서의 이 같은 탈것들에 대한 코드 해독은 『밝은 방』의 모든 텍스트에 사용된 부가 의미적 탈것들의 해독에도 그대로 적용된다.

　그리고 『밝은 방』에서 드러나는 '날개' 또한 이 같은 탈것들과 같은 의미 맥락에서 읽어야 할 코드다. 「말라버린 핏자국」의 그는 / 날개 시장에 가서 날개를 사려고 돈을 빌렸대 / 날개라고? 날개라? 아무튼 웃기는 세상이야 그럼 / 날개 때문에 그는 총을 맞았군 쯧쯧 / 이란 언술과……「날개사랑」의……넌 날개 / 를 사면 안돼 날개를 사면 나를 버리고 하늘 나라로 날아 / 갈테니까……아니야……나도 / 날개 시장엘

가고 싶어, 나도 너처럼 날개를 달고 하늘나라 / 로 가고 싶으니까 / 를 보면 '날개'는 결국 환상, 역, 정거장과 같은 꿈의 세계, 초월의 세계 인 하늘로 갈 수 있도록 도와주는 자가 된다. 이상의 소설 『날개』에 드러나는 초월의 이미지를 그대로 가지는 초월의 날개며 초월의 탈 것이고 『밝은 방』에서 드러나는 모든 탈것들과 같은 항에 놓인다.

다음으로 '경련'과 '몸부림'을 보도록 한다. '경련'과 '몸부림'의 언 표는 텍스트 「암호」 내에서 의미 해독이 쉽게 이루어진다. '경련 오 오 존재'와 '존재는 끝끝 / 내 몸부림 속에 있습니다'란 두 개의 언술 을 통해 존재를 경련과 몸부림으로 정의하고 있음을 알 수 있기 때 문이다. 경련과 몸부림은 모두 고통의 몸짓이며 몸으로의 언어다. 따 라서 존재를 고통으로 읽고 있는 화자의 인식이 드러나고 있다. 『밝 은 방』에서도 존재인식은 늘 고통과 닿아 있는 불안, 추위, 참혹, 피 투성이 等으로 나타난다. 그리고 이상에서 풀이해 본 반복적 코드로 사용되는 '환용', '역', 경련, 몸부림은 환상, 역 / 경련, 몸부림으로 분 절되는 피안의 세계 / 현실의 대립항으로 읽을 수 있다.

Ⅳ. 총체적 의미

앞에서 해독해 본 코드 해독을 바탕으로 하면 「암호」를 읽기는 훨씬 쉬워진다. 열쇠어들이 풀린 상태이기 때문이다.

먼저 '환상이라는 이름의 역은 동해안에 있습니다'를 보도록 한다.

「암호」의 첫 문장으로 제시된 이 언술을 애매모호성(ambiguity)과 다가치성을 지향하고 있다. 독자에게 혼돈을 경험하게 하고 다양한 체험 가능성을 부여하며 일반논리와 보편성을 파괴하고 있다.

수용자인 독자에게 논리의 기대지평 파괴를 전달하고 있다. 이는 연상적 기능을 가진 명제다. 지시대상의 애매모호함을 불러일으키고 수신자는 해체적 전언 속에서 하나의 암호를 수신하는 느낌을 가지게 된다. 말라르메의 말처럼 조금씩 납득시키는 데서 시의 즐거움을 찾으려는 듯한, 표현이 아닌 암시의 언술이다. 이 같은 현상은 존재의 해체를 장치로 하는 미학적 구조에서 연유한다.

그러나 이 같은 존재의 해체를 떨쳐버리고 환상이라는 이름의 역을 제시하는 언술로만 읽는다면 더 이상의 혼돈은 사라진다. 앞에서 해 온 『밝은 방』과의 상호 텍스트적 읽기에서 해독해 본 '환상'과 '역'의 코드의미를 그대로 대입한다면 역은 현실의 반대편에 있는 꿈과 희망이며, 실제로는 없는 그래서 아무도 가본 사람이 없는, 암호 같은 어떤 대상이며 거기에 닿으면 사라져 버리는 대상이다. 결국 이 같은 환상이라는 역의 제시와 설명에 해당하는 것이 '환상이라는~총에 맞아 경련합니다'까지의 언술이며 이는 「암호」의 첫 번째 부분으로 분절이 된다.

그리고 '총에 맞아 경련합니다'의 총에 맞기의 파괴, 부서짐, 사라짐, 최후의 언표는 전혀 낯설지 않은 것이다. 이는 『밝은 방』의 경우에도 존재의 부서짐, 파괴, 사라짐, 최후를 의미하는 코드로 드러나기 때문이다(이는……이런 놈은 / 죽어야 돼! 하면서 그를 향해 총을 쏘았다 / ……그녀가 총을 쏜 건 / 빌린 돈을 갚지 않았기 때문이래……「말라버린 핏자국」, 너 같은 놈은 죽어야 돼! 하면서 / 총을 쏘았대……「말라버린 핏자국에 대한 보충설명」, 그놈의 그림자를 / 총으로 쏘라 / 하혜가……쏘아 죽였듯이 / 나도 쏘아 죽이자……「이 그림자」 等에서 읽을 수 있다).

두 번째 부분으로 분절할 수 있는 곳은 '경련 오오 존재~몸부림 속에 있습니다'가 된다. 이는 경련과 몸부림으로 보는 존재의식을 그대로 보여 주는 부분이다.

여기서 '커다란 하나의 돌이 파묻힐 때, 물들은 몸부림친다'란 언술은 수신자에게 난해성을 느끼게 한다. 돌과 물이 무엇을 환기하는가에 대한 물음을 갖게 한다. 담화와 담화 사이의 연결성 결여를 경험하게 한다. 이 같은 해석의 장애 앞에서는 보편적 상징에 있어 각각의 언표가 무엇을 환기하는가를 생각하고 그것들을 체계 속에 끼워 넣어 해석의 장애를 뛰어넘어 볼 필요가 있다.

돌은 딱딱함, 내구성 때문에 여성보다는 남성적 인상을 준다. 또한 변화, 부패, 죽음, 붕괴, 풍화의 법칙에 속해 있는 생물학적인 것들과 대립적인 것을 암시한다. 돌은 또한 하나의 덩어리로 있을 때는 결합, 통합을 상징하며 부서졌을 때는 단절, 정신의 결렬 또는 죽음, 멸종 등을 상징한다. 또한 하늘에서 떨어진 돌들은 생명의 원천을 설명하기도 한다. 그리고 신화, 민족, 종교에 따라 다양한 상징의미를 지니기도 한다.[1]

그러면 물은 어떤가? 중국인들은 모든 생명은 물로부터 왔다고 생각하고 물은 용의 특별난 거주지로 생각하고 있고 베다(veda)에서는 물은 어머니로의 의미를 가진다. 이는 태초에는, 빛을 제외한 모든

---

1) J. E. CIRLOT, Trans Jack SAGE, *A Dictionary of Symbols*, Philosophical Library, 1962, p.299.

 현대시의 기호학

것은 하나의 바다와 같은 것이었기 때문이다.

물의 침투는 죽음과 멸종의 반대로 이전 형태로의 돌아감을, 재생과 부활을 상징하기도 한다. 침투란 생명력의 강화를 뜻하기 때문이다. 또한 물은 죽음과 매장을 상징하기도 한다.2)

돌과 물의 의미는 앞에서 기술한 것 이외에 무수히 많은 상징의 미를 가지지만 위에서 기술한 돌과 물의 상징의미를 요약하면, 돌은 남성적, 죽음 부패와 대립되는 것, 결합, 단절, 결렬, 죽음, 멸종, 생명의 원천 等으로 정리할 수 있고, 물은 모든 생명의 온 곳, 용의 거주지, 어머니, 재생, 부활, 생명력 강화, 죽음, 매장 等으로 정리된다.

앞뒤의 담화들 사이에 연결성의 결여가 보이며 돌과 물에 대한 풀이적 언표를 가지지 못한 「암호」에서의 '커다란 돌이 파묻힐 때, 돌들은 몸부림칩니다 / 물들의 연소 속에서 당신도 당신의 몸부림을 봅니다'의 언술은 앞에서 기술한 돌과 물의 상징의미만을 의미체계 안에 넣어 의미 생성을 추출해 보아도 이들 의미는 상당히 많은 다가치적 의미로 드러나며 따라서 많은 정보량을 소지하는 언술이 된다. 읽을수록 엔트로피의 증대를 느낄 수 있게 하는 언술이다.

그런데 커다란 하나의 돌은 부서진 돌이 아니므로 내구성을 의미하는 강함을 의미한다고 볼 수 있고 변화, 부패, 죽음, 붕괴의 반대편에 있는 어떤 건강한 생명을 표징한다고 읽을 수 있다. 그리고 이와 함께 물은 매장의 의미로 읽는다면 아무리 건강한 육신이라도 죽음, 매장을 겪어야 하며 남들의 죽음 속에서 당신도 당신의 목숨의 몸부림을 본다는 의미로 읽을 수 있다. 누구도 죽음 앞에 예외일 수

---

2) J. E. CIRLOT, 앞의 책, pp.345－346.

없는 의미를 전달하는 시적 담화를 읽을 수 있다.

특히 '당신도'의 언표에서 '도'는 간접적이며 이차적인 해석을 유도하는 언표이기 때문이다. 이는 당신도라는 직접의미를 가지면서 모든 사람들이란 또 하나의 의미인 이차적, 간접적 의미를 생산하고 있기 때문에, 즉 이 같은 기표가 기의로 넘치는 구어 상징력에 의해 예외일 수 없음의 의미는 최대치로 강화되고 있고 따라서 '존재는 끝끝내 몸부림 속에 있습니다'의 언술로의 연결성을 튼튼하게 보장한다고 볼 수 있다.

지금까지 읽은 이 같은 읽기는 위에서 제시한 돌과 물의 상징의미를 적용한 하나의 읽기에 불과하며 다가치적 읽기, 무한대적 열린 예술체계로의 읽기에 속하는 한 예에 불과하다. 그러나 돌과 물의 일반적 상징의미와 앞뒤 언술과의 연결관계를 고려할 때 '경련~속에 있습니다'는 분명 삶과 죽음의 예외적일 수 없는 비극적 존재의식 속에서 삶을 하나의 경련과 몸부림으로 단정하는 시적 언술임을 확인할 수 있다.

그리고 첫 번째 분절인 '환상이라는~경련합니다'는 '환상의 역'은 꿈, 희망 等 피안의 성격을 지닌 긍정적 의미를 가진 부분이며 두 번째 분절 부분인 '경련~있습니다'는 삶을 말하는 부정적 가치를 드러내는 현실의 항이며 부정적 가지를 보여 주고 있는 분절항이 된다. 따라서 이들은 대립적 양상을 띠면서 「암호」의 구조에 참여하고 있다.

그러므로 첫 번째 분절 부분은 환상과 역에 대한 야콥슨의 등가성의 원리에 의한 체계의 부분이며 두 번째 분절 부분은 존재에 대한 등가성의 원리에 입각한 체계로 짜여 있다.

 현대시의
기호학

세 번째 분절 부분인 '아무도~역이 보입니다'에서도 '아무도 가본 사람이 없습니다'의 '환상이라는 이름의 역'에 대한 반복적 순환의 언술을 제시하면서 시작되고 있다. 이에 이어지고 있는 '푸른 파편처럼~역이 보입니다'는 두 번째 분절 부분에서 말한 현실의 세계에 놓여 있는 화자의 첫 번째 분절 부분에서 말한 꿈, 피안의 세계에 대한 갈구와 열망이 내적 심리를 드러내고 있는 언술이다.

메타퍼를 앞세우고 후속하는 '바람부는 밤에'는, 이승훈의 시에서 '바람'은 흔히 고뇌, 고통의 의미로 쓰이므로 고통스런 현실, 삶의 세계를 환기하는 것으로 읽을 수 있다.

그리고 「암호」의 세 번째 분절 부분에서 읽을 수 있는 '환상의 역'에 대한 갈망은 꿈, 희망, 피안의 유토피아적 세계에 대한 열망이며 이는 『밝은 방』에서 읽을 수 있는 '출발', '도착'과 관련한 시적 세계와 깊이 밀착되어 있다. 기차, 비행기, 쏘나타, 날개의 탈것들과 함께 하기도 하고 그렇지 않기도 한 출발과 도착은 '환상', '역'으로의 출발이며 도착이 되며 이는 꿈, 희망, 피안의 세계로 읽히는 '환상', '역', '정거장', '의자', '방'을 향한 갈망의 현현이다. 『밝은 방』의 「출발」, 「그가 최후로 도착한 의자」, 「그곳에 도착하리라」는 이 같은 시적 내면을 잘 말해 준다.

가랑비가 내리는 아침 그는 출발한다 출발이라? / ……어제도 출발하고 그저께도 출발했다 / 내일도 출발한다. 모레도 출발할 것이다…… / 출발은 언제 끝나려는지 그건 신(?)만이 아는 일!……무수히 많은 그가 버스를 / 타고 출발한다. 외로우면 자전거를 타고 출발한다. 너와 / 함께라면 소나타를 타고 출발할 것이다……출발은 그의 삶의 / 형식이다……

출발은 숙명이니까

「출발」에서

그가 최후로 도착한 곳은 의자다 의자에 / 도착하려고 30년 동안이
나 헤맨 셈이군 / ……그 동안 방을 꿈꾼 건 죄였다 / 그가 최후로 도착
한 의자여……사는 게 너무 피곤했으므로 작은 의자를 / 그대라고 부른
다……그대는 최후의 땅이며 / 믿음이며 횃불이다. 그대가 나를 지켜준
다 / ……

「그가 최후로 도착한 의자」에서

그곳에 도착하리라…… / 어디에도 없는 곳 그러니까 어디에나 / 있는
곳 말하자면 유토피아 언제나 생각 / 속에 있고 생각 속에 없다……

「그곳에 도착하리라」에서

출발은 그의 숙명이며 삶의 형식이며 이는 어디에도 없고 어디에
나 있는, 유토피아로의 출발이며 그로에의 도착을 위한 형식이다. 유
토피아의 하위구조로 '의자'란 언표를 제시하고 이를 최후의 땅, 믿
음이며 횃불이며 그를 지켜주는 자로 명명하고 있다.

V. 맺음말

「암호」는 지시대명사의 대체를 시의 구성을 위해 적절히 사용하고 있다. '거기'란 지시대명사를 두 번 선택하였으며 나란히 대체된 대체 지시대명사 '거기'는 의미 영역이 각각 다른 동음이의어적 언표다.

이와 함께 지시대명사의 대체로 '그'를 사용하고 있다. 이 같은 대체 지시대명사에 의한 텍스트 구성과 아울러 동일 요소들의 회귀적 반복을 구성의 특징으로 가지고 있다. 그리고 반복 코드들의 의미 영역으로 볼 때 이들은 존재론적 물음을 반복적으로 투사하는 기능을 하고 있고 이들을 통하여 보다 깊은 이차적 의미를 찾으라는 해석에의 권유를 읽을 수 있다.

이 같은 관점하에서 반복 코드로 쓰인 대표적 언표, 암호, 환상, 역, 경련, 몸부림 等을 『밝은 방』과의 상호 텍스트적 읽기를 통해 해독해 보았다. 이들 반복적 코드는 환상, 역 / 경련, 몸부림으로 분절되는 꿈, 피안의 세계 / 현실의 대립항으로 읽을 수 있었다.

그리고 환상, 역, 정거장 等의 코드와 인접해 있는 열차, 소나타, 자전거, 비행기, 날개 等의 코드는 바람 불고 모래투성이인 경련, 몸부림의 현재에서 환상이란 코드로 대표되는 꿈과 피안의 세계로 갈 수 있게 돕는 자의 코드들인 것이다.

이 같은 반복적 열쇠어들의 풀이를 바탕으로 「암호」의 담화들을 읽어 보았으며 『밝은 방』과의 상호 텍스트적 읽기를 통해 '총에 맞기'가 파괴, 부서짐, 사라짐, 최후의 코드임도 밝혀 보았다.

그리고 앞뒤의 담화들 사이에 연결성의 결여가 크게 드러나는 돌과 물에 대한 언술은 일반적 상징의미를 체계 안에 넣어 생성의미를 추출해 보았으며 이는 다가치적이며 열린 예술체계로 많은 의미를 생산해 낼 수 있으며 읽을수록 엔트로피의 증대를 느낄 수 있게 하는 언술임을 알 수 있었다,

또한 세 번째 분절 부분에서 볼 수 있는 '환상의 역'에 대한 갈망은 꿈, 희망, 피안의 세계에 대한 열망이며 이는 『밝은 방』의 '출발', '도착'과 관련한 시적 세계와 깊이 밀착되어 있다.

탈것들과 함께 하기도 하고 그렇지 않기도 한 출발과 도착은 꿈, 희망, 피안의 세계로 읽히는 환상, 역, 정거장, 의자, 방을 향한 갈망의 현현으로 읽힌다.

지금까지의 분석으로 볼 때 초기작에 속하는 「암호」와 최근작들인 『밝은 방』에 수록된 시적 담화들이 내포하는 시적 내면의 세계는 크게 변하지 않고 있다. 강렬한 추상성과 해석의 거부를 드러냈던 초기의 텍스트와 『밝은 방』에 수록된 시적 내면의 세계에는 공분모의 핵 요소들을 공유하고 있다. 이 같은 공분모의 열쇠어, 지배소들로시 텍스트들의 체계를 이루고 있는 텍스트들은 과거와 현재를 넘나들며 서로 대화하고 있고 이는 그의 시가 가지는 원형의 한 패턴을 추출할 수 있게 하며 이 같은 사정으로 보아 상호 텍스트적 읽기는 텍스트 해독에 기여하는 바가 대단히 크다.

정현종의
「獨舞」분석

정현종의 「獨舞」 분석

Ⅰ. 머리말

•••정현종은 시의 모태란 우리 마음에 있는 여러 힘들의 통합사령부라 할 수 있는 명상의 공간이라 했다. 그리고 시를 낳기 위한 최상의 상태를 역동적 고요라 했다. 이는 마음의 고향, 자유의 공간이며 이 분위기의 울림이라고 할 수 있다 하였고 초기 시의 대표작 「獨舞」의 후반부(2)를 예로 들었다.[1]

또한 그는 마음이 오래 헤맨 뒤에 마침내 이곳에 이를 수 있다고 했는데[2] 그에 따르면 「獨舞」의 전반부(1)는 역동적 고요의 상태로 가기 위한 오랜 헤맴의 울림을 보여 주는 것이라 읽을 수 있다.

이 글에서는 정현종의 「獨舞」를 독자 중심 읽기의 관점으로 텍스트 자체의 문맥, 의미, 체계, 구조 等을 분석해 보도록 하겠다.

먼저 「獨舞」 전문을 읽도록 한다.

---

1) 정현종, "力動的 고요의 공간", 『거지와 광인』, 나남, 1985, pp.338−341.
2) 앞의 글, p.340.

獨舞

1

沙漠에서도 불 곁에서도
늘 가장 健壯한 바람을, 한끝은
쓸쓸해 하는 내 귀는 생각하겠지.
생각하겠지 하늘은
곧고 强靭한 꿈의 안팎에서
弱點으로 내리는 비와 안개,
거듭 동냥 떠나는 새벽 거지를.
심술궂기도 익살도 여간 무서운
亡者들의 눈초리를 가리기 위해
밤 映窓의 해진 구멍으로 가져가는
확신과 熱愛의 손의 運行을.
알겠지 그대
꿈속의 아씨를 좇는 제 바람에 걸려 넘어져
腫骨 뼈가 부은 발뿐인 사람아, 왜
내가 바오로書院의 門琉璃 속을 휘청대며 걸어가는지를
한동안 일어서면서 길이 눕는
그대들의 花環과 裝飾의 계획에도
틈틈이 마주잡는 내
항상 別味인 待接을.

하여, 나는
세월을 佩物처럼 옷깃에 달기 위해
떠나려는 精靈을 마중 가리.
不足으로 끼룩대는 속의 空腹을
大海魚類 등의 접시로도 메꾸고

冠을 쓴 꿈으로도 출렁거리며
가리 體重있는 그림자는 무등 태우고.

2
지금은 律動의 方法만을 생각하는 때,
생각은 없고 움직임이 온통
춤의 風味에 沒入하는
靈魂은 밝은 한 色彩이며 大空일 때
넘쳐오는 웃음은
……나그네인가
웃음은 나그네인가, 왜냐하면
孤島 세인트 헬레나 等地로 흘러가는 英雄의
榮光을 나는 허리에 띠고
王國도 情熱도 빌고 있으니. 아니 왜냐하면
비틀거림도 나그네도 향그러이 드는
고향하늘 큰 入城의 때인
저 낱낱 刹那의 딴딴한 발정!
靈魂의 집일뿐만 아니라 香油에
젖는 살은 半身임을 벗으며 鴛鴦衾을 덮느니.

낳아, 그래, 낳아라 거듭
自由를 지키는 天使들의 오직 生動인 불칼을 쥐고
바람의 核心에서 놀고 있거라
별하나 나하나의 占術을 따라
먼지도 七寶도 손 사이에 끼이고.

Ⅱ. 몸, 몸짓 언어 체계

「獨舞」는 니체적 도취가 묻어나는 춤이다. 정현종은 "날자, 우울한 靈魂이여"에서 "그러나 이것이 나의 가르침이다. 즉 날으는 걸 배우고 싶은 사람은 먼저 서고, 걷고, 뛰고, 기어오르고, 춤추는 것부터 배우지 않으면 안 된다."는 짜라투스트라의 말을 인용한다. 이 같은 인용에 이어서 서고, 걷고, 기어오르고, 춤추는 것은 무엇인가 그것은 육체의 움직임을 지시하지만 정신의 단계들을 말한다는 니체적 풀이를 하기도 한다.3)

또한 "詩의 자기동일성"에서도 시를 말하면서 니체적 춤추기를 말하고 있다.4) 이 같은 현상은 「獨舞」가 니체적 사고의 일면을 가지고 있을 가능성을 읽게 한다. 이는 로트만이 제시한 텍스트의 세 번째 기능인 기억의 기능을 생각하게 한다. 텍스트는 새로운 의미의 산출자일 뿐만 아니라 기억의 응축자이기도 하기 때문이다.5)

또한 「獨舞」는 니체가 정신의 단계를 서고, 걷고, 뛰고, 기어오르고, 춤추고, 날고의 몸의 언어 체계로 말했듯이 몸의 언어 체계로 말하고 있다. 몸의 언어, 행동의 언어는 기호가 그 자체를 의미하고 있기 때문에 기호의 영도(零度)에 달하며 이는 인간이 생각을 전달하기 위해 가졌던 최초의 수단이기도 하다.6) 또한 모든 민족의 자연

---

3) 정현종, "날자, 우울한 靈魂이여", 『거지와 광인』, 나남. 1985, p.216.
4) 정현종, "詩의 자기동일성", 앞의 책. pp.9－15.
5) 송효섭, 『문화 기호학』, 민음사, 1997, p.171.
6) 토도로프 지음, 이기우 역, 『상징의 이론』, 한국문화사, 1995, pp.308－309.

적 언어다.[7]

　먼저 표제어인 獨舞는 콜링우드가 모든 언어의 모태라고 한[8] 춤의 기표다. 이는 몸의 언어 체계, 행동의 언어 체계에 속하는 기표다. 그리고 1의 ② ③행, 한끝은 / 쓸쓸해 하는 내 귀는 생각하겠지 / 를 보면 수식어 '쓸쓸해 하는'의 수식을 받는 피수식어 내 귀는 주어로 쓰이면서 서술어 생각하겠지와 주술의 호응관계를 가진다. 여기서 생각하는 것의 주체는 내 귀란 언표로 드러나 있는데 이는 전체를 가리키는 부분이 된다. 시적 화자의 신체 일부분인 귀로 화자 전체를 가리키는 몸의 언표다. 이는 강함에 대한 그리움, 쓸쓸함, 약함의 정신을 드러내는 언표로 읽힌다.

　또한 ⑧~⑪행의, 심술궂기도 익살도 여간 무서운 / 亡者들의 눈초리를 가리기 위해 / 밤 映窓의 해진 구멍으로 가져가는 / 확신과 熱愛의 손의 運行을 / 에서도 눈초리(귀 쪽으로 째진 눈의 구석), 손의 몸 언표를 찾아 낼 수 있다. 여기서 눈초리는 무서움, 공포를, 손은 무서움, 죽음의 세계를 막으려는 칸막이, 저항의 정신을 드러내는 몸의 언표로 읽힌다. 그리고 귀, 눈초리, 손 외에 ②행의 健壯(강함의 언표로 읽힘)한, 거듭 동냥 떠나는(지속되는 결핍을 드러내는 언표로 읽힘) 等도 몸적 언표들이다.

　이 같은 현상은 2연에서도 계속된다. ③행을 보면 腫骨 뼈가 부은 발뿐인 사람아(종골 뼈가 부은 발은 꿈, 원함의 세계를 향해 나아감에 수반하는 고통을 드러내는 언표로 읽힘)를 읽을 수 있는데 여기

---

7) 토도로프, 앞의 책, p.53.
8) 정화열, "일본을 텍스트화 하는 즐거움", 롤랑바르트 지음, 김주환, 한은경 옮김, 『기호의 제국』, 민음사, 1997, p.167.

서 몸의 언표, 腫骨 뼈, 발을 찾아 낼 수 있다. 이와 아울러, 꿈속의 아씨를 좇는 제 바람에 걸려 넘어져, 바오로書院의 門琉璃 속을 휘청대며 걸어가는지를, 한동안 일어서면서 길이 눕는, 틈틈이 마주잡는 等의 원함의 세계를 얻기 위한 끝없는 고통의 노력을 보여 주는 몸짓 언표들을 읽을 수 있다.

3연에는 떠나려는, 마중가리, 출렁거리며 가리 等의 원함의 세계를 향해 나아가고 싶은 정신의 내면을 보여 주는 몸짓 언표들이 있다. 이와 아울러 不足으로 끼룩대는 속의 空腹(결핍을 지닌 내면 드러냄), 체중 있는 그림자는 무등 태우고, 等의 언표들을 찾아 낼 수 있다.

이는 2의 1, 2연에서도 계속된다. 1연에서는 律動의 방법, 움직임이 온통 춤의 風味에 沒入하는, 웃음, 비틀거림, 딴딴한 발정, 靈魂의 집, 살, 半身, 鴛鴦衾을 덮느니 等의 몸, 몸짓 언표들을 읽어 낼 수 있다. 또한 2연에서도 낳아, 낳아라, 生動인 불칼을 쥐고, 놀고 있거라, 손 사이에 끼이고 等의 몸짓 언표들을 찾아 낼 수 있다.

이상의 분석에 따르면 정현종의 「獨舞」는 니체적 도취가 묻어나는 언어의 춤이라고 읽을 수 있다. 또한 기호의 영도(零度)에 달해 있는 몸, 몸짓 언어의 체계를 충분히 경험하게 하는 텍스트다.

움베르또 에코는 동작을9) 사회화된 몸짓을 나타내는 기표 전체로서 정의하였고, 최소의 의미단위를 동작소라 명명하였는데10) 「獨舞」는 이 같은 의미의 동작소들을 최소단위로 하는 몸짓언어가 정신의 세계, 내면의 세계를 대체하는 몸, 몸짓 언어 체계의 텍스트다.

---

9) 토도로프, 이기우 역, 『상징의 이론』, 한국문화사, 1995, p.309.
10) 베르나르 투쎙, 윤학로 옮김, 『기호학이란 무엇인가』, 청하, 1987, p.49.

또한 콩디야크는 『인간 인식 기원론』에서 인간의 최초 언어활동은 행위 언어활동일 것이라고 강조하였고 고대인들은 그 언어활동을 춤이라는 이름으로 불렀다[11]고 하였는데 「獨舞」는 그 같은 의미의 행위 언어 체계로 정신의 최고 자유를 드러내는 신성한 춤을 보여 주는 소통의 양상을 지닌다. 따라서 발신자가 보내는 텍스트 내부의 메시지는 주로 몸짓 코드의 약호화에 의해 만들어져 있고 의미 산출을 하고 있다.

Ⅲ. 1의 구조와 의미

통합체적 의미구조로 볼 때 「獨舞」는 1의 1, 2연은 꿈, 완벽한 자유를 향한 그리움, 갈망, 갈등의 내면세계, 3연은 그것을 얻기 위해 떠남, 2의 1연은 그것을 만남, 2의 2연은 결과로 분석할 수 있다.

먼저 갈망의 내면세계를 보이는 1의 1연을 보도록 한다(1연은 화자의 내면을 드러내는 독백적 기호들로 짜여 있다). ①행의 沙漠에서도 불 곁에서도의 언술에서 서도는 동일한 요소의 반복을 이루면서 2행의 늘과 자연스럽게 호응하고 있다. 동일한 요소의 반복에 의한 회귀적 반복의 양상을 보이고 있다. 이 같은 현상은 1연의 ③ ④

---

11) 쥴리아 크리스테바, 김인환, 이수미 옮김, 『언어, 그 미지의 것』, 민음사, p.378.

행에서도 발견된다. 쓸쓸해 하는 내 귀는 생각하겠지 / 생각하겠지 하늘은 / 에서 생각하겠지가 회귀적 반복을 이루면서 결합적 관계를 형성한다. 이 같은 구성법은 2에서도 발견된다. 이는 본 텍스트 형성을 위한 중요한 구성원리가 된다.

그리고 1의 1연에서는 몸의 일부로 전체를 드러내는 내 귀와 하늘이란 두 개의 언표를 주체로 찾아 낼 수 있다. 이들 두 개의 주체에 따르는 추정적 단정의 행위는 생각하겠지에서 추출할 수 있다. 주체는 모두 생각하는 행위를 하고 있을 것으로 추정하고 있고 이는 문맥으로 보아 단정적 의미를 산출하게 한다. 따라서 이는 추정이면서도 단정의 성격을 강하게 노정하고 있어 생각한다의 의미를 산출하고 있다. 이 같은 생각하다는 주체의 대상에 대한 깊은 관심을 보여 주고 있는 언표가 된다.

그러면 이러한 주체의 대상이 되는 것은 무엇일까? 첫 번째 주체인 내 귀의 대상은 健壯한 바람이며 두 번째 주체인 하늘의 대상, 객체는 ⑥~⑪행의 언술에서 찾을 수 있는 비와 안개, 새벽 거지, 손의 운행이 된다. 그러므로 ⑥~⑪행은 등가의 언술들을 병렬법으로 표현한 것이다. 그러므로 이들은 계합축을 형성하는 변이항들인 것이다. 그리고 첫 번째 주체인, 내 귀라는 언표로 드러내는 화자의 성격은 어떠한가? 이는 ②~③행의 한끝은 쓸쓸해 하는에서 읽을 수 있듯이 약자적 이미지로 드러나고 있다. 이 같은 약자인 주체, 화자는 건장한 바람, 강자를 생각하며 그리워하고 있다. 따라서 주체인 화자와 객체인 바람은 약자(인간) : 강자(자연)의 대립관계를 드러내고 있다.

그러면 두 번째 주체인 하늘의 성격은 어떠한가? 이는 ⑤행의 곧고 强靭한 꿈의 안팎에서란 언술에서 찾아 낼 수 있다. 즉 하늘은 곧고 강인한 꿈을 가진 자인 것이다. 이 같이 강자로의 성격을 지니는 하늘은 부정의 항으로 읽히는 비와 안개, 거듭 동냥 떠나는 결핍의 기호인 새벽거지를 생각하고 있다.

또한 ⑧~⑪행의 심술궂기도~運行을 추출할 수 있는 무서운 亡者들의 눈초리를 가리기 위해 밤 映窓의 해진 구멍으로 가져가는 확신과 熱愛의 손의 운행을 생각하고 있다. 이는 삶에 대한 열애를 가진 자들의 죽음에 대한 두려움과 손을 죽음을 막는 강력한 칸막이로 쓰고 싶어 하는 약한 존재자들을 생각하고 있는 것이다. 따라서 주체, 하늘이 생각하는 객체는 비와 안개를 통해서 읽히는 부정적 존재, 거듭 동냥 떠나는 새벽 거지란 언술을 통해 읽히는 거듭되는 결핍의 소지자, 생명에 대한 열애와 죽음에 대한 거부와 두려움을 지닌 존재자인 것이다. 이는 지상적 존재인 인간의 삶을 말하고 있다.

그러므로 하늘과 객체의 관계를 드러내고 있는 ④~⑪행에서는 긍정 / 부정, 만족 / 결핍, 생 / 사의 대립적 관계를 추출해 볼 수 있다. 또한 하늘 / 지상, 신 / 인간의 관계를 보여 주고 있다. 따라서 두 번째 주체인 하늘과 대상의 관계는 강자 / 약자의 관계를 가진다. 그리고 ③행의 생각하겠지는 화자가 가지는 그리움의 의미를 내포한다면 ④행의 두 번째 생각하겠지는 하늘이 가지는 지상의 존재에 대한 연민의 정을 읽을 수 있는 언표로 읽힌다.

이상의 분석에 따르면 1연에서는 자연 / 인간, 하늘 / 지상, 신 / 인간의 대립관계, 갈등구조 속에 놓인 한 인간으로의 화자가 지닌 고뇌를 읽을 수 있다.

화자는 고통의 곳인 사막과 불에서도 언제나 강한 자연의 강함을 그리워하며 하늘 / 인간, 신 / 인간의 대립관계 속에서 곧고 강인한 하늘과 대립된 한 약한 존재자의 모습으로 드러나고 있다. 그는 자연 / 인간, 인간 / 하늘(신), 삶 / 죽음 등의 결코 해소될 수 없는 갈등을 힘겹게 견디고 있는 것이다.

2연은 화자의 고뇌와 내면이 좀 더 구체적으로 보이게 하는 모티브, 기능단위에 해당하며 대화적 성격을 가진다. 화자의 말을 듣는 청자인 그대는 같은 병을 앓는 자다. 또한 화자의 내면을 잘 아는 자다. 청자인 그대는 대체 의미소, 꿈속의 아씨를 좇는 제 바람에 걸려 넘어져 / 腫骨 뼈가 부은 발뿐인 사람 / 을 대체하는 지시대명사다.

이 같은 대체 의미소를 통해서 청자의 성격을 알 수 있고 이는 ⑥행에서 복수의 형태로 변형되기도 한다. ⑥행의, 한동안 일어서면서 길이 눕는 / 그대들의 花環과 裝飾의 계획에도 / 의 언술을 통해서도 또한 청자의 성격을 알 수 있다. 이러한 화자가 말하는 언술에서 꿈속의 아씨를 좇는과 花環과 裝飾의 계획은 상동적 관계를 가지는 것들로 그대가 꿈을 좇는 자임을 드러내고 있다. 또한 제 바람에 걸려 넘어져 / 腫骨 뼈가 부은 발뿐인 사람과 한동안 일어서면서 길이 눕는도 상동적 의미소들이며 이들은 끝없는 노력, 고통을 말해 주는 의미소들이다. 이 같은 의미소들의 분석으로 볼 때 그대, 그대들은 꿈을 좇는 자며 그 꿈을 얻기 위해 끝없는 노력을 하고 있고 고통을 겪는 자로 분석된다.

그러면 화자의 경우는 어떠한가? 화자는 바오로書院의 門琉璃 속을 휘청대며 걸어가는 자로 드러난다. 여기서 읽어 낼 수 있는 화자의 성격은 얻고자 하는 대상을 향해 가기 위해 고통을 겪는 자로 드러난다. 이는 앞에서 분석해 본 그대, 그대들의 성격을 드러내는 언술들과 상동적 관계를 지니고 있고 화자와 청자는 모두 원하는 대상, 꿈을 향해 나아가기 위해 온갖 노력을 하는 자며 고통을 겪는 자로 드러난다.

이 같은 화자와 그대의 관계는 어떠한가? 화자는 ⑦~⑧행의 틈틈이 마주잡는 내 / 항상 別味인 待接을 / 에서와 같이 화자가 그대를 향해 늘 친교적 행위를 보내고 있다.

또한 청자인 그대는 화자의 내면을 잘 아는 자며 동병상련하는 자다. 그리고 2연 전체는 도치된 주어, 술어를 가진 첫 문장 알겠지 그대+계합적 관계의~걸어가는지를, ~別味인 待接을의 구조가 되는데 크게 볼 때 이는 모두 화자와 그대, 그대들의 관계, 동병상련적 관계를 잘 말해 주고 있다.

이상의 논의에 따르면 1연은 자연 / 인간 / 하늘(신)의 대립적 관계 속에서 독백적 나 보여 주기의, 화자가 가진 내면 갈등 말하기라면, 2연은 화자＝그대의 대등적 관계 위에서의 대화적 내면 보여 주기가 된다.

3연의 첫 언표 하여는 1, 2연과 3연의 관계를 규정해 준다. 1, 2연이 원인이라면 3연은 결과의 관계를 드러낸다고 읽을 수 있다. 1, 2연에서 화자의 갈등과 꿈을 향한 고통을 인내하는 구함을 보여 주었다면 이 같은 문제를 해결하기 위한 구체적 시도를 보여 주는 것이 3연이다.

이러한 3연의 열쇠어인 동사는 ~마중가리, ~출렁거리며 가리의 가리가 된다. 이는 1연의 생각하겠지와 2연의 알겠지와 같은 역할 기능의 의미소다. 3연은 이 같은 가다 동사를 내포하는 세월을 ~가리와 후미에 도치적 성분배열을 보이는 不足으로~출렁거리며 / 가리

/ ~태우고 / 의 두 언술이 계열체적 관계를 형성하고 있다. 앞의 세월을~가리에서는 가는 목적, 이유를 밝힌다면 不足으로~태우고에서는 가는 과정, 방법을 말하고 있다. 또 한 방법을 말하고 있는 不足으로~메꾸고, 冠을 쓴~, 출렁거리며, 體重있는~태우고는 방법을 말하는 상동적 계열체가 된다.

그리고 3연의 ②~③행에서 말하려는 가는 목적과 이유는 1, 2연에서 제시한 화자가 가진 결핍 갈등을 해결할 수 있는 대상을 얻기 위해서일 것임은 문맥을 통해 읽어 낼 수 있다. ④ ⑤행은 그것을 향해 나아가는 과정의 허기, 결핍 메우기의 의미를 드러낸다.

또한 ⑥행에서는 출렁거리며란 언표를 통해 생성의 이미지를 읽을 수 있다. 생성의 상징은 움직임을 통해 기능하는 이미지, 신화와 함께 고대 문화적 수준에서도 이미 나타난다. 나선형으로 감아올라가기, 엮어짜기, 그림자에서 나타나는 빛, 달의 차고 기울음, 파도 등, 이 모든 이미지들은 운동, 순환, 주기, 지속 혹은 하나의 존재 양식에서 다른 존재 양식으로의 변화를 의미한다.12) ⑥행의 출렁거리며에서 읽을 수 있는 파도 이미지는 화자가 가진 갈등, 결핍의 존재 양식에서 화해적 충족적 존재양식으로의 변화를 지향하는 꿈의 지속적 소유를 의미한다고 읽을 수 있다.

이 같은 현상은 ⑦행의 體重있는 그림자는 무등 태우고 / 에서도 드러난다. 여기서 화자가 무등 태우려고 하는 체중 있는 그림자의 그림자란 언표는 ⑥행의 파도와 상동적 의미의 언표다. 그림자는 미정형의 근원 일체를 뜻하며 모든 형태가 잠재적으로 융합되어 있는

---

12) M. 엘리아데 지음, 박규태 옮김, 『상징, 신성, 예술』, 서광사, 1991. p.32.

총체상이다.13) 또한 그림자는 우주의 근원, 모든 가능성의 총합이며 그림자로의 일시적 복귀는 마르지 않는 원천에 침잠하는 것과 같다.14) 그리고 영웅신화 속의 영웅적 샤먼이 되기 위한 입문적 광기는 입문식 이전의 옛사람이 해체되는 과정으로 볼 수 있다. 이 해체는 괴물의 뱃속으로 들어가거나 지하로의 하강을 수반한다. 이는 그림자에로의 전적인 침잠이며 이 같은 행위는 항상 무언가를 창조하는 것, 새로운 존재 양식의 기초를 놓는 것으로 막을 내린다.15) ⑦행에서 읽을 수 있는 그림자의 언표도 이 같은 모든 형태가 융합되어 있는 가능성의 기호며 새로운 존재 양식의 기호다. 따라서 화자가 바라는 꿈, 자유, 대상을 획득한 새로운 존재 양식을 암시하는 가능성의 기호가 된다.

또한 ⑦행의 그림자 무등 태우기는 2의 1연, ⑧~⑩행, 孤島 세인트 헬레나 等地로 흘러가는 英雄의 / 榮光을 나는 허리에 띠고 / 王國도 情熱도 빌고 있으니 / 와 관련해 볼 때 완성을 위한 영웅적 시련의 기호로 읽힌다.

---

13) M. 엘리아데, 앞의 책, p.38.
14) 앞의 책, p.48.
15) 앞의 책, p.41.

Ⅳ. 2의 구조와 의미

1연에서는 먼저 律動의~하는 때 / 와 생각은~大空일 때 / 의 '지금'을 설명하는 계열체를 보도록 하겠다. 이들 계열체는 지배소인 '지금'을 구체화한다. 아울러 후속하는 '웃음'은 '나그네인가'를 설명하는 왜냐하면~있으니, 아니 왜냐하면~덮느니가 또 하나의 계열체를 이룬다. 그리고 2의 1연은 1의 1연과 같이, 회귀적 반복에 의한 텍스트 요소들의 결합이 구성의 원리로 선명하게 드러나고 있다. 이는 律動의 方法만을 생각하는 때. / 생각은 없고와 ① ④ ⑨행의~때에서 / 읽을 수 있다. 이는 또한 ⑤ ⑥행의~웃음은 나그네인가 / 웃음은 나그네인가 / 와 ⑦ ⑩행의~왜냐하면~아니 왜냐하면에서도 확인된다. 이는 회귀적 반복을 텍스트의 중요 구성원리로 사용하고 있음을 잘 보여 주고 있다.

그리고 1연은 화자가 지닌 갈등, 결핍이 해소되는 순간을 '지금'으로 보여 주고 있다. ①행의 律動의 方法만을 생각하는은 ②행의 생각은 없고와 동일한 의미다. 이는 無念, 無我의 세계다. 1의 1연 ③ ④행의 내 귀는 생각하겠지와, 생각하겠지 하늘은의 의미와는 확연히 다르다. 내 귀는 생각하겠지의 생각하다는 그리움의 기호라면, 생각하겠지 하늘은의 생각은 연민의 기호다. 따라서 이들 둘은 생각 있는 생각이라면 2의 1연 ① ②행에서는 생각 없는 생각의 세계를 읽을 수 있다. 그러므로 이들 생각이란 기호는 텍스트 안에서 다의적 의미구조를 생산하고 있다. 따라서 앞의 생각은 대립적 생각이라면 뒤의 생각은 해체적 세계의 생각이다.

그리고 ③행, 춤의 風味에 沒入하는 / 의 언표 춤은 니체적 사유 속에서는 정신의 최고적 상태, 경지를 드러내는 몸의 기호며 인도 조형예술의 한 영역인 성상에서는 정신의 완벽한 자유와 조화, 해방의 몸짓 기호로 읽힌다. ③행의 경우도 춤은 문맥으로 보아 그 같은 코드로 읽힌다. 따라서 지금은 無念의 순간이며 최고의 자유, 조화, 해방의 순간이다. 또한 ④행에서와 같이 밝으며 텅 빈 충만의 영혼을 느끼는 때다.

그러므로 이때 드러나는 기쁨을 말하는 몸짓기호, 웃음도 ⑤~⑦행의 넘쳐오는 웃음은 / ……나그네인가 / 웃음은 나그네인가와 같이 주체가 아닌 나그네다. 부수적, 외각적, 떠돌이적 현상이다. 절대 극치의 순간은 웃음으로 표현할 수 없는 웃음 너머의 세계이므로 웃음으로도 표현할 수 없다.

이는 "지금"이 바로 앞의 논의에서와 같이 영웅 신화 속의 샤먼, 영웅이 되는 순간이며 결핍과 갈등상태의 화자가 없어지고 영웅적이며 완벽한 화자가 되어가는 순간임을 말하는 것이다. ⑧~⑩행의 孤島 세인트 헬레나 等地로 흘러가는 英雄의 / 榮光을 나는 허리에 띠고 / 國王도 情熱도 빌고 있으니 / 는 이 같은 읽기를 충분히 가능하게 한다. 그리고 "지금"이 웃음 이상의 세계인 이유를 다시 한 번 제시해 주고 있다. ⑩행의 아니 왜냐하면에 이어지는 ⑪행의 비틀거림도 나그네도 향그러이 드는 / 의 비틀거림, 나그네는 앞의 문맥으로 보아 비틀거림은 율동으로 나그네는 웃음으로 읽을 수 있다. 그리고 이 같은 ⑪행에서부터 1연 끝까지는 성적 교섭의 이미지를 보여 주기도 한다.

또한 이는 우주와 집(또는 사원), 인간의 몸을 동일시하는 아시아, 인도 철학, 서구의 르네상스 시대까지의 관념을 드러내고 있다. 이러한 동일화 관념 속에서 성적[16] 경험에 신성을 부여하게 되었고 밀교가 번창했던 시대에 성적 교섭은 구원의 수단으로 사용되었는데[17] ⑪행 끝까지는 바로 이 같은 관념이 그대로 드러나고 있다. 이는 화자의 내면 속에 있는 갈등과 결핍의 해소와 구원의 세계로 나아감을 보여 주고 있다.

그러므로 ⑦~⑩행의 왜냐하면~있으니, 와 ⑩~끝까지는 상동적 계열체로서 갈등의 해소, 완성의 순간, 구원의 세계를 드러내는 동일 의미의 변이형이다. 아울러 1연 전체는 이같은 순간을 드러내는 지배소, "지금"을 보여 주고 있다.

2연의 경우도 앞의 분석에서와 같은 회귀적 반복을 구성의 원리로 사용하고 있다. ①행의 낳아, 그래, 낳아라 거듭 / 은 낳다를 회귀적 반복소로 사용하면서 거듭과 호응하고 있다. 이같은 ①행에 이어 ②~끝행은 ②행에서 제시한 자유로운 삶인, 바람의 핵심에서 놀기의 구체적 방법을 계열체로 구성하고 있다. 이는 앞의 구성법과 다름이 없다.

이러한 구성의 원리를 가진 2연은 화자의 내면에 있는 인간적 갈등이 해소된 그 후를 말하고 있다. 자유, 기쁨, 도취와 완성, 생성과 충족의 세계를 말하고 있다. ②행의 自由를 지키는 天使들의 오직 生動인 불칼을 쥐고 / 에서 自由란 어떤 갈등도 초래하지 않는 완벽의 세계, 대립이 없는 해체적 완성의 세계, 극치에 이른 완성의 세

---

16) M. 엘리아데, 앞의 책, p. 218
17) M. 엘리아데 앞의 책, p. 219

계며 이는 神的세계며 초월의 자리다. 따라서 이같은 세계를 지키는 수호자, 천사들의 보호를 받을 것이며, 그들의 수호적 표징물인 불칼을 잡고 있는 완벽한 완성의 자리인 것이다. 따라서 인간 / 신의 대립이 없어진 세계다. 이는 1의 1연과는 확연히 다르다. 1의 1연에서의 화자는 자연 / 인간(화자)의 대립 속에서 건장한 자연의 세계를 그리워하는 자다. 그리고 神的세계인 하늘은 곧고 강인한 세계며, 부정적이고 결핍이 반복되는, 거듭 동냥 떠나야 하고 죽음을 두려워해야하는 지상의 세상을 연민하고 있다. 이같은 지상의 세계에 속해 있는 화자는 인간적 갈등을 느끼고 있고 자연 / 인간, 신(하늘) / 인간의 대립적 체계 안에 놓여 있다. 또한 1의 1연은 화자, 인간, 자연, 하늘(신)이 우주속에서 서로 밀접한 관계를 보여 주고 있다. 서로 그리워하고 연민하는 대립적 소통의 세계에 놓여 있다.

이같은 소통적 대립의 세계가 2의 1연에서 제시한 "지금"을 만나면서 소통적, 화해, 해소의 세계가 형성된다. 2의 1연에 보이는 춤, 생각은 없고, 밝은 한 色彩, 大空, 영웅의 영광, 入城의 때, 半身임을 벗으며 等은 모두 완성과 해소의 순간을 드러내는 의미소들이며 이들은 동치성의 시리즈며 언표들이다. 이러한 의미소들이 해소와 완성의 세계를 드러내는 2의 1연을 지난, 2의 2연에서는 자연 / 인간, 신(하늘) / 인간의 대립이 무너지고 완성과 화해, 자유의 세계가 표현되고 있다.

따라서 1의 1연에 보이는 거듭 동냥 떠나는 새벽거지는 계속되는 부족 결핍을 드러낸다면, 2의 2연 첫 행, 낳아, 그래, 낳아라 거듭은 계속되는 생산, 풍요를 드러내고 있다.

그리고 1의 1연에서는 건장함의 자연인 바람을 그리워하는 약자

 현대시의
기호학

의 화자(인간)를 보이며 화자(인간) / 자연(바람)의 대립관계를 보이나 2의 2연 ③행, 바람의 核心에서 놀고 있거라 / 는 바람(자연) / 화자(인간)이 강자 / 약자로 대립되는 것이 아니라 경계가 해체되어 있다.

또한 ④~⑤행의 별하나 나하나의 占術을 따라 / 먼지도 七寶도 손 사이에 끼이고 / 에서는 1의 1연에서 읽을 수 있는 하늘 / 화자(인간), 천상 / 지상의 대립적 세계가 아닌 화해적 세계, 해체적 세계가 보이고, 먼지가 / 七寶가 아닌 먼지=七寶의 하찮음=귀함의 해체적 세계가 드러나고 있다.

그리고 ⑤행에서 읽을 수 있는 손 사이에 끼이고의 손은 1의 1연 끝 행에서 읽을 수 있는 손과는 서로 다르다. 1의 1연 끝 행에서, 읽을 수 있는 확신과 熱愛의 손의 運行을 / 의 손은 生 / 死의 대립적 관계 속에서 死의 세계를 막는 그 칸막이 기호다. 벽으로의 기호다. 그러나 ⑤행에서의 손은 화해의 기호며 해체의 기호다. 그것은 칸막이벽의 기호가 아닌 대립적 세계를 해체하는 연결고리다. 그러므로 손은 양가적 기호다.

V. 맺음말

정현종의 「獨舞」는 의미의 동작소들을 최소 단위로 하는 몸짓 언어가 정신의 세계, 내면의 세계를 대체하는 몸짓 언어 체계의 텍스트다. 따라서 발신자가 보내는 메시지는 주로 몸, 몸짓 코드의 약호화에 의해 만들어져 있고 그에 의해 의미를 전달하고 있다.

이 같은 「獨舞」는 통합체적 의미구조로 볼 때, 1의 1, 2연은 꿈, 완벽한 자유, 완성의 세계를 향한 그리움, 갈망, 갈등의 내면세계, 1의 3연은 그를 얻기 위해 떠남, 2의 1연은 그것을 만남, 2의 2연은 결과로 분석할 수 있다. 그리고 1의 1연에서는 생각하겠지가 회귀적 반복을 이루면서 결합적 관계를 형성하는데 이 같은 결합적 관계 만들기와 등가의 병렬법적 변이항들로 계합축을 형성하기는 「獨舞」의 주된 텍스트 구성의 원리가 된다.

1의 1연은 자연 / 인간 / 하늘(신)의 대립적 관계 속에서 독백적 화자의 갈등 보여주기며 2연은 화자＝그대의 대등적 관계 위에서의 대화적 내면 보여 주기다. 그리고 2연은 화자의 내면이 1연보다 좀 더 구체화되어 드러나는 모티브, 기능단위에 해당한다. 3연은 1, 2연의 원인에 대한 결과의 관계를 가진다. 또한 3연은 갈등을 해결하기 위한 구체적 시도를 보여 준다. 그리고 3연의 가리는 1연의 생각하겠지, 알겠지와 함께 열쇠어 동사다. 또한 ⑥행의 출렁거리며는 ⑦행의 그림자와 상동적 언표며 새로운 존재 양식으로의 변화의 코드로 읽힌다. 이는 화자가 바라는 새로운 존재 양식을 암시하는 가능성의 기호다.

2의 1연은 화자가 지닌 갈등이 해소되는 순간을 언표, '지금'으로 보여 주고 있다. 그리고 생각은 없고, 밝은 한 色彩, 大空, 춤, 영웅의 영광, 入城의 때, 半身임을 벗으며 等은 모두 완성과 갈등의 해소를 드러내는 의미소들이며 동치성의 시리즈다.

2의 2연에서는 1의 1연에서 드러나고 있는 하나의 우주 속에 있는 인간 / 자연, 신(하늘) / 인간, 자연 / 인간 / 신의 대립이 무너진 후의 완성과 화해 자유의 세계가 표현된다. 낳아, 그래 낳아라 거듭을 통해 거듭 동냥 떠나는 결핍의 상황과 대립되는 생산과 풍요의 세계가 보이고 1의 1연에서 볼 수 있던 자연 / 인간, 바람 / 화자, 자연 / 인간의 강자 / 약자의 관계가 해소되어 바람의 核心에서 놀고 있다. 또한 별 / 나, 천상 / 지상, 신 / 인간의 대립적 세계가 아닌 화해적 관계가 드러나며 먼지=七寶의, 하찮음=귀함의 세계가 설정된다. 이와 함께 손이란 언표도 1의 1연에서의 칸막이, 벽의 기호가 아닌 대립적 세계를 해체하는 연결고리의 다중적 의미 코드로 읽힌다.

「獨舞」는 발신자가 보내는 메시지의 다중성을 느끼게 한다. 독자 따돌리기의 난해한 글쓰기는 보이지 않는 비교적 친절한 말하기의 텍스트지만 수신자에게 무한의 겹을 가진 메아리를 요구하기도 한다. 이는 인간 존재의 고뇌와 갈등, 구원 등을 내용으로 하기 때문이기도 하겠지만 앞의 분석에서와 같은 견고한 결, 체계, 구조, 의미 작용 때문이라고 생각된다.

이성복의
「금촌 가는 길」 분석

이성복의 「금촌 가는 길」 분석

Ⅰ. 머리말

•••이성복의 「금촌 가는 길」은 『뒹구는 돌은 언제 잠깨는가』(1980)에 수록된 그의 초기 텍스트다. 이는 현대시의 특징적 현상을 만나게 한다. 구체적 내용의 전달로부터 가능한 한 먼 거리를 유지하려는 시의 경향, 이성이 도달할 수 없는 영역에 암시적으로 작용하면서 아울러 개념의 비밀스런 영역을 떨림 속에서 드러나게 하는 절대적 힘의 긴장을 가지는 직물적 경향을 느끼게 한다. 또한 예리한 지성, 진술 대상의 복합성, 내용의 불가해성, 부조리 등도 읽을 수 있다. 그리고 구문의 해체, 비규범성을 발견할 수 있다.[1]

무대와 같은 연극적 장치 속에서의 생에 대한 탐색과 날카로운 통찰력, 치열한 자아 규명을 보여 주고 있고 강력한 혼돈의 질서로 손짓하고 있다.

본고에서는, 이 같은 텍스트의 외곽을 지니고 있는, 「금촌 가는

---

1) 후고 프리드리히 지음, 장희창 옮김, 『현대시의 구조』, 한길사, 1996, pp.29 – 31.

현대시의
기호학

길」이 보내는 메시지의 수취인으로서, 구조의 내면에서 들려오는 다
층의 의미를 정밀한 읽기를 통해 수신하고자 한다.

　먼저 「금촌 가는 길」의 전문을 읽도록 한다.

1
집에 敵이 들어올 것 같았다
(집은 地下室, 집은 개구멍)
흰피톨 같은 아이들이 소리없이 모였다
귀를 쫑긋 세우고 아버지는 문틈을 내다보았다

밥이 타고 있었다.
敵은 집이었다.

2
地主는 나이가 어렸다
다투어 사람들이 땅을 나누었다
아버지는 땅을 고르고 물을 뿌렸다
아버지는 신발을 벗어부쳤다
아버지의 발목이 흙에 묻혔다 다시 떠올랐다
깨꽃이 웃고 개가 짖었다
아버지의 발목이 깊이 묻혔다
아버지의 얼굴이 푸른 잎사귀처럼 흔들렸다
……어떤 꽃을 보여주시겠어요, 아버지

3
되새김위까지 다 비워도 남는
투명한 괴로움
병든 개
그리운 나라
색깔을 흘리며 잠자리가 지나가고
얼룩지는 名節옷

어머니, 제가 너무 크게 부르면
안 나타나는 짐승
어머니, 저의 몸은 잘 흐르다 고인 물
저의 잠은 허허벌판 추운 잠
어머니

4
故鄕을 벗어나면서도 더럽힌 바람과 구름을 만나며
추수 끝난 논밭을 길게 찢으며
울타리 없는 마을에 또 하나의 별을 허락하며

그대 올 때는 내 뒤로 오라
두려워라 그대 그림자, 비루먹은 날들

그대 올 때는 목소리로 오라
두려워라 그대 그림자, 태울 수 없는

5
어떻게 깨어나야 푸른 잎사귀가 될 수 있을까
기어이 흔들리려고 나는 全身이 아팠다

어디서 깨어나야 그대 내 잎사귀를 흔들어줄까
그대 손 잡으면 그대 얼굴이 지워지고

가슴으로 걷는 길
얼음짱 밑 훤한 집들

6
그대 뿔 없는 괴로움으로 연거푸
내 가슴을 박으며
보여주었지, 꺼져가는 불빛과 마른
진흙의 입맞춤

그대 뿔 없는 괴로움으로 연거푸
무엇을 박는지 모르고
깨고 나면 나는 늘 비켜 있었지

그대 눈 가리고 이제 날 찾아오면
부딪게 할 테야 내 눈빛으로 그대 실어
저 투명한 壁에, 여러 번 저 壁에

부딪고 부딪고도 무너지지 못해
한없이 내 귀청을 두드리다
어두운 나라 등에 업고 먼 길 갈 때

내 또 한번 그대의 길을 발길질할 테야

7
아주 낮은 音樂으로 대추나무가 흔들리고
갈라진 흙벽에서
아이 울음 소리

길게 부는 바람 한 가닥 끌어안고
내 지금 가면
땡삐가 나를 쏘리라

아프지 않을 때까지
잎 없는 나를 열어놓고
땡삐집이 되리라

Ⅱ. 시어분석

「금촌 가는 길」의 출발지에 놓인 언표는 집이다. 집이라는 언표는 반복적으로 제시되면서 텍스트 구조의 가장 핵심 부분에 놓이는 지배소로의 성격을 확연하게 형성하고 있다. "기호, 그것은 반복하는 것이다. 반복 없이는 기호도 없는데 왜냐하면 우리는 기호를 인지할 수 없기 때문이다.[2]"는 롤랑바르트의 말처럼 정신적 구조물인 반복[3]의 형식으로 집은 제시되면서 하나의 지배소적 기호로 그 모습을 현현하고 있다.

그러면 「금촌 가는 길」의 의미구조 속에서 집은 무엇인가? 이에 대한 답을 얻기 위해 먼저, 집의 언술들을 찾아 보면, '집에 敵이 들어올 것 같았다, 집은 지하실, 집은 개구멍, 敵은 집이었다, 얼음짱 밑 환한 집들', 等이 있다. 의미질서의 카오스적 탈자동화를 드러내고 있는 이들 집에 관한 언술들 중 첫 번째 언술에서는 집이 존재자들의 보호막으로 제시되고 있다. 敵의 반대 영역에 속하는 것으로 생명체나 그 밖의 어떤 존재에 껍질 또는 피막의 역할을 담당하는 대상으로 드러나고 있다.

이는 1연의 ③, ④행에서 읽을 수 있는, 흰피톨 같은 아이들이 소리없이 모였다 / 귀를 쫑긋 세우고 아버지는 문틈을 내다보았다 / 에서 확인되듯 균이 침입했을 때 몸을 보호하기 위해 최전방에서 결전을 하는, 흰피톨 같은 아이들이 모여 적과의 싸움을 준비하고 행할 수 있는 곳이다. 또한 식구들의 울타리인 아버지가 귀를 쫑긋 세우고 파수꾼으로서의 역할을 할 수 있는 터전으로 제공된, 보들레르의 『인공낙원』에서 읽을 수 있는 감싸주는 공간이다.

신비주의자들의 견해에 의하면 전통적으로 집은 우주의 여성적인 양상으로 인식된다. 이는 우리를 보호하고 키우는 그런 공간으로서의 의미를 띤다.4) 1의 ①, ③, ④행을 통해서 읽을 수 있는 집은 이같은 맥락에서의 의미를 생산한다.

---

2) 롤랑바르트, 김인식 편역, 『이미지의 글쓰기』, 세계사, 1993, p.170.
3) 제라르 즈네뜨 지음, 권택영 옮김, 『서사담론』, 교보문고, 1992, p.103.
4) 이승훈, 『문학상징사전』, 고려원, 1995, pp.444－446.

다음으로 제시되는 집의 의미는, 두 개의 나란한 메타퍼에 의해 집이 현동화(actualization)되는 '집은 지하실 / 집은 개구멍'에서 읽을 수 있는데 이는 지하실의 상징의미인 무의식 또는 본능5)과 연결되는 언표로 확인되며 개구멍으로 메타퍼되는 언술을 통해 밖으로 드러나 있지 않은 비밀통로로 읽힌다. 즉 드러난 세계가 아닌 감추어진 세계에의 비밀의 길을 가진 공간으로서의 의미를 읽을 수 있다.

이 같은 집의 기호는 '밥이 타고 있었다'의 일상적 삶의 언술을 지나 '敵은 집이었다'에 이르러 첫 번째 제시한 집의 의미와 반대축에 놓이는 의미를 가진다. 맨 처음 제시한 집의 의미는 역으로 뒤집혀 있다. 집의 의미는 뒤집기 의미작용을 생산한다. 집의 문맥적 의미는 1의 ①, ②, ④행의 적과의 대치상황을 드러내는 이항대립적 긴장에서 생산되고 일상의 상황을 보여 주는 언술을 지나 ⑥행에서는 강력한 의미의 파괴를 보여 주고 있다. 따라서 집의 의미는 일상적 언술인 '밥이 타고 있었다'를 거울 표면으로 하여 롤랑바르트의 S / Z와 같은 뒤집기 국면을 보여주고 있다.

다의성을 띠는 지배소적 언표, 집은 5의 ⑥행에서는 '얼음짱 밑 환한 집들'로 드러난다. 여기서 얼음의 상징의미를 먼저 찾아 보면, 얼음은 의식과 무의식 혹은 다른 역동적 수준 사이의 견고한 경계선이라는 의미를 띠고 있고 차가움이 모든 열등한 세계에 대한 저항을 암시하는 긍정적 의미 역시 지닌다. 후자는 니체가 말하는 산정의 생명을 얼어붙게 하는 적으로 가득 찬 공기에 상응한다.6) 따라서 집은 견고한 경계선, 모든 열등한 것에 대한 투철한 저항을 넘어야만

---

5) 이승훈, 앞의 책, pp.444-445.
6) 이승훈, 앞의 책, p.367.

들어갈 수 있는 환한 긍정의 세계다.

지금까지 분석한 집의 문맥적 의미를 정리하면 존재를 보호하는 공간, 감추어진 세계, 비밀의 길을 가진 곳, 적, 견고한 경계선과 열등한 것에 대한 투철한 저항을 넘어야만 얻을 수 있는 것이 된다.

이 같은 다의성을 지니는 언표, 집의 총체적 의미 집합을 놓고 볼 때 결국 집은 욕망하는 대상을 표징하는 언표로 읽을 수 있다. 욕망의 대상은 존재를 존재할 수 있게 하는 힘이며 그를 향해 가는 삶의 길은 알 수 없는 감추어진 세계, 비밀의 길과 통로를 가진 것이며 그를 얻기 위해 겪어야 하는 고통의 본고장이기도 한 적과 같은 것이기 때문이다. 또한 욕망의 대상은 견고한 경계선과 투철한 저항의 벽을 넘어서야만 아주 적은 양의 환함, 즉 밝음이라도 맛볼 수 있는 것이기 때문이다.

이상과 같은 '집'의 코드 해독은 「금촌 가는 길」을 읽는 데 열쇠를 제공해 주며 단어에는 열쇠가 있음을 절감하게 한다. 집의 의미 해독을 기초로 하여 문맥을 따라 읽으면 2의 ⑨행에서 읽을 수 있는 '……어떤 꽃을 보여주시겠어요, 아버지'의 '꽃'의 의미와 3의 ④행에서 읽을 수 있는 '그리운 나라', 4의 ③행의 '또 하나의 별을 허락하며'의 별 等은 모든 인간에게 주어진 욕망의 대상, 즉 꿈, 이상을 드러내는 코드로 「금촌 가는 길」이 가진 구조의 문법에 따라 읽힌다. 이들은 지배소인 집과 동일한 의미를 가지면서 모호한 텍스트를 일관한 독서로 나아가게 해 준다. 따라서 이들은 동위소로 묶인다.

이와 아울러 꽃을 피우기의 전 단계인 푸른 잎 피우기와 관련한, 푸른 잎사귀에 대한 지속적 추구가 텍스트의 전면에 흐르고 있는데 이는 2의 8행의 '아버지의 얼굴이 푸른 잎사귀처럼 흔들렸다'와 5의

①행과 ③행의 '어떻게 깨어나야 푸른 잎사귀가 될 수 있을까', '어디서 깨어나야 그대 내 잎사귀를 흔들어 줄까' 等에서 볼 수 있다. 그리고 이는 7의 ⑧행 '잎 없는 나를 열어놓고'에서도 읽을 수 있다. 이 같은 언술에서의 잎, 푸른 잎사귀는 욕망의 대상, 즉 결핍의 대상인 이상과 꿈을 이룰 수 있는 전 단계로의 코드가 된다.

그리고 「금촌 가는 길」이 가지는 시어들의 묘사체계(discriptive system)를 읽을 때 '길'은 중요한 코드로 읽힌다. 길이란 언표는 표제 '금촌 가는 길', 5의 ⑤행에 쓰인 '가슴으로 걷는 길', 6의 ⑬, ⑭행에 쓰인 '어둠의 나라 등에 업고 먼길 갈 때', '내 또 한번 그대의 길을 발길질할 테야' 等에서 반복적으로 사용되고 있는데, 이는 문맥적 의미로 보아 '집'으로 표상되고 있는 꿈, 이상이라 말할 수 있는 욕망의 대상을 향해 가는 삶의 길로 읽을 수 있다. 따라서 표제로 쓰인 '금촌 가는 길'의 '금촌'도 앞에서 분석해 본 지배소인 집의 동위소에 묶이며 '금촌'은 현대시의 한 표현기법인 신어만들기 현상으로 고유명사의 보통명사화로 쓰인 코드가 된다. 결국 텍스트 「금촌 가는 길」은 현실에 놓인 시적 화자가 '집'의 동위소들에 의해 표상하고 있는 욕망의 대상, 즉 꿈, 이상을 향해 가는 삶의 길을 말하고 있는 시적 담화가 된다.

이상으로 「금촌 가는 길」의 지배소인 '집'이 문맥적 문법에 따른 의미인 욕망의 대상, 즉 꿈, 이상의 개인방언임을 찾아 내고 그와 동위소인 금촌, 꽃, 그리운 나라, 별을 분석하고 꽃 피기의 전 단계인 잎 피기의 잎이 욕망의 대상, 꿈, 희망을 이루기 위한 전 단계의 코드임을 분석해 보았다. 이와 함께 시어 체계 속에서의 '길'이 텍스트의 문법에 의하면 삶의 길을 표상하고 있음을 논의해 보았다.

Ⅲ. 화자의 내면세계

　　위의 분석으로 볼 때 '집'이라는 언표의 집합체적 성격이 분출되고 있는 1에서는 '집'의 코드로 드러나는 욕망하는 것, 꿈, 이상은 삶을 존재하게 하는 것이며 적이라는 인식을 가진 화자의 내면을 읽을 수 있다.

　　그리고 1에서 파수꾼으로 제시된 아버지가 2에 오면 연극적 장치의 연속 속에서 땅을 경작하고 있다. 아버지의 경작하기 동작의 끝에 위치하는 '어떤 꽃을 보여주시겠어요, 아버지'라는 언술은 대화상황으로 읽힌다. 도치의 구문인 이 언술은 발화자인 화자의 담화적 입장을 확인하게 한다. 미셸 푸코의 주장처럼 사람들은 아무것이나 말하지 않기 때문이다. 담화적 구성들은 동작주의 입장과 관계를 맺는다.7)

　　그러므로 이 같은 대화적 담화의 발화자인 질문자로의 화자의 입장을 읽을 수 있다. 화자의 아버지에게로 향한 질문의 발화 속에서 개인 심리를 찾아낼 수 있다. 파롤을 통해 은폐되어 있는 화자의 내면적 상황을 찾아 낼 수 있다. 질문의 핵심은 어떤 꽃을 피워 보겠느냐가 된다. 본 텍스트의 세미오시스적 작업에 의하면 꽃은 욕망의 대상, 꿈, 이상 等으로 읽힌다. 그러므로 화자가 말하고 있는 파롤에서 화자의 가장 큰 관심의 영역이 욕망의 대상, 꿈, 이상임을 찾아 낼 수 있다.

---

7) 안느 위베르스펠드 著, 신현숙 역, 『연극 기호학』, 문학과지성사, 1993, p.260.

　3의 언술에서는 화자의 심리적 상황이 좀 더 구체화되고 있다. 화자는 '되새김위까지 다 비워도 남는 투명한 괴로움'(투명한 괴로움은 얼음짱(5), 투명한 壁(6), 갈라진……흙벽(7) 等과 함께 비유의 상동적 등가물로 읽힌다)을 가진 병든 개와 같은 존재로서 꿈과 이상의 언표로 읽히는 '그리운 나라'를 향한 강렬한 지향을 가진 자다.

　그리고 화자는 2의 아버지와의 대화에 이어 어머니와의 대화적 언술을 통해 절규하는 포화 상태의 고통과 고뇌를 가진 자임을 보여준다. '어머니, 제가 너무 크게 부르면 / 안나타나는 짐승'에서 '제가 너무 크게 부르면'은 고통이 너무 커 절규하는 자로서, 지상의 존재 중 주체의 고뇌를 가장 잘 들어 주고 아파할 어머니를 부르는 언술이다. '안나타나는 짐승은' 어머니도 해결할 수 없는 보다 큰 고뇌, 고통의 성격을 규정해 주고 있다. 또한 어머니에게 호소하듯 한 어조를 가지며 이어지는 언술, '저의 몸은 잘 흐르다 고인 물', '저의 잠은 허허벌판 추운 잠'은 이상을 향해 달릴 수 없고, 가장 완벽한 휴식의 시간인 잠의 순간까지도 편안할 수 없고, 춥고, 고통스런 순간이 됨을 말하고 있다.

　그러므로 3의 화자는 그리운 나라로 표상되는 꿈과 이상에 대한 강렬한 지향을 가진 자로 '병든 개'와 같이 고통하는 자다. 또한 어머니마저도 고통을 덜어줄 수 없는 절규하는 고통을 가진 자며 이상과 꿈을 향해 달려갈 수 없고 잠마저 편안할 수 없는 내면을 가진 자다.

　4의 첫 언술에서는 화자의 고향에 대한 부정적 인식을 읽을 수 있다. '고향을 벗어나면서도 더럽힌 바람과 구름을 만나며'는 그의 고향이 바람과 구름을 만나게 하는 부정적 공간임을 확인하게 한다.

 현대시의
기호학

‘故鄕을 벗어나면서도’의 ‘서도’는 故鄕과 이향이 동일하게 바람과 구름을 만나게 하는 공간임을 시사하기 때문이다. 4의 ③행에서는 ‘울타리 없는 마을에 또 하나의 별을 허락하며’에서 읽을 수 있듯, 화자가 울타리 없는 마을이든, 어디에서든 ‘별’로 표상되는 꿈과 이상, 욕망의 대상을 끝없이 추구하고 있음을 알 수 있다.

4의 ④행 이후는 첫 번째 등장인물인 아버지, 두 번째 등장인물인 어머니에 이어 ‘그대’가 등장한다. 그러니까 아버지, 어머니에 이어 세 번째의 대화 상대자가 등장하는 것이다. 「금촌 가는 길」이 선택하고 있는 서술형식인 대화형식의 언술 속에서 세 번째 등장하는 화자와의 대화 상대자 ‘그대’는 누구인가? 이는 4의 ⑤행, ‘두려워라 그대 그림자 / 비루먹은 날들’의 언술을 통해 보면 삶의 나날들, 즉 삶으로 읽을 수 있다. 그러니까 그대는 삶의 의인화가 된다. 따라서 이는 삶과 그 삶을 이끌어 가고 있는 주체인 화자와의 대화가 된다. 이 같은 삶과 화자와의 대화 속에서 4의 ⑤~⑦에서의 주체의 삶에 대한 두려움을 읽을 수 있다. 이는 반복되는 ‘두려워라’의 언표에서 확인된다.

5의 언술에서는 ①~④행에서 ‘全身이 아픈’ 고통을 겪으며 ‘푸른 잎사귀’, 즉 앞의 논의에서 밝힌 바와 같은 욕망의 대상에 이르기 직전 단계로의 열망을 보이고 있다. 이 같은 화자의 삶의 길은 5의 ⑤행에서 볼 수 있는 ‘가슴으로 걷는 길’이며 이는 ⑥행의 ‘얼음짱 밑 환한 집’을 향한 고통의 벽 너머에 있는 욕망의 대상을 향해 가는 길이다.

6의 ①~⑦행에서는 삶이 화자를 끊임없이 괴롭힘을 보여주고 있다. 특히 6의 ③~④행, ‘보여주었지, 꺼져가는 불빛과 마른 / 진흙의 입맞춤'을 통해서는 삶의 극한적 고통으로 죽음을 보여주고 있는 괴롭힘을 드러내고 있다. 이집트 상형문자에서 불은 생명과 건강이라는 개념과 연결되며8) 바슐라르에 의하면 사물들을 통합하고 안정시키려는 인자로 모든 사물의 중심에서 움직이는 기본적인 요소로 인해 파라셀루스는 불과 생명의 대응관계를 주장한다.9)

이같이 불은 생명을 상징하는 언표로 읽을 수 있으며 이를 문맥에 대입해 보면 '꺼져가는 불빛'은 꺼져 가는 생명으로 읽을 수 있고 '마른 / 진흙의 입맞춤'은 '마른 진흙'이 표상하는 죽음 이미지적 상징의미와의 만남 속에서 죽음을 읽어 낼 수 있다. 따라서 삶이 화자에게 죽음을 보여주는 고통을 읽을 수 있다.

그리고 피해자의 입장에 놓여 있던 화자는 수동적 자세를 떠나 능동적 자세를 취하며 가해자의 위치로 전환한다. 이는 ⑧행에서 시작된다. '그대, 눈 가리고 이제 날 찾아오면 / 부딪게 할 테야, 내 눈빛으로 그대 실어 / 저 투명한 壁에, 여러 번 저 壁에'에서 읽을 수 있듯이 화자는 능동적 가해자로 자세를 바꿔 삶을 투명한 벽에 여러 번 부딪게 하여 고통을 주겠다고 한다. 여기서의 '투명한 壁'은 5의 ⑥행에 사용된 '얼음짱 밑 환한 집들'의 '얼음짱'과 상동성을 가지는 언표로 이는 삶의 수행과정에 놓인 고통의 벽이라고 볼 수 있으며 이 고통의 벽에 화자를 괴롭히는 삶을 부딪게 하겠다는 것이다.

이러한 능동적 가해자로의 태도전환은 6의 끝 행까지 이어지며 '어두운 나라 등에 업고 먼길 갈 때 / 내 또 한 번 그대의 길을 발길질할 테야'에서와 같이 자신을 괴롭힌 가해자인 삶이 준 고통을 삶

---

8) 이승훈, 앞의 책, p.234.
9) 이승훈, 앞의 책, p.235.

에 철저히 되돌려 주겠다는 화자의 의지를 읽을 수 있다. 따라서 6
은 ①~⑦행과 ⑧~⑭행이 대칭적 구조를 이룬다.

7의 '아주 낮은 音樂으로 대추나무가 흔들리고 / 갈라진 흙벽에서 /
아이울음소리'에서 대추나무의 흔들림 속에서 찾아 낼 수 있는 바람
의 요소와 그것이 표상하고 있는 삶의 고통을 읽을 수 있고 '갈라진
흙벽에서 / 아이울음소리'에서 고통의 현실을 거듭 보여 주고 있다.
이 같은 삶의 고통 보여 주기는 7의 ④~⑥행, '길게 부는 바람 한
가닥 끌어안고 / 내 지금 가면 / 땡삐가 나를 쏘리라'에서도 계속된다.
역시 '바람'이란 언표로 삶의 고통을 표징하였다. 삶의 길에 놓인 화
자를 괴롭히는 자 '땡삐'가 등장된다.

'땡삐'는 괴롭히는 자의 코드로 쓰였으며 ⑦~⑨행은 그를 괴롭히
는 자 '땡삐'에 대한 대응의 자세로 읽을 수 있다. '아프지 않을 때
까지 / 잎없는 나를 열어놓고 땡삐집이 되리라'는 아픔을 지나 초월
의 단계로 갈 때까지(앞에서 읽은 바와 같이), 욕망하는 대상의 전
단계인 잎, 즉 푸른 잎을 아직 갖지 못한 화자를 맡겨 두고 삶의 고
통 자체와 화자 스스로 하나가 되겠다는 것이다. 따라서 '땡삐'와 화
자는 대립적 관계에서 출발해서 화자 자신이 '땡삐집'이 되므로 하
나가 되는 관계에 놓인다.

이상의 논의를 바탕으로 화자의 내면세계를 정리하여 도표화하면
위와 같다.

1	집의 코드로 드러나는 욕망하는 것, 꿈, 이상은 삶을 존재하게 하는 것이며 적으로 봄.
2	화자의 가장 큰 관심이 욕망의 대상, 꿈, 이상으로 드러남.
3	꿈과 이상 等 욕망의 대상에 대한 강렬한 지향을 가진 자며 그를 향해 달려갈 수 없어(잠마저 편하지 못한, 어머니마저도 고통을 나누어 가질 수 없는) 병든 개와 같이 고통받는 자.
4	고향과 타향, 즉 현실의 어떤 곳도 다 부정적으로 인식하는 자며 꿈과 이상의 끝없는 추구 드러남.
5	욕망의 대상에 대한 열망 보임.
6	삶이 화자를 끊임없이 괴롭힘을 인식하며 이 같은 괴롭힘을 철저히 되갚으려 함.
7	삶의 고통을 깊게 인식하여 삶이 주는 고통과 하나되어 초월하고자 함.

위의 도표를 보면 화자는 욕망하는 것, 즉 꿈, 이상 等은 삶을 존재하게 하는 힘의 원천으로 생각하고 이를 인간의 삶을 영위하는 주체를 괴롭히는 적으로 보는 자다. 또한 욕망하는 것에 대한 끝없는 강렬한 지향을 가진 자다. 그리고 그 같은 강렬한 지향을 실현할 수 없는 현실이 주는 제약으로 하여 병든 개와 같이 고통받는 자며 타향은 물론 고향마저도 오직 고통을 주는 현실 속에 포함된 어떤 것으로 인식하는 자다. 이와 함께 화자의 내면세계 속에는 6, 7에서 읽을 수 있듯, 삶과 치열한 싸움을 하려는 태도와, 삶이 주는 고통과 하나 되어 삶의 고통을 초월하고자 하는 강한 의지가 내포되어 있다.

삶의 주체로서 가진 내적 욕망과 현실 사이의 괴리 속에서 라캉이 말하는 $\frac{S}{s}$, $\frac{1}{0}$의 비극적 존재의식을 처절하게 확인하는 자며 현실과 이상 사이의 강력한 칸막이를 통렬하게 인식하며 초월하고자 몸부림하는 자로 드러난다.

Ⅳ. 해체적 인식과 구조

「금촌 가는 길」에는 해체적 인식이 시적 대상에 대한 읽기의 기본적 질서로 제시되어 있다. 먼저 앞의 논의에서 밝힌 바와 같은 1에서의 '집'에 대한 해체적 인식을 들 수 있다. 이 외에 1에서는 ④행의 '기를 쫑긋 세우고 아버지는 문틈을 내다보았다'에서 '아버지'는 일반적 가치에 준하는 표현이 아닌 동물적 가치에 가까운, 인식체계와 관련한 언표임을 발견하게 되는데 이는 3의 '되새김위까지 다 비워도 남는 / 투명한 괴로움', '어머니, 제가 너무 크게 부르면 안 나타나는 짐승'에도 그대로 적용된다. 아버지, 화자, 어머니가 동물적 평가절하의 가치체계에 놓여 일반적 가치 체계를 거부하고 있다. 성스러운 것 / 불경스러운 것이 서로 뒤섞이는 부정과 파괴의 논리, 카니발적 논리가 화자의 인식논리 위에 놓여 있다.

2에서는 나이 어린 地主에게서 땅을 나누어 경작하는 경작자로의 아버지가 제시된다. 2의 ③, ④, ⑤행은 경작 행위의 동작어들이 행위사슬로 제시되면서 단계적으로 땅에 가까이 간다. 경작의 땅에 ③행에서는 물을 뿌리고 ④행에서는 신을 벗어부치고 ⑤행에 이르면 벗은 발의 발목이 흙에 드나든다. ⑦행에서는 발목이 깊이 묻히고 땅에 심겨진 자가 된다. ⑧행에서는 '아버지의 얼굴이 푸른 잎사귀처럼 흔들리고' 이미 경작자가 아닌 피경작자가 되었으며 ⑨행에서는 '어떤 꽃을 보여주겠냐'는 질문을 받는 푸른 잎을 가진 꽃 피울 식물인 것이다. 경작자와 피경작자의 경계가 해체된다.

그러므로 2는 1의 구조와 거시구조로 볼 때 동일한 구조를 가진다. ⑤행까지 경작자로 드러나던 아버지가 ⑥행의 '깨꽃이 웃고, 개가 짖었다'라는 시각＋청각의 감각의 관성을 부여하는 일상적 경계 언술을 가운데 두고 피경작자적 존재로, 꽃 피울 식물이 된다. 이때 ⑥행은 반전의 경계 언술로 후각적 감각의 관성을 부여하는 1의 ⑤행과 같은 기능을 가진다. 그리고 이들 1, 2의 경계 언술들은 1, 2의 '집' 이야기나 '아버지' 이야기와는 전혀 상관없는 부조리적 언술이라는 점 또한 동일하다. 따라서 이들 1, 2는 거울면을 가진 해체적 구조다.

3의 ③, ④행은 각각 현실과 이상을 표상하는 언표들로 대립적 관계에 놓인다. 그러나 ⑤행의 '색깔을 흘리며 잠자리가 지나가고'의 시각적이고 일상적이며 부조리적인 언술을 경계로 하여 온갖 노력의 산물을 헛된 것으로 만들고 해체적 이미지를 발산하는 '얼룩지는 名節옷'의 언술로 건너가고 있다. '얼룩'은 경계를 무너지게 하는 언표이기 때문이다. 따라서 1, 2, 3은 거시적 구조로 볼 때 감각의 관성을 부여하는 시, 청, 후각 등의 감각적, 일상적 언어, 문맥의 흐름으로 보아 부조리 현상을 보여주는 언술을 중심으로 하여 대립의 절대 의미를 해체하는 동일구조를 가진다.

4에서는 ①행의 '故鄕을 벗어나면서도 더럽힌 바람과 구름을 만나며'와 ③행의 '울타리 없는 마을에 또 하나의 별을 허락하며'에서 해체적 인식을 찾아낼 수 있다. ①행의 '벗어나면서도'의 '서도'와 ③행의 '또'는 동일, 반복의 의미를 생산하는 약호다. ①행의 고향과 타향은 변별적 가치를 가지는 공간이 아닌, 해체적 의미발산의 부정적 동일가치로 평가되는 해체적 가치의 공간이다. 또한 '울타리 없

는 마을’에서는 어디서든 변별적 의미부여 없이 지속적으로 꿈과 이
상의 표징인 별을 꿈꾸고 있다. 따라서 ‘울타리 없는 마을’과 그 외
공간은 변별적 가치를 가지지 않고 해체적 가치를 발휘한다.

　5의 ⑥행 ‘얼음짱 밑 환한 집들’의 ‘얼음짱’은 녹아내리는 해체적
속성을 가진 언표다. 이 같은 언표를 통해 얼음짱 / 환한 집의 경계가
무너지는, 즉 ‘얼음짱’으로 표징되는 증상, 살아가게 하는 동력, 삶이
주는 고통의 벽과 그 너머의 존재인 ‘환한 집’이 표상하는 이상, 꿈
은 둘이 아닌 하나의 존재임을 보여주고 있는 해체적 존재인식을 읽
을 수 있다.

　6, 7에서는 앞의 논의에서와 같은 삶과 화자의 피해자, 가해자의
해체적 존재인식과 가해자인 땡삐와 피해자인 화자의 변별적 경계를
넘어 ‘땡삐집’이 되고자 하는 초월적 해체인식을 찾아 볼 수 있다.

　따라서 이상의 논의로 볼 때 「금촌 가는 길」은 해체적 구조와 해
체적 존재인식을 바탕으로 하여 형성된 구조임을 알 수 있다. 그리
고 화자는 금촌, 집, 꽃 等으로 표상되는 욕망의 대상을 향해 가는
금촌 가는 길(표제), 가슴으로 걷는 길(5), 지금 가는 길(7) 위에 놓인
자며 집 等으로 표상되는 꿈, 이상은 그를 괴롭히는 증상이며 적이며
그를 존재하게 하는 원동력이며 길이 집이고 집이 길인 것이다.

Ⅴ. 표현기법

　주지하는 바와 같이 현대시에서는 전통시보다 표현기법이 가지는 의미가 크다. 이들은 혼돈의 표피 속에 존재하는 텍스트의 내면적 질서를 형성하는 역할을 한다. 현대시의 성격을 지니는 텍스트, 「금촌 가는 길」에서도 기법의 문제는 대단히 중요하다. 먼저 부조리극의 대사를 읽는 듯한 연극적 표현기법이 관심의 대상이 된다.

　1은 아이들과 아버지를 등장인물로 하여 화자가 가지고 있는 삶에 대한 정의적 인식을 연극적 동적 분위기로 이야기하고 있고 2는 아버지를 내세워 대화적 언술 속에서 욕망의 대상에 대해 말하고 있다. 그리고 3은 어머니와의 대화를 제시하고 4~6에서는 의인화한 삶을 그대로 하여 대화적 언술을 보여주고 있고 7은 독백적 언술 속에서 화자의 초월적 삶의 의지를 말하고 있다.

　「금촌 가는 길」은 이 같은 담화를 일인칭 서사구조로 이야기하면서 단독 수화자인 아버지, 어머니, 그대를 내세우고 있다. 따라서 화자는 동일한 주제를 가진 연속된 이야기를 몇 개로 끊어서 각기 다른 수화자에게 이야기하는 형식을 취하여 시적 언술을 전하고 있다. 이 같은 형식 속에서 수화자들인 아버지, 어머니, 그대는 청자의 이야기를 듣는 역할 외에 실제적으로 아무것도 안 하고 있는 등장인물로 드러난다.

　그리고 표제인 「금촌 가는 길」과 시의 내용은 소급적 읽기에 들어가기 전엔 시의 내용과 직접적 상관관계를 가지지 않은 것으로 드러난다. 따라서 전통적 서정시에서 볼 수 있는 시 내용에 대한 표제에 의한 예고는, 겉읽기에서는 드러나지 아니한다. 그러나 세심한 거듭읽기를 하면 표제가 시의 테마를 지향하고 있다는 것을 확인할 수 있다. 그러므로 「금촌 가는 길」의 표제 붙이기는 전통시와는 다른 현대시의 표제 붙이기를 따르고 있으나 제목과 내용 사이의 관련을 전혀 완벽하게 배제하는, 수수께끼적 표제 붙이기는 아닌 것으로 확인된다.

1, 2, 3의 첫 행들은 현대시가 자주 보여주는 기법인, 갑작스러운 새로운 영역 드러내기의 기법을 그대로 적용하고 있다. 겉읽기에서 유기적 관련성이 없는 것으로 보이는 언술들의 갑작스런 제시와 사라짐이 1, 2, 3에 공통적으로 적용되어 있다. 이는 방향 상실을 느끼게 하며 신비감을 느끼게 하는 효과를 거둔다 할 수 있다. 그러나 이 같은 현상은 4를 지나면서 완화되어 5, 6, 7에서는 지속적이며 유기적 관계를 가지는 전통시적 언술의 제시를 읽을 수 있다.

이와 함께 1의 ⑤행, 2의 ⑥행, 3의 ⑤행 等은 1, 2, 3 각각의 이야기와 직접적 상관관계를 갖지 않는 언술들이다. 갑작스런 새로운 영역 드러내기나 직접적인 상관이 없는 언술 끼어 넣기는 파편의 문체를 드러내고 있다.

그리고 실제로부터의 이탈을 읽을 수 있다. 이는 2의 ⑦~⑨행, 3의 ⑤행, 5의 ⑥행 等에서 읽을 수 있다. 이는 창작적 상상력에 의한 현실의 배제성을 읽게 한다. 그리고 일상적 사물의 질서를 파괴하며, 인공적이며, 비자연적인 질서 속에 대상을 머물게 한다.

다음으로 3연에서는 집중적으로 드러나는 동사를 배제하려는 경향을 보이는 명사형 기호의 병렬적 제시를 읽을 수 있다. 이는 병든 개, 그리운 나라, 얼룩지는 名節옷, 안 나타나는 짐승, 고인 물, 추운 잠 等에서 확인된다. 이는 또한 시의 파편화를 생산하는 결과를 가져오기도 한다.

그리고 총체적 표현기법의 면에서 볼 때 「금촌 가는 길」 전반부인 1, 2, 3에서는 현대시의 표현기법에 의한 시적 긴장감을 크게 느낄 수 있으며 4 이후의 후반부에 이르러서는 점차로 긴장감의 느슨해짐을 읽을 수 있다.

이상으로 분석해 본 현대적 시의 표현기법과는 달리 「금촌 가는 길」에 쓰인 집, 지하실, 꽃, 푸른 잎사귀, 바람, 구름, 별, 길, 얼음, 불꽃, 진흙, 벽 等等의 코드들은 고전적 상징의미를 그대로 지닌다. 이 같은 현상은 명시적 기호의 암시에 의해 텍스트 해독을 비교적 용이하게 하는 기능을 한다.

Ⅵ. 맺음말

「금촌 가는 길」은 연상작용의 내적 논리에 따라 텍스트가 가지는 변형된 의미들로 가득 찬 텍스트다. 미메시스 차원을 떠난 적극적인 세미오시스인 역동적 의미 생성이 활발하게 이루어져 와글거리는 텍스트 특유의 방언들을 생산하고 있다. 지배소를 향해 기호의 체계를 형성하고 있는 기호 하나하나들을 소급적 독서를 통해 구조적 판독을 해 보면 미메시스를 누르는 강력한 세미오시스의 작업 속에 놓인 구조의 형질을 읽게 된다. 그리고 「금촌 가는 길」은 일상적 자극에 반응하는 철학적 테마읽기의 텍스트다. 이를 현실에 놓인 일상성의 관성과 인식의 관습을 철저히 깨는 낯설게 하기의 문법 속에 놓고 거기에 새롭게 질서를 부여한다.

　「금촌 가는 길」의 해독을 위해 먼저 시어들을 분석해 보았다. 여기서는 텍스트 읽기의 열쇠를 제공하는 '집'의 코드 해독을 하였다. 이는 욕망의 대상, 즉 꿈, 이상으로 읽히며, '금촌', '꽃', '그리운 나라', '별' 等과 동위소로 묶인다. 그리고 '푸른 잎사귀'는 욕망과 꿈을 이루기 위한 전 단계로의 코드로 읽히며 '길'은 꿈, 이상으로 읽히는 '집'으로 향해 가는 삶의 길로 읽힌다.

　Ⅲ. 화자의 내면세계에서는 화자가 욕망하는 것, 즉 꿈, 이상 等은 삶을 존재하게 하는 힘의 원천, 적으로 보는 자며 그에 대한 강렬한 지향을 가진 자며 현실의 제약으로 고통받는 자며 고향마저도 고통의 공간으로 인식하는 자임을 추출해 보았다. 또한 이 같은 현실 속에서 삶과 치열한 싸움을 하는 자며 그의 초월을 향한 강한 의지를 가진 자로 드러난다. 라캉이 말하는 $\dfrac{S}{s}$, $\dfrac{1}{0}$의 비극적 존재인식을 가진 자로 확인된다.

　Ⅳ. 해체적 인식과 구조에서는 먼저, 1의 '집'에 대한 해체적 인식을 찾아 보았고 아버지, 화자, 어머니가 동물의 가치와 동일하게 놓여 있는 가치 체계의 해체를 읽어 보았다. 또한 1, 2, 3은 거시적 구조로 볼 때 시, 청, 후각의 감각적 관성을 부여하고 부조리의 관계를 형성하는 언술을 중심으로 하여 대립의 절대의미를 해체하는 동일구조임을 분석해 보았다.

　4에서는 고향과 이향, 울타리 없는 마을과 그 외의 공간의 의미적 해체와 5에서는 '얼음짱 밑 환한 집들'의 해체적 인식, 6, 7에서는 삶과 화자의 피해자, 가해자의 해체와 '땡삐'와 화자의 '땡삐집'으로의 해체적 초월의식을 추출해 보았다. 따라서 이 같은 분석은 「금촌 가는 길」이 철저하게 해체적 존재인식을 바탕으로 형성된 구조임을 알 수 있게 한다.

　그리고 Ⅴ. 표현기법에서는 연극적, 동적 분위기의 대화적 언술과 일인칭 서사구조를 분석해 보았고 또한 표제 붙이기의 겉읽기에서 드러나지 않는 표제와 테마와의 관련성에 의한 현대성을 추출해 보았다. 그리고 갑작스러운 새로운 영역 드러내기의 기법을 분석해 보았으며 이는 1, 2, 3에서 현저하게 드러나며 4~7에서는 전통시적 유기적 관계를 드러내고 있었다. 또한 1의 ⑤행, 2의 ⑥행, 3의 ⑤행에서 직접 상관없는 언술 끼워 넣기의 파편의 문체를 확인했고 2의 ⑦~⑨행, 3의 ⑤행, 5의 ⑥행 等의 상상력에 의한 현실성의 배제를 분석해 보았다. 이와 함께 3에서 동사를 배제하려는 경향을 보이는 명사형 기호의 병렬적 제시와 시의 파편화를 분석해 보았다.

　기법을 총체적으로 볼 때 1, 2, 3에서는 현대시적 표현기법의 긴장된 드러나기를 읽을 수 있고 4~7에서는 긴장의 완화가 확인되며 집, 지하실, 꽃, 푸른 잎사귀, 바람, 구름, 별, 길, 얼음, 불꽃, 진흙, 벽 等은, 명시적 상징의미를 가지므로 해독의 용이함을 준다. 이상의 분석으로 볼 때 「금촌 가는 길」은 문학의 가장 고전적인 명제와 테마인 삶의 문제를 현대적 존재인식과 기법으로 다시쓰기 한 텍스트다.

· 저자 ·

동시영　·약 력·

동국대학교 국어국문과 졸업
한양대학교 대학원 졸업(문학박사)
독일 Regensburg대학교 인문학부 수학
현) 한국관광대학 교수

·주요논저·

『우리 문학과 언어의 재조명』(공저, 1996)
『1950년대 한국문학연구』(공저, 1997)
『언어와 문학의 새 연구』(공저, 1998)
「노천명 시와 기호학」(2005)
「한국문학과 기호학(2007)」
외 논문 다수

「시집」
미래사냥(2005)
낯선 神을 찾아서(2007) 등

현대시의 기호학

• 초판 인쇄	2008년 9월 30일
• 초판 발행	2008년 9월 30일
• 지 은 이	동시영
• 펴 낸 이	채종준
• 펴 낸 곳	한국학술정보㈜
	경기도 파주시 교하읍 문발리 513-5
	파주출판문화정보산업단지
	전화 031) 908-3181(대표) · 팩스 031) 908-3189
	홈페이지 http://www.kstudy.com
	e-mail(출판사업부) publish@kstudy.com
• 등 록	제일산-115호(2000. 6. 19)
• 가 격	31,000원

ISBN　978-89-534-9986-7 93800 (Paper Book)
　　　　978-89-534-9987-4 98800 (e-Book)